# 第六届全国高等职业教育临床医学专业（3+2）教育教材建设评审委员会名单


**顾　　问**

文历阳　郝　阳　沈　彬　王　斌　陈命家　杜雪平

**主任委员**

杨文秀　黄　钢　吕国荣　赵　光

**副主任委员**

吴小南　唐红梅　夏修龙　顾润国　杨　晋

**秘 书 长**

王　瑾　窦天舒

**委　　员**（以姓氏笔画为序）

马存根　王永林　王明琼　王柳行　王信隆　王福青
牛广明　厉　岩　白　波　白梦清　吕建新　乔学斌
乔跃兵　刘　扬　刘　红　刘　潜　孙建勋　李力强
李卫平　李占华　李金成　李晋明　杨硕平　肖纯凌
何　坪　何仲义　何旭辉　沈国星　沈曙红　张雨生
张锦辉　陈振文　林　梅　周建军　周晓隆　周媛祚
赵　欣　胡　野　胡雪芬　姚金光　袁　宁　唐圣松
唐建华　舒德峰　温茂兴　蔡红星　熊云新

**秘　　书**

裴中惠

# 数字内容编者名单


**主　编**　陈铸雄　申文龙

**副主编**　高艳敏　秦啸龙

**编　者**（以姓氏笔画为序）

万　健（上海健康医学院附属浦东人民医院）
王瑾瑜（乌兰察布医学高等专科学校）
邓海霞（首都医科大学燕京医学院）
申文龙（漯河医学高等专科学校）
田海清（益阳医学高等专科学校）
杨明全（川北医学院）
陈铸雄（肇庆医学高等专科学校）
岳淑英（山东医学高等专科学校）
孟庆革（邢台医学高等专科学校）
秦啸龙（上海健康医学院）
凌　斌（重庆医药高等专科学校）
高艳敏（上海健康医学院）
韩泽红（长治医学院）

国家卫生健康委员会“十三五”规划教材
全国高等职业教育教材

供临床医学专业用

# 急诊医学

**第 4 版**

**主　编**　秦啸龙　申文龙

**副主编**　凌　斌　邓海霞　岳淑英

**编　者**（以姓氏笔画为序）

万　健（上海健康医学院附属浦东人民医院）
王瑾瑜（乌兰察布医学高等专科学校）
邓海霞（首都医科大学燕京医学院）
申文龙（漯河医学高等专科学校）
田海清（益阳医学高等专科学校）
杨明全（川北医学院）
陈铸雄（肇庆医学高等专科学校）
岳淑英（山东医学高等专科学校）
孟庆革（邢台医学高等专科学校）
秦啸龙（上海健康医学院）
凌　斌（重庆医药高等专科学校）
韩泽红（长治医学院）

人民卫生出版社

图书在版编目（CIP）数据

急诊医学 / 秦啸龙，申文龙主编 . —4 版 . —北京：人民卫生出版社，2018

ISBN 978-7-117-27781-5

Ⅰ. ①急… Ⅱ. ①秦…②申… Ⅲ. ①急诊 - 高等职业教育 - 教材 Ⅳ. ①R459. 7

中国版本图书馆 CIP 数据核字（2018）第 279591 号

| | | |
|---|---|---|
| 人卫智网 | www.ipmph.com | 医学教育、学术、考试、健康，购书智慧智能综合服务平台 |
| 人卫官网 | www.pmph.com | 人卫官方资讯发布平台 |

版权所有，侵权必究！

急 诊 医 学

第 4 版

主　　编：秦啸龙　申文龙

出版发行：人民卫生出版社（中继线 010-59780011）

地　　址：北京市朝阳区潘家园南里 19 号

邮　　编：100021

E - mail：pmph @ pmph.com

购书热线：010-59787592　010-59787584　010-65264830

印　　刷：人卫印务（北京）有限公司

经　　销：新华书店

开　　本：850 × 1168　1/16　　印张：12　　插页：8

字　　数：380 千字

版　　次：2003 年 12 月第 1 版　　2018 年 12 月第 4 版
2024 年 12 月第 4 版第 13 次印刷（总第 39 次印刷）

标准书号：ISBN 978-7-117-27781-5

定　　价：40. 00 元

打击盗版举报电话：010-59787491　E-mail：WQ @ pmph.com

（凡属印装质量问题请与本社市场营销中心联系退换）

# 修订说明

2014年以来，教育部等六部委印发的《关于医教协同深化临床医学人才培养改革的意见》《助理全科医生培训实施意见（试行）》等文件，确定我国的临床医学教育以“5+3”（5年本科教育+毕业后3年住院医师规范化培训）为主体，以“3+2”（3年专科教育+毕业后2年助理全科医生培养）为补充，明确了高等职业教育临床医学专业人才培养的新要求。

为深入贯彻党的二十大精神，全面落实全国卫生与健康大会、《“健康中国2030”规划纲要》要求，适应新时期临床医学人才培养改革发展需要，在教育部、国家卫生健康委员会领导下，由全国卫生行指委牵头，人民卫生出版社全程支持、参与，在全国范围内开展了“3+2”三年制专科临床医学教育人才培养及教材现状的调研，明确了高等职业教育临床医学专业（3+2）教材建设的基本方向，启动了全国高等职业院校临床医学专业第八轮规划教材修订工作。依据最新版《高等职业学校临床医学专业教学标准》，经过第六届全国高等职业教育临床医学专业（3+2）教育教材建设评审委员会广泛、深入、全面的分析与论证，确定了本轮修订的指导思想和整体规划，明确了修订基本原则：

1. **明确培养需求** 本轮修订以“3+2”一体化设计、分阶段实施为原则，先启动“3”阶段教材编写工作，以服务3年制专科在校教育人才培养需求，培养面向基层医疗卫生机构，为居民提供基本医疗和基本公共卫生服务的助理全科医生。

2. **编写精品教材** 本轮修订进一步强化规划教材编写“三基、五性、三特定”原则，突出职业教育教材属性，严格控制篇幅，实现整体优化，增强教材的适用性，力求使整套教材成为高职临床医学专业“干细胞”级国家精品教材。

3. **突出综合素养** 围绕培养目标，本轮修订特别强调知识、技能、素养三位一体的综合培养：知识为基，技能为本，素养为重。技能培养以早临床、多临床、反复临床为遵循，在主教材、配套教材、数字内容得到立体化推进。素养以职业道德、职业素养和人文素养为重，突出“敬佑生命、救死扶伤、甘于奉献、大爱无疆”的卫生与健康工作者精神的培养。

4. **推进教材融合** 本轮修订通过随文二维码增强教材的纸数资源融合性与协同性，打造具有时代特色的高职临床医学专业“融合教材”，服务并推动职业院校教学信息化。通过教材随文二维码扫描，丰富的临床资料、复杂的疾病演进、缜密的临床思维成为了实现技能培养的有效手段。

本轮教材共28种，均为国家卫生健康委员会“十三五”规划教材。

# 教 材 目 录

| 序号 | 教材名称 | 版次 | 配套教材 |
|---|---|---|---|
| 1 | 医用物理 | 第 7 版 | |
| 2 | 医用化学 | 第 8 版 | |
| 3 | 人体解剖学与组织胚胎学 | 第 8 版 | √ |
| 4 | 生理学 | 第 8 版 | √ |
| 5 | 生物化学 | 第 8 版 | √ |
| 6 | 病原生物学和免疫学 | 第 8 版 | √ |
| 7 | 病理学与病理生理学 | 第 8 版 | √ |
| 8 | 药理学 | 第 8 版 | √ |
| 9 | 细胞生物学和医学遗传学 | 第 6 版 | √ |
| 10 | 预防医学 | 第 6 版 | √ |
| 11 | 诊断学 | 第 8 版 | √ |
| 12 | 内科学 | 第 8 版 | √ |
| 13 | 外科学 | 第 8 版 | √ |
| 14 | 妇产科学 | 第 8 版 | √ |
| 15 | 儿科学 | 第 8 版 | √ |
| 16 | 传染病学 | 第 6 版 | √ |
| 17 | 眼耳鼻喉口腔科学 | 第 8 版 | √ |
| 18 | 皮肤性病学 | 第 8 版 | √ |
| 19 | 中医学 | 第 6 版 | √ |
| 20 | 医学心理学 | 第 5 版 | √ |
| 21 | 急诊医学 | 第 4 版 | √ |
| 22 | 康复医学 | 第 4 版 | |
| 23 | 医学文献检索 | 第 4 版 | |
| 24 | 全科医学导论 | 第 3 版 | √ |
| 25 | 医学伦理学 | 第 3 版 | √ |
| 26 | 临床医学实践技能 | 第 2 版 | |
| 27 | 医患沟通 | 第 2 版 | |
| 28 | 职业生涯规划和就业指导 | 第 2 版 | |

# 主编简介与寄语

**秦啸龙**,上海健康医学院临床医学院副教授。上海交通大学医学院硕士研究生,获医学硕士学位。上海健康医学院临床医学院临床医学(院前急救方向)专业主任,全国卫生职业教育教学指导委员会临床医学专业指导委员会委员,全国卫生职业教育教学指导委员会临床医学专业分委会委员。毕业后从事外科和外科急救领域的临床工作,同时从事外科和外科相关急危重症的教学工作。研究方向:骨科创伤、关节外科和外科急症。髋关节置换相关的基础性研究获得上海市科技进步三等奖,同时获得国家教育部二等奖。上海市乡村医生订单定向培养和职后"3+2"培训项目,分别获得上海市教委一等奖和特等奖。发表专业论文5篇,参与编写专著5部。

## 写给同学们的话——

急诊医学主要以应对突发疾病、创伤及公共卫生事件,迅速评估患者和做出临床决策,挽救患者生命及阻止疾病进一步恶化为目的。《急诊医学》是为了适应快速发展临床急诊救治需求,并考虑到不同层面基层卫生行业需求而编写。第4版教材的书写体例紧扣上述目的,愿该教材能更好地服务于广大未来的医务工作者,为我国急诊医学的发展做出更大的贡献。

# 主编简介与寄语

**申文龙**，漯河医学高等专科学校副教授，主任医师。漯河市医学会骨科学会委员，漯河市医学会显微手外科学会常委，漯河市医学会创伤学会常委，漯河市医学会中西医结合骨伤科学会委员，漯河市医疗事故鉴定专家库成员、漯河市科技成果鉴定专家库成员。从事急诊急救及骨科学的教学和临床工作。临床工作近三十年，从事多发伤及合并伤的抢救治疗，院前及院内急救，疑难及危重病抢救，同时进行创伤外科、显微外科和脊柱疾病的治疗等。在国家级杂志发表专业论文二十余篇，获漯河市科技成果奖三项，国家发明专利一项。主编及参编专业教材 5 部、参编专业著作 1 部。

**写给同学们的话——**

为适应我国急诊医学发展的需要，《急诊医学》从不敢放慢脚步，紧跟时代步伐，内容及各相关规范不断更新，今年迎来了第 4 版的出版发行。《急诊医学》赋予现代急救新的概念和内涵，在为基层培养大量的急诊急救专业人员的同时，重视他们的人文沟通等素质的提高。愿新版教材，能更好地服务于广大教师和学生，为我国的医学教育及卫生事业的发展做出更大的贡献。

# 前　言

第4版《急诊医学》是在第3版的基础上，认真贯彻落实党的二十大精神，调整了部分章节内容，形式上增加了病例导学和病例讨论模块，从常见的急诊症状入手，注重对急症患者的流程化和标准化的紧急处理内容描述；在创伤急救章节增加了院前和院内标准化快速评估内容，侧重创伤急救过程中流程化评估和处理内容；所有章节进一步强调急症急救过程中“评估—急救处理—再评估—再急救处理”工作流程内容；为更好地服务于急症急救的处理，休克章节的内容进行了修订；受篇幅所限，基层实用性的急救技术内容被编写在本教材的配套教材《急诊医学实训及学习指导》内。

本教材在内容选择上力求体现急诊医学本身的特色，避免与其他专业交叉重复，突出各种意外灾害和危重急症的快速评估、急救和诊治。编写中坚持科学性、先进性、启发性、实用性的原则，介绍本学科的基本知识、基本理论、基本技能以及某些理论和技术方面的国内外新进展。根据医学专科教育的培养目标，教材力求简明扼要，理解性强，注重理论联系实际，强调实用性。

本版教材的修订、编写和定稿工作得到全国高等医药教材建设研究会领导的关心指导，并得到各参编学校的关心和支持，在此我们表示衷心的感谢！

秦啸龙　申文龙

2023年10月

# 目　录

# 第一章　绪　论

1. 掌握:急诊医学的范畴和特点。
2. 熟悉:我国急诊医疗服务体系。
3. 了解:我国急诊医学的发展史。

急诊医学(emergency medicine)是一门临床医学,是研究院前急救、院内急诊、急危重症抢救以及医疗救援的独立的综合性学科,心肺复苏、现场急救、安全转运、院内急诊、急性中毒、灾害救援等都包含在其学科范畴中。急诊医疗主要是对急危重症和各类伤害进行评估、紧急救治和预防,为其提供医疗保障和精神心理救助。它是随着医学科学的发展和社会的需要而发展。急诊工作的目的是及时正确地抢救患者,挽救患者的生命,恢复患者的工作和生活能力。如何及时、高效地抢救急危重症患者,反映了一个国家或地区的经济、文化、卫生状况和医疗水平以及社会保障各部门的协调能力和管理水平。建设完善的急诊医疗服务体系,对保障人民身心健康、促进国民经济发展等方面起着越来越重要的作用。

## 第一节　急诊医学的范畴

急诊医学是一门多专业交叉的综合性学科,但它突出的是各种急危重症的早期急诊急救,其范围主要包括以下几个方面:

1. 院前急救(prehospital emergency)　是指到达医院前急救人员对各类急危重症患者及灾害伤员所采取的现场和转运途中的医疗救治。包括现场急救(first aid)和安全转运。

2. 复苏学(reanimatology)　针对心搏、呼吸骤停的紧急救治。

3. 危重病医学(critical care medicine)　危重患者的主要病种包括各种疾病引起的呼吸骤停、心搏骤停、休克、各系统的危重急症和多器官功能不全等。

4. 创伤学(traumatology)　尤其针对多发伤及严重创伤的院前及现场快速评估和急救,以及院内急诊科的早期救治。

5. 急性中毒(acute intoxication)　个体或群体中毒而需要快速抢救。

6. 灾害医学(disaster medicine)　是综合性医学,包括针对自然灾害(如地震、洪水、台风、雪崩、泥石流和虫害等)和人为灾害(如交通事故、化学中毒、放射性污染、环境剧变、流行病和武装冲突等)所造成的后果采取医学救援。

7. 急诊医疗体系(emergency medical service system,EMSS)　即及时到达事故的现场,对患者进行

现场的初步急救(现场急救),然后安全转运到就近有条件救治的医院急诊室进一步诊治,少数危重患者需立即手术、送入监护病房或专科病室,这就需要有一个完善的急诊医疗服务体系。

## 第二节 急诊医学的特点

1. 病员救治反应迅速 急诊的特点之一是患者发病突然,进展迅速,急危重症患者多见,往往出现如心搏骤停、呼吸骤停、心肺功能衰竭、严重创伤、大量失血、严重休克及深度昏迷等危及生命的情况,需要紧急现场救治和快速转送医院。因此,时间就是生命,急诊必须快速反应。

2. 急诊工作强调制度化、标准化、程序化 急诊患者的就诊时间、人数、病种及危重程度均有随机性大、很难预料的特点。如遇群体性突发事故,患者常集中就诊,急救工作难度较大。因此,必须完善各种应急救治的预定方案,保证人员、各种抢救器材和急救药品的随时使用。健全急诊急救制度,规范专业技术操作,救治工作程序有条不紊。

3. 急诊工作对医护人员的素质要求较高 医护人员要能及时准确地判断急危重症患者的病情及其变化,能及时准确地施行心肺复苏、心脏除颤起搏、气管插管、气管切开、洗胃、止血、升压、机械通气及生命监测等急救技术操作。有手术指征者,在迅速获得稳定的生命支持后(同时)能立即手术治疗。

4. 树立整体思维、加强团结协作 急危重症患者往往涉及多器官、多系统的病变,尤其是复杂疑难病例及复合伤,常需要多专业、多科室人员共同协作抢救。医务人员之间互相密切配合可大大提高救治的成功率。因此,必须树立整体观念、加强团结协作,通过专业互补,使救治效果最佳化。

5. 分清轻重缓急 不同的急诊患者或同一急诊患者有多种不同的病情时,往往有轻重缓急之分。在抢救急诊患者时,必须分清轻重主次,任何时候都把危重患者和(或)危重病情的抢救放在首位,做到急症急治。

6. 检查与抢救同步 对病情不明确或生命指征不稳定的危重伤病员,必须抢救与评估同时进行,针对病情及时采取吸氧、补液和抗休克等应急措施,不能消极地等待检查结果。可疑内脏损伤或其他病变,在进行必要的穿刺等相关检查后,有手术指征者应立刻手术。总之,必须正确地把握抢救患者的时机。

## 第三节 我国急诊医学的发展史

急诊医学在我国仍是一门新兴的学科。1980 年国家卫生部颁布了《关于加强城市急救工作的意见》,开始了急诊各领域的学术交流。1984 年国家卫生部颁布了《医院急诊科(室)建设方案(试行)》,1986 年通过了《中华人民共和国急救医疗法(草案)》,草案规定“市、县以上地区都要成立急救医疗指挥系统,实行三级急救医疗体制”,各地相继成立了急救中心(站),各级医院相继建立了急诊科,并配备了专业的医护人员和各种急诊急救设备,有力地促进了我国急诊医学的发展。1987 年 5 月正式成立了中华医学会急诊医学学会,1997 年 3 月,急诊医学学会正式更名为中华医学会急诊医学分会,急诊医学分会设置了复苏学、院前急救、危重病医学、创伤学、急性中毒、儿科急诊、灾难医学及继续教育 8 个专业学组。这些专业学组均在急诊医学分会委员会的领导下开展本专业学组的学术活动。

我国急诊医学经过近 40 年的发展,在城市普遍建立了符合我国国情的急诊医疗服务体系,即院前急救—医院急诊科—急诊 ICU。120 为全国统一的急诊呼救电话号码,并建立以城市为中心的 120 急救中心,配备专业技术人员、急救车辆及院前急救仪器设备。随着交通、通信网络的快速发展,院前急救的反应时间大大缩短,急救医学知识教育的普及使人民群众对意外事件及灾害自救互救意识和能力增强。二级以上医院普遍建立了急诊科,部分市级医院急诊科建立了急诊 ICU,急诊科和急诊

ICU 在软件和硬件建设方面均得到了加强。急诊学科概念已经形成，急诊医学教育已列入医学院校的本专科教学课程，建立了急诊专科医师培训基地，制定了急诊岗位的考核及准入制度。目前，急诊科的规模、设施也较前明显改善，急诊医学的专业人员由过去专科人员兼任而逐渐改变为培养的急诊医学的专职医护人员，形成了相对独立的专业技术队伍，并不断发展壮大，技术力量大大增强。

但是，急诊医学不仅仅需要专业人员和设备，它还需要社会保障体系的支持和广大人民群众的参与。如地震灾害、交通事故伤、工矿事故伤的救治过程中，除了急诊医学专业人员积极救治外，还需要政府职能部门、社会各界的大力支持和人民群众的广泛参与。因需要急救的患者往往存在多器官、系统的损害，在院内的急救常需要多个专业的人员参与，因此，必须在统一组织指挥下，密切配合，按照医疗原则有序、高效地实施紧急救治。所以，要完善急诊医疗服务体系，满足逐渐增加的急诊医疗需求，还需要一个很长的时间。

知识拓展

1980 年 8 月在哈尔滨举行的全国危重病急救医学学术会议，标志着全国性的急诊医学学术活动的开始。

1981 年，《中国急救医学》创刊。

1986 年 10 月，在上海召开了第一次全国急诊医学学术会议。

1987 年 5 月，在杭州正式成立了中华医学会急诊医学学会。

1997 年 3 月，急诊医学学会正式更名为中华医学会急诊医学分会。

2003 年国务院正式颁布了《突发公共卫生事件应急条例》。

2009 年 5 月卫生部公布了《急诊科建设与管理指南(试行)》。

## 第四节　急诊医疗服务体系

急诊医疗服务体系(emergency medical service system，EMSS)由院前急救、医院急诊科和重症监护病房三部分组成，这三部分是紧密联系又各有特点，在统一指挥下能协调有序地救治伤病员。专业急救医疗体系包括灵敏的通信指挥系统，反应迅速的院前急救系统，能够实施监护抢救的运输工具，高水平的院内救治护理系统，急救网络系统和科研情报机构。急诊医疗体系的健全、急救效率和质量的高低，反映了一个国家、地区或医院的管理水平和医疗技术水平。

随着经济发展和社会进步，人们对健康的需求也在迅速增长，而各种突发性或群体性意外事故也在增多，我国的急诊医疗体系也随之迅速发展，它在抢救人民的生命方面发挥着越来越大的作用。

1. 急诊医疗服务体系的任务　急诊医疗服务体系的任务包括心搏骤停、休克、急性心律失常、急性心力衰竭、急性呼吸衰竭、脑血管意外、肝性脑病、各种危象、严重创伤及急性中毒等危重病的救治，自然或人为的灾害所致的各种意外事故等的救援。根据统计数字表明，我国主要致死疾病前五位依次是脑血管意外、恶性肿瘤、呼吸系统疾病、创伤和中毒、心血管疾病。这些疾病，除恶性肿瘤外，大多数带有突发性，而且绝大多数发生在医院以外。如果能对这些人采取及时、有效的现场抢救，并把患者安全运送到医院进行延续强化救治，将会使这些人的生命得到挽救。

2. 急诊医疗服务体系的组织　急诊医疗服务体系包括院前急救中心(站)、医院急诊科和急诊加强监护病室或专科病房。它们既有各自独立的职责和任务，又相互紧密联系，是一个有严密组织和统一指挥的急救网。县级以上城市建立了急救医疗指挥系统，负责本地区急救工作的领导、指挥和协调。

建立城市三级急救医疗网，各级急救医疗机构接受急救医疗指挥部指派的对突发性灾难事故发生后的现场抢救。根据现场伤害人数、致伤原因及伤情，分别按轻、中、重及死亡进行分类，按型实施急救措施。一般一级急救网络由城市一级社区医院和乡镇卫生院组成，可收治伤情一般的患者；二级急救网络由区、县级医院组成，可收治伤情较重的患者；三级急救网络由市级综合医院和教学医院组

成，收治伤情危重且较复杂的患者。

3. 院前急救 院前急救是城市急诊医疗服务体系中极为重要的一环，其目的是在发病初期就给予患者及时、有效的现场抢救，以维持生命、防止再损伤、减轻痛苦，并快速地护送到医院，为院内急救赢得时间和条件。院前急救包括患者的现场急救和安全转运。现场急救包括快速检查（检伤分类），实施简便有效的急救措施，必要时采用特殊急救措施，如急救手术。患者的搬运包括搬离危险的现场和运送至救治医院，可采取人工搬运和工具搬运。在搬运的过程中，应根据病情采取相应的搬运方法和体位。在整个运送过程中，还要随时随地准备抢救或延续治疗、途中监护。

我国的院前急救部分由独立的急救中心或急救站组织实施，绝大多数由综合医院的急诊科组织实施。按“就近”的原则实行分区负责，既可充分利用现有医疗资源，又可最大限度地缩短急救半径，使伤病员得到及时救治。

院前急救的专业急救人员主要从事基本的生命急救技术如维持气道通畅、人工呼吸、胸外心脏按压、伤口包扎止血、骨折固定及搬运护送等。国外比较重视急救人员的培训工作，能从事急救工作的急救员、急救医士、警察、消防队员和驾驶员等都要经过法律规定的急救培训，重点培训基本生命急救技术和高级生命急救技术，培训后需经过一定时间的实习，并经国家考试合格后发给资格证书，才能从事急救医疗工作。在我国，北京急救中心曾于 1986 年 1 月开办了第 1 代急救员培训班，学制 1 年，半年讲课，半年临床实习，相当于美国医助的水平，毕业后充实了院前急救队伍，承担起院前急救任务。

指挥通信系统是院前急救的重要一环，主要是负责所有的急救信息的接收、传送、指挥、协调等联络工作，使院内、院外急救工作紧密联系，使伤病员得到最快和最佳的救治。目前许多国家建立了全国性或地区性统一的急救呼叫电话号码，如美国为“911”、英国为“999”、日本为“199”、中国为“120”。急救医疗体系内各单位设有专用通信线路和无线电通信设备，保证急救讯息畅通无阻。还建立有强大的急救指挥控制中心，装备先进的全球卫星定位系统、电子计算机系统、闭路电视终端及通信设备等，随时接受呼叫，并迅速地派出急救车和急救人员，使急救车与指挥中心之间、急救车与将要接诊的医院之间保持紧密的通信联系，以作出迅速的反应。

急救运输工具是急救任务中必不可少的设备，可以使急救做到行动迅速，抢救及时，提高应急能力。目前急救的运输工具以救护车为主。空中救护系统是利用救援直升机和其他直升机运送伤病员。直升机主要用于交通复杂不便的山区、野外作业及旅游途中发生的急症、创伤以及灾害性成批伤员的急救，同时也是在地域广大和人口稀少的情况下，解决急救站点分布不均衡的情况的补充，尤其在争取时间方面可发挥其独特的优势。

急救医疗的器械、仪器设备、药品以及救护车、通信设施和相应的物资，由卫生行政部门统一要求，实行规范化管理。各医疗单位根据要求，装备要齐全、完善、实用，放置固定地点，指定专人定期检查更换，一旦有令可携带至现场抢救。

现场急救人员要求有较丰富的临床经验和较强的应急能力，急救操作熟练，基本功过硬，要具有独立工作能力，部分处于管理层的急救人员还需要具备指挥和多部门协调能力。应急的急救人员应接受严格和系统的院前急救专业培训，能熟练掌握止血、包扎、固定、搬运等技术，掌握基础生命支持技术以及常见急症如急性脑血管病、心力衰竭、应急处理、心电监护、呼吸管理、心脏除颤及抗心律失常等治疗措施，以提高其抢救水平和应急能力，一旦接到命令，能招之即来，按要求到达现场参加急救。

对于群体性伤员的现场急救，要根据伤情，按轻、中、重、死亡进行检伤分类，并以不同颜色的标志卡分别置于伤员胸前，给予不同处置。对于急性心脏、呼吸功能障碍，严重出血、内出血、脾破裂、肝损伤、严重胸部伤、颈部损伤、严重烧伤、伴有昏迷的颅脑损伤以及休克状态等危重患者，必须就地抢救或紧急转送医院手术治疗。

4. 社会急救 各级政府和各级医疗机构应通过报刊、电视、讲座、橱窗版面等多种手段、途径，宣传普及急救知识，使广大群众掌握现场急救基本知识和最基本的急救技术操作，比如徒手心肺复苏、骨折固定、止血、包扎、搬运和常见创伤的简单处理方法。一旦发现急危患者或发生意外事故时，都能正确、及时地进行自救、互救，都有义务向急救部门呼救或送往就近医疗单位。

急诊医学是研究院前急救、院内急诊、急危重症抢救以及医疗救援的独立的综合性学科，心肺复苏、现场急救、安全转运、院内急诊、急性中毒、灾害救援等都包含在其学科范畴中。急诊医疗服务体系由院前急救、医院急诊科和重症监护病房三部分组成。

（申文龙）

扫一扫，测一测

## 思考题

1. 急诊医学的特点有哪些？
2. 急诊医学的基本概念是什么？其范围主要包括哪些？

# 第二章　心肺脑复苏

**学习目标**

1. 掌握：心肺复苏和心搏骤停的定义；心搏骤停的诊断标准；生存链的内容；心肺复苏基本生命支持的操作方法和流程；心肺复苏的药物治疗方法。

2. 熟悉：心搏骤停的常见原因；复苏效果的判断；终止复苏的指标。

3. 了解：脑复苏的治疗原则；心肺脑复苏的进展。

4. 具有严谨的工作态度，较强的急救意识；具备心肺脑复苏的基本技术，能进行心肺复苏的诊疗操作；能使用、管理常用复苏器械、仪器和设备，安排与管理安全、适合的医疗与康复环境。

5. 能与患者及家属进行良好的沟通，开展健康教育；能与相关医务人员进行心搏骤停后急诊急救以及心肺脑复苏的业务交流；能开展农村社区的健康检查、慢性病管理、疾病预防等卫生工作，帮助和指导患者进行心肺脑复苏后的康复锻炼。

**病例导学**

患者，女，65岁，今日如厕后感到胸闷不适，于是走到沙发上休息，约5分钟后自觉左侧胸痛，她爱人听到茶杯摔碎的声音，从厨房出来，发现她斜躺在沙发上，脸色苍白，呼之不应，胸廓无起伏，小便失禁。于是家属拨打"120"电话，然而等急救人员赶到时，证实患者已经死亡。

问题：1. 该患者的死亡原因是什么？

2. 发生心搏骤停时的临床表现有哪些？

3. 如果你在现场，会怎么做？

## 第一节　概　　述

心肺复苏（cardiopulmonary resuscitation，CPR）是针对心搏、呼吸骤停所采取的抢救措施。目的是使患者自主循环恢复（restoration of spontaneous circulation，ROSC）和自主呼吸恢复；复苏是指一切挽救生命的医疗措施，复苏的最终目的不仅是挽救生命，而是促使患者神志清醒和脑功能恢复，因此，又称心肺脑复苏（cardiopulmonary cerebral resuscitation，CPCR）。

现代心肺复苏术始于20世纪60年代。1956年Zoll进行体外交流电除颤和心脏起搏成功；1958

年 Peter Safar 教授发明了口对口呼吸法；1960 年 William Kouwenhoven 发明胸外心脏按压；从此，口对口人工呼吸、胸外心脏按压和体外电击除颤构成了现代心肺复苏的三大要素。1973 年美国心脏协会开始制定心肺复苏指南，以后为了操作便捷，提高存活率，曾多次修订。2010 年由美国心脏协会(AHA)和欧洲复苏学会(ERC)及心血管急救(ECC)再次修订指南，提出了一系列有望进一步提高生存率和改善神经系统预后的推荐意见和建议，强调高质量 CPR 是提高心搏骤停患者自主循环恢复率的关键环节，充分体现了“时间就是生命”的急救理念。目前，国内外有关心肺复苏指南的修订依据循证医学和研究进展不断更新。

心搏骤停后开始复苏的时间是成功的关键。心搏骤停后 3 秒，会感到头晕；10~20 秒可发生晕厥或抽搐；30~45 秒可出现昏迷；60 秒后呼吸停止；4~6 分钟脑组织开始发生不可逆损害。4 分钟内进行复苏者可能有一半人被救活；4~6 分钟开始进行复苏者，10% 的患者可以救活；超过 6 分钟开始进行复苏者存活率仅 4%；10 分钟以上开始进行复苏者，存活的可能性更小，因此，心肺复苏应力争在心搏停止后 4 分钟内的黄金时间进行。成功的心肺复苏又是脑复苏前提，而脑复苏是心肺复苏的关键。

由于心搏骤停多发生在医院外不同场所，由第一目击者开始复苏急救最为有效。因此，不仅是医务人员要掌握其基本知识和技能，普及心肺复苏的知识与技术对提高复苏成功率更为重要。

## 第二节 心搏骤停的原因和诊断

心搏骤停(cardiac arrest，CA)是指各种原因所致心脏有效射血功能突然停止，随即出现意识丧失、呼吸停止、脉搏消失，是临床最紧急的危险情况。

### 一、心搏骤停的原因

引起心搏骤停的原因很多，一般将其归纳为两大类，即各种心脏疾病引起的心源性心搏骤停和除心脏以外的其他因素导致的非心源性心搏骤停。

#### (一) 心源性心搏骤停

各种类型的心脏疾病均可通过多种机制导致室颤、严重心律失常，从而引起心搏骤停。

1. 冠心病 约占心血管疾病的 80%，包括急性心肌缺血、急性心肌梗死、冠状动脉栓塞等。

2. 非粥样硬化性冠状动脉病 先天性冠状动脉畸形、冠状动脉口狭窄、冠状动脉炎、冠状动脉中层硬化等。

3. 心肌疾病 肥厚梗阻型心肌病、扩张型心肌病、克山病、病毒性心肌炎或风湿性心肌病、心肌淀粉样变、白喉心肌炎等。

4. 主动脉疾病 主动脉破裂、夹层动脉瘤、主动脉发育异常、主动脉粥样硬化动脉瘤等。

5. 瓣膜性心脏病 瓣膜狭窄或梗阻、心内膜炎、二尖瓣脱垂等。

6. 其他 心脏肿瘤、心脏压塞、高血压性心脏病、先天性心脏病、心力衰竭、肺动脉栓塞、长 Q-T 综合征等。

#### (二) 非心源性心搏骤停

1. 意外事件 电击、溺水、自缢、窒息、严重创伤尤其是颅脑外伤、胸外伤、腹外伤和四肢创伤引起的急性脂肪栓塞等。

2. 各种原因引起的休克和中毒 如感染性、过敏性、失血性休克，一氧化碳、有机磷农药、灭鼠药、安眠药及其他化学物质中毒，乌头碱、洋地黄等抗心律失常药引起的各种恶性心律失常，快速静脉注射氨茶碱和氯化钙等药物均可导致心搏骤停。

3. 严重酸碱失衡及电解质紊乱 严重酸中毒、高血钾、低血钾等。

4. 麻醉和手术及其他临床诊疗技术操作 麻醉意外，心脏手术，内脏牵拉致迷走反射，心包穿刺及胸腔穿刺，心导管检查，心血管造影，人工起搏器故障等。

5. 其他 急性重症胰腺炎，脑血管意外等。

## 二、呼吸骤停的原因

很多原因可造成呼吸骤停，包括溺水、脑卒中、气道异物阻塞、吸入烟雾、会厌炎、药物过量、电击伤、窒息、脑外伤、创伤以及各种原因引起的昏迷。

## 三、心搏骤停的诊断

1. 心搏骤停的临床表现　意识突然丧失、大动脉搏动消失、呼吸停止，称心搏骤停“三联征”。心音消失，瞳孔散大，对光反射消失，面色苍白或发绀，抽搐，大小便失禁等。心电图表现：①心室颤动（ventricular fibrillation，VF）；②无脉性室性心动过速（pulseless ventricular tachycardia，VT）；③心室静止（ventricular asystole）；④无脉心电活动（pulseless electric activity，PEA）。

2. 心搏骤停的诊断要点

（1）突然意识丧失，呼之不应。

（2）大动脉搏动消失。

（3）呼吸停止或异常呼吸或呈叹气样。

（4）瞳孔散大。

（5）面色苍白或转为发绀。

（6）心电图示心室颤动、无脉性室性心动过速、心室静止、无脉心电活动。

由于大动脉搏动消失即使专业人员在几秒内也难以判断，因此，非专业急救人员只要发现患者无反应、无呼吸或异常呼吸或仅是喘息，就应视为心搏骤停。注意以上诊断应在10秒内完成，若在10秒内不能确定有无脉搏，应立即开始CPR。不要等待听心音和测血压，不要等待心电图证实，不要等待各项诊断依据均具备才开始抢救而延误抢救时机。

# 第三节　心 肺 复 苏

心肺复苏包括三个阶段：基本生命支持（basic life support，BLS）、高级生命支持（advanced life support，ALS）和延续生命支持（prolonged life support，PLS）。心肺复苏的主要原则是“生存链”各个环节的紧密连接。生存链包括：早期识别心搏骤停和呼救、早期CPR、早期电除颤、早期高级生命支持和心搏骤停后的综合治疗。这五个环节环环相扣，任何一个环节缺陷或延误都可能丧失抢救的机会。

## 一、基本生命支持

心搏骤停多发生在医院外，现场第一目击救助者无论是否为专业医务人员，都应积极进行抢救，故亦称为现场心肺复苏术。由于事故或发病现场一般都缺乏医疗设备及药物，基础生命支持多为徒手操作过程，故也称徒手心肺复苏术。生存链的早期识别和呼救、早期CPR、早期电除颤构成基本生命支持的主要内容，包括ABCD四个步骤：即A（airway）开放气道、B（breathing）人工呼吸、C（circulation）人工循环、D（defibrillation）除颤。为提高复苏质量，自2010年AHA心肺复苏指南将基本生命支持复苏顺序调整为C—A—B—D，基本生命支持流程见图2-1。现最新版的美国心脏协会（American Heart Association，AHA）心肺复苏指南为2017版。

### （一）评估、判断意识和呼吸

首先评估周围环境有无危险因素，以保证安全。然后判定患者有无意识，轻拍患者肩部，并在其耳边大声喊叫其名字或“喂！你怎么了？”观察患者有无语音或动作反应。为婴儿实施CPR时，判断患儿意识采用拍打足底的方法。有反应者使其采取自动体位，每5~6秒通气一次；无反应者采取平卧位，立即呼救。暴露胸腹部，观察胸廓有无起伏，判断呼吸情况，不再以“看、听、感觉”步骤来评估呼吸。判断意识和呼吸应在5~10秒内完成（推荐取7秒钟中间值），若无反应，无呼吸或无正常呼吸或仅为叹息，即可视为心搏、呼吸骤停，立即呼救，启动急救医疗服务系统（EMSS），并立即开始CPR。

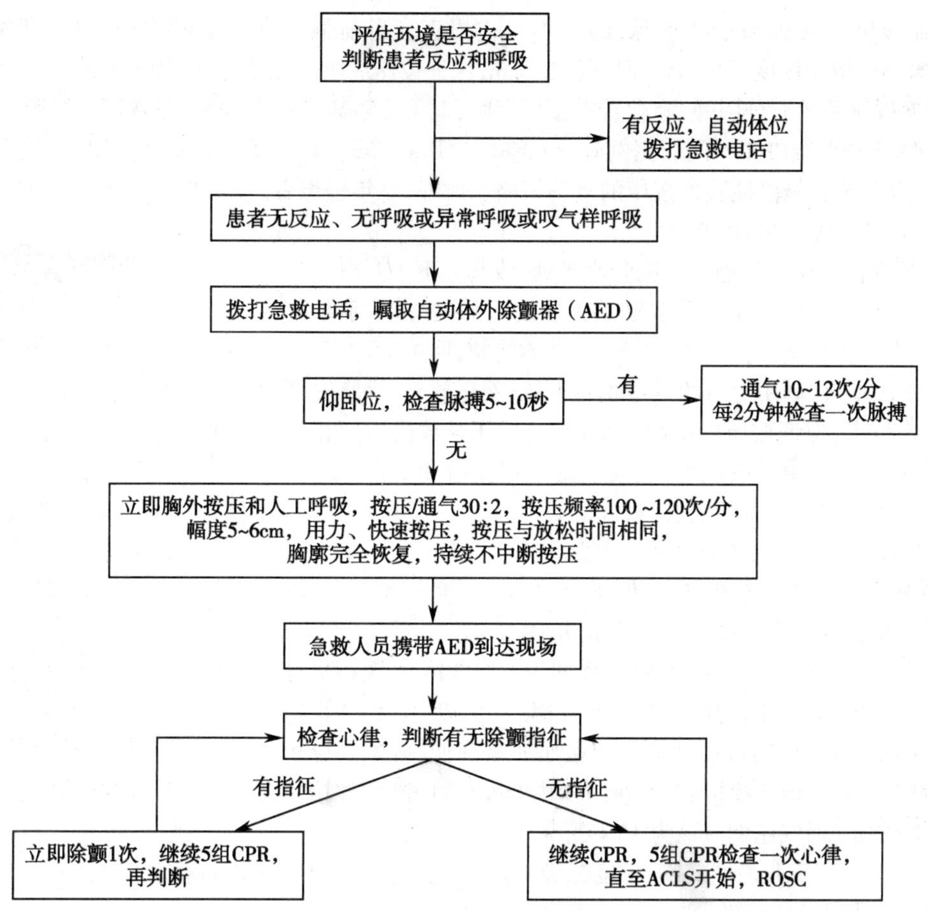


**图 2-1　基本生命支持流程图**

ROSC:自主循环;ACLS:高级生命支持

### （二）呼救并启动 EMSS

一经初步确定患者意识丧失、无呼吸或异常呼吸，应立即向周围呼救，如大叫“来人啊！救命呀！请拨打 120！”等，并打电话启动急救医疗服务系统（EMSS）。求救时应向 EMSS 调度员说明急救现场的地点、发病经过、发病人数、患者病情、已采取的急救措施等。单人急救时，对于心源性心搏骤停时，可先拨打急救电话，然后立刻 CPR；若是溺水、创伤、药物中毒和小于 8 岁的儿童等情况，或其他因窒息而引起的心搏骤停，应先行 5 组 CPR（大约 2 分钟），再拨打电话求救；两人以上急救时，一人立即开始 CPR，另一人求助 EMSS，在有 AED（automatic external defibrillator，自动体外除颤仪）的情况下，跑去拿 AED。

### （三）安置体位

患者仰卧在平整坚实的地面或硬板床上，头颈、躯干平直无扭曲，双手置于躯干两侧。如患者面部向下，抢救者转动患者时，要注意保护颈部，可一手托颈，一手扶肩，沿纵轴整体平行翻转。急救者立于或跪于患者的一侧。

### （四）检查脉搏

判断患者自主循环功能常以触摸颈动脉为重要指标；检查方法为：用食指及中指指尖先触及气管正中部位的甲状软骨，沿甲状软骨向外侧滑移 2~3cm，气管与胸锁乳突肌间沟内软组织深处轻轻触摸颈动脉；检查时间限定在 5~10 秒内完成。目前已不再强调检查脉搏的重要性，如在 10 秒内不能明确是否有搏动，应立即开始胸外按压。

### （五）人工循环

胸外心脏按压术是现场或紧急状态下建立人工循环的首选方法。一经确定心搏骤停，就应立即给予 30 次“快速、有力”的胸外按压。胸外按压时胸内压增高和(或)直接按压心脏驱动血液向前流动；按压放松时，胸内负压增加，静脉血回吸至心脏；如此周而复始。有效的按压能产生 60~80mmHg 的动

脉压，将血液供至大脑和冠状动脉，防止不可逆损害。目前强调高质量的胸外按压，即按压频率100~120次/分；按压深度至少5cm，但不超过6cm；保证按压后胸廓完全回弹，按压与放松比大致相等，为保证每次按压后的充分回弹，施救者在按压间隙，双手应该离开患者胸壁；尽量避免中断胸外按压，胸外按压时间占整个CPR时间的比例应≥60%。对儿童和婴儿的复苏应该更加重视人工通气的重要性，不建议对儿童实施单纯胸外按压的复苏策略。此外，对年轻患者，包括儿童和婴儿，应该延长CPR的时间，不轻易终止CPR（图2-2）。

1. 按压部位 两乳头连线与胸骨交界处，或胸骨下1/3处。

2. 按压手法 急救者一手掌根部置于按压部位，另一手掌叠放其上，双手指相互紧扣，手指离开胸壁，身体前倾，肘关节伸直，与患者身体平面垂直，利用上身的重量垂直下压，然后放松，手掌根部离开胸骨定位点，保证按压后胸廓完全回弹，按压与放松时间相等（图2-2）。儿童只用单手按压即可；婴儿则采用食指和中指两指尖按压即可（单人）或双拇指环抱法（双人）。

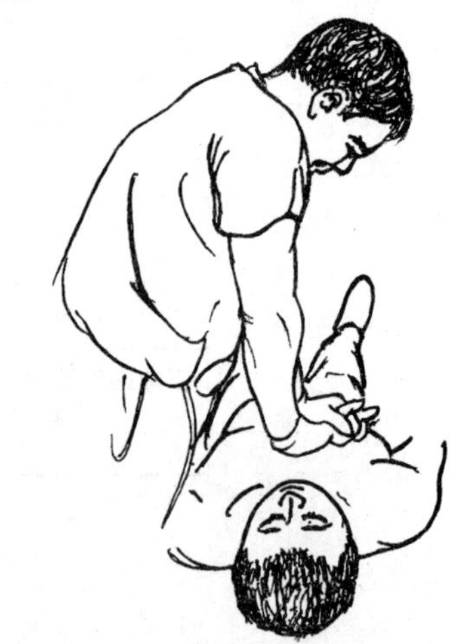
图2-2 成人胸外心脏按压手法

3. 按压频率 100~120次/分。

4. 按压深度 成人至少5cm，但不超过6cm。婴儿和儿童：深度至少达胸廓前后径的1/3，或婴儿4cm，儿童5cm。

5. 按压/通气比 为30：2，每个周期为5组30：2，大约2分钟。每5组CPR（大约2分钟）检查一次脉搏。2人以上CPR时，每隔2分钟替换一次，以防按压者疲劳使按压质量降低；无论是分析心律、检查脉搏和其他治疗措施，尽量减少中断按压，中断胸外按压时间<10秒。婴儿和儿童：双人儿童CPR时，按压/通气比例应该为15：2。

6. 禁忌证 严重张力性气胸、重度二尖瓣狭窄、心脏瓣膜置换术后、胸廓或脊柱严重畸形、心脏压塞、晚期妊娠、大量腹水患者。

7. 并发症 由于心肺复苏操作不正确，胸外按压部位和手的姿势不正确，用力过猛或老龄患者骨质松脆导致肋骨骨折、胸骨骨折、血气胸、心包积血或填塞、肝脾破裂等。复苏时应注意判断，如出现并发症，条件许可时应改作开胸心脏按压，或紧急剖胸剖腹手术救治。

### （六）开放气道

1. 仰头抬颏法 患者仰卧位，急救者位于患者一侧，将一手小鱼际置于患者前额，用力后推，使头部后仰，另一手的食指与中指放于下颌骨近下颏骨性部向上抬颏，使下颌尖、耳垂连线与地面垂直（图2-3）。操作时不要压迫颏下软组织，以防压迫气道，避免使气道闭塞。

2. 托颌法 当怀疑患者有颈椎受伤时采用此方法。患者仰卧，急救者位于患者头部，两手拇指置于患者口角旁，其余四指托于患者下颌部，保证颈部固定，用力使患者下颌向上抬起，至患者下齿高于上齿，避免搬动颈部，以免进一步损伤脊髓（图2-4）。

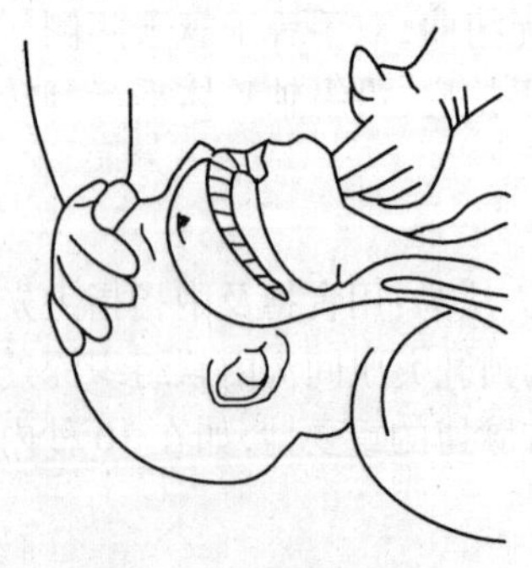
图2-3 仰头抬颏法

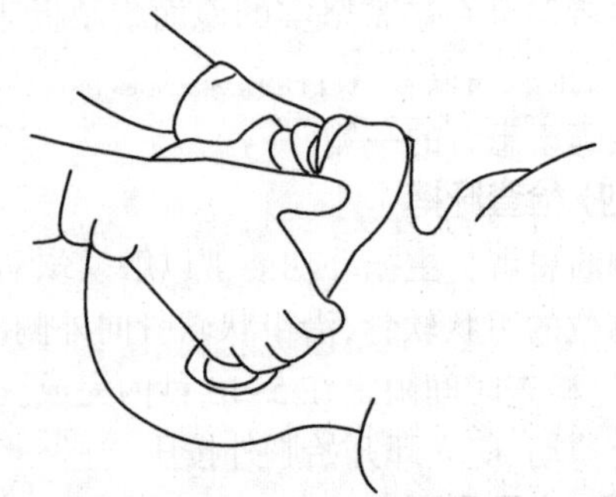
图2-4 托颌法

3. 气道内异物的处理 适用于昏迷、口咽部有异物的患者，将头偏向一侧，用仰头抬颏法使舌根脱离咽后壁，再将示指沿患者颊部伸向咽部深入，抹去液体异物或掏出固体异物，包括义齿（图2-5）。

如怀疑有颈椎损伤，该种方法不可以采用，需要保持头部处于中立位的情况下清理口咽部异物。

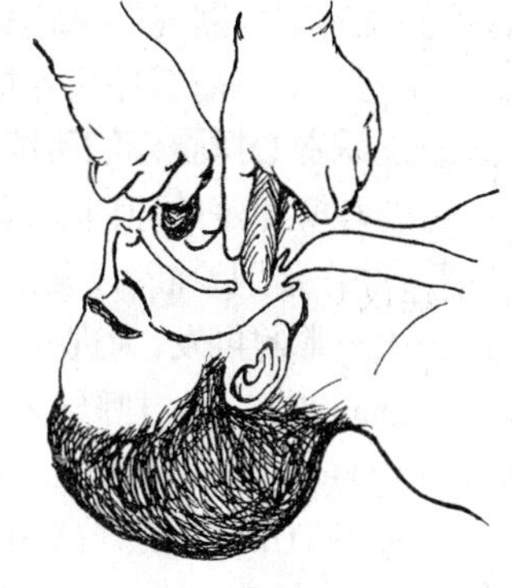

图 2-5　清除异物

### （七）人工呼吸

1. 口对口人工呼吸　急救者用压前额手的拇指及食指捏闭患者的鼻孔，在正常呼吸的情况下吸气一口，将口唇包裹患者的口唇外缘，然后将气吹入，以可见胸廓抬起为准。吹气完毕后，立即松开，使患者胸廓充分回缩。

2. 口对鼻人工呼吸　适用于牙关紧闭和口腔严重受伤的患者。方法为仍在开放气道位置下进行，捏闭口唇，用口唇包绕患者鼻孔四周，对患者的鼻孔吹气。

3. 口对口鼻人工呼吸　对婴幼儿可将其口鼻都封住进行吹气。

4. 球囊－面罩通气　用面罩罩住患者的口鼻，与患者面部紧密结合，通过球囊加压通气。球囊－面罩通气需要在 2 人配合下实施，1 人进行急救是不能采取该措施的。

无论何种方法进行人工通气，每次吹气时间要在 1 秒以上，应见胸廓抬起，每 5~6 秒通气一次，呼吸频率 10~12 次 / 分，潮气量约 500~600ml 为宜，进入气体量过大和过快，会导致胃扩张、反流和误吸、肺泡破裂等并发症，更重要的是会增加胸腔内的压力，减少回心血量，降低心脏输出及存活率。吹气时暂停按压。

### （八）除颤

发生心搏骤停的最常见原因是心室颤动，室颤在数分钟内转为心室停搏，而除颤是治疗室颤最有效的方法。尽早除颤是患者存活的关键，除颤每延迟 1 分钟存活率下降 7%~10%。当心脏骤停发生时被急救者目击（第一目击者），如有 AED 或人工除颤器在场，应立即进行 CPR 和尽早使用除颤器；当未被急救者目击，或心脏骤停时间超过 5 分钟，先行 30 次胸外按压，2 次人工呼吸，共 5 组 CPR（约 2 分钟），再分析心律实施电除颤；当心室颤动或无脉性室性心动过速发生时，急救者应立即除颤一次，然后行 5 组 CPR，再检查脉搏和心律，如需要再行一次除颤。

除颤方法：患者平卧，检查除颤器，在电极板上涂抹导电胶或铺垫有生理盐水的纱布，两电极分别置于右侧锁骨下区和左乳头外侧腋中线处。选择电击能量：单相波除颤器 360J；双相波除颤器 120J；双向切角指数波 150~200J；除颤器波形不明确，选择 200J。确定无人接触患者后按下电击键，即实施电击除颤。AED 的使用较为方便，可以根据 AED 的语音提示进行操作，2 个贴片的位置等同与医用除颤仪 2 个电极放置的位置，会根据内部程式化的设置电压进行除颤。AED 会自动分析心电图，以决定是否需要除颤。

## 二、高级生命支持

高级生命支持（advanced life support，ALS）是基本生命支持的继续，通常在专业急救人员到达现场或在医院内进行，常借助器械设备、特殊技术和药物进行复苏。可归纳为高级 A、B、C、D，即 A（airway）人工气道；B（breathing）机械通气；C（circulation）建立静脉通道，给予复苏药物及抗心律失常药；D（differential diagnosis）识别心搏骤停的可能原因。

### （一）人工气道

复苏时，如有条件应尽早建立高级人工气道。常用方法：气管内插管、气管切开术等，其中气管内插管是急救时最可靠、最有效的通气方法。建立人工气道时尽可能地不影响胸外心脏按压，限制中断时间在 10 秒之内。气管插管后，抢救人员应立即全面评估导管位置。物理检查包括：观察两侧胸廓起伏，两肺听诊呼吸音对称。用呼气末二氧化碳探测仪，持续监测二氧化碳波形图可作为确认气管内插管位置正确与否的最可靠方法。因抢救时间紧急，施救者不一定对于气管插管技术熟练掌握，可选择建立快速非喉镜引导方法建立人工气道，可选择口咽通气道、鼻咽通气道、引导喉罩、气管食管联合插管技术。

### （二）机械通气

呼吸机等辅助通气已在急救中广泛应用，根据患者的全身情况，选择合适的通气模式和通气参

数，可提供特定的潮气量、高浓度氧、呼吸频率等。高级气道建立后，通气频率按照每 6 秒通气一次（10 次 / 分），通气时不需暂停胸外按压。

### （三）识别心搏骤停的可能原因和复苏监测

识别心搏骤停的原因如低血容量、低氧血症、酸中毒、低 / 高钾血症、心肌梗死、原发心律失常、肺栓塞等，并作鉴别诊断，以确定有特殊治疗的、可逆转的病因。针对心搏骤停患者尽早给予心电监测，监护心律失常的再发，为进一步治疗提供依据。监测生命体征，维持最低收缩压≥90mmHg 或平均动脉压≥65mmHg。通过呼气末二氧化碳探测仪确定高级气道位置和管理，通过持续监测呼气末二氧化碳分压（end-tidal carbon dioxide，$ETCO_2$）评价气管插管患者 CPR 的质量，$ETCO_2$<10mmHg，提示预后不良，$ETCO_2$ 持续升高至正常（35~40mmHg）可认为是 ROSC 的标志。因此，自主循环恢复后，维持 $ETCO_2$ 在 35~40mmHg，$PaCO_2$ 在 40~45mmHg，维持适当的氧合，使血氧饱和度（$SpO_2$）≥ 94%，但 <100%。

**呼吸机的使用**

1952 年夏天，由于小儿麻痹症病毒感染，丹麦首都哥本哈根暴发严重瘟疫，丹麦最大医院布莱格丹姆医院每天 50 个重症患者被送进来，其数量大大超过了医院的承受能力，患者因呼吸肌麻痹导致呼吸衰竭而死亡，死亡率高达 90% 左右。医院急需找到一个更有效的辅助呼吸的办法。一个老医生推荐了麻醉师比约·易卜生。那个时候西方医院里的麻醉师不算正式医生，而是属于“技师”一类，院长将信将疑。易卜生找来一名医生，让其在患者的气管上开了个口子，然后找来一个氧气袋，一端连接一根管子，通向气管，结合已有的麻醉技术，将氧气袋内的氧气挤进气管，这个方法很有效，据统计，患者的死亡率从 90% 下降到 25%，易卜生成了英雄。进一步研究发现，缺氧是急症患者最大的危险，于是人工输氧就成了急诊室的一项常规操作。呼吸机也很快就变成了电动的，不用人工来挤氧气袋了。呼吸机的使用挽救了无数人的生命，因为氧气为患者赢得了宝贵的时间。

### （四）药物治疗

1. 给药途径

（1）静脉途径：为首选的给药途径。应选择近心端大静脉，常选用肘前静脉穿刺。

（2）气管途径：在患者已行气管内插管而尚未开放静脉通道前，可经气管内给予复苏药物。剂量应是静脉给药剂量的 2~2.5 倍，并用 5~10ml 生理盐水或注射用水稀释后注入气管内。

（3）骨髓途径：骨髓腔内有不会塌陷的血管丛的通路，在不能建立静脉通道时，可以采用骨髓内给药。

2. 复苏常用药物

（1）肾上腺素（adrenaline）：是心肺复苏的首选药物。可激动 α 、β 受体，有助于自主心律的恢复，增加冠状动脉及脑部血流量，增强心肌收缩力，使室颤由细颤转为粗颤，提高电除颤的成功率。用法：每次 1mg（儿童为 0.02mg/kg）静脉注射，每 3~5 分钟重复一次。每次从周围静脉给药后应该使用 20ml 生理盐水冲管，以保证药物能到达心脏。

（2）加压素（epinephrine）：又称抗利尿激素。是非肾上腺素能外周缩血管药物。用法：40U 加生理盐水 20ml 稀释后静脉注射，目前只推荐使用一次。

（3）胺碘酮（amiodarone）：属Ⅲ类抗心律失常药物。作用于钠、钾、钙离子通道，延长心肌细胞动作电位，并能阻断 α 受体和 β 受体。胺碘酮仍是治疗各种心律失常的主流选择，更适宜于严重心功能不全患者的治疗，如射血分数 0.40 或有充血性心力衰竭时，应首选胺碘酮治疗；对 CPR、除颤和血管加压素治疗无效的心室颤动或无脉性室性心动过速患者，应优先选用胺碘酮静脉注射。若无胺碘酮时，可使用利多卡因 75mg 静脉注射。用法：CA 患者如为 VF/ 无脉性 VT，初始剂量为 300mg 溶入 20~30ml 葡萄糖液内快速推注，3~5 分钟后再推注 150mg，维持剂量为 1mg/min 持续静脉滴注（静滴）

6小时。非CA患者，先静脉推注负荷量150mg（3~5mg/kg），10分钟内注入，后按1.0~1.5mg/min持续静脉滴注6小时。对反复或顽固性VF/VT患者，必要时应增加剂量再快速推注150mg。每日最大剂量不超过2g。

（4）利多卡因（lidocaine）：是治疗室性心律失常的常用药物，有利于心脏保持电稳定性，抑制心室异位节律，提高室颤阈值。用于因心室颤动或无脉性室性心动过速引起的心搏骤停。若无胺碘酮可考虑利多卡因。方法：1~1.5mg/kg静脉注射，每隔5~10分钟再用0.5~0.75mg/kg，总剂量不超过3mg/kg。利多卡因仅作为无胺碘酮时的替代药物。

（5）碳酸氢钠（sodium bicarbonate）：心搏骤停和复苏期间产生的酸中毒，是由于心脏停搏导致血流中断和CPR期间低血流量产生的，用有氧通气、高质量的胸外按压维持心排出量和组织灌注，尽快恢复自主循环，是恢复心搏骤停期间酸碱平衡的主要方法。因此，不常规使用碳酸氢钠。仅用于一些特殊情况，如原本就有代谢性酸中毒、高钾血症、三环类抗抑郁药过量。方法：首次剂量为1mmol/kg，静脉注射，以后可根据动脉血气测定结果调整剂量。

（6）硫酸镁（magnesium sulfate）：硫酸镁仅用于尖端扭转型VT和伴有低镁血症的VF/VT以及其他心律失常两种情况。用法：对于尖端扭转型VT，紧急情况下可用硫酸镁1~2g稀释后静脉注射，5~20分钟注射完毕；或1~2g加入50~100ml液体中静滴。必须注意，硫酸镁快速给药有可能导致严重低血压和CA。

（7）阿托品（atropine）：对副交感神经有直接阻断作用，能解除迷走神经对心脏的抑制，提高窦房结的自律性，增加心率及心排血量，改善房室传导；阿托品对呼吸道平滑肌的松弛作用和抑制腺体分泌有助于改善通气。不推荐常规使用，仅用于心室停博或过缓性无脉性电活动。剂量为1mg静脉推注，每隔3~5分钟重复一次，总量不超过3mg。

### 三、延续生命支持

延续生命支持（prolonged life support，PLS）是高级生命支持的延续。此阶段是心搏骤停患者自主循环和呼吸恢复后，转运到有条件的医院的危重病监护室，给予综合性的心搏骤停后的治疗，包括：优化气道管理，减少肺损伤；继续心电监测、反复评估生命体征，给予必要的检查，如血常规、尿常规、电解质、血气分析、肝肾功能、心肌酶学、凝血机制、X线胸片、超声心动图、脑血流图、脑电图等，优化心肺功能和生命器官的灌注，维护重要脏器的功能及内环境的稳定，尤其是脑复苏是进一步治疗的重点；采用亚低温治疗，促进神经系统功能的恢复；治疗导致心搏骤停的直接病因，如急性冠脉介入治疗急性冠脉综合征；预防骤停再发以及客观评价恢复预后。

### 四、复苏后综合征

发生心搏骤停的患者，采取高质量的心肺脑复苏后，虽然自主血压恢复，但仍有数小时的昏迷，并常伴有数天的多器官功能障碍，这种情况称为复苏后综合征（post-resuscitation syndrome）。主要原因为再灌注损伤所致。这类患者可完全恢复，部分可能留有轻微的心理学或神经病学缺陷。

1. 复苏综合征的临床表现　再灌注损伤可对脑、心、肺、肾、胃肠等重要器官的功能、代谢和结构产生严重影响，并表现出各自的临床特征：①昏迷、抽搐、发热；②低血压、休克、急性左心衰竭，心律失常；③呼吸功能不全；④急性肾损伤，水电解质紊乱；⑤胃黏膜损害，应激性溃疡和肠出血等，并可造成肠道细菌移位。

2. 复苏综合征的防治原则　①消除缺血原因，尽早恢复血流，再灌注时要注意保持低压、低流、低温；②改善缺血组织代谢；③积极防治多器官功能不全综合征。

## 第四节　脑　复　苏

脑复苏（cerebral resuscitation）是为防治心搏骤停后缺氧性脑损害，以保护神经功能为目的所采取的救治措施。近代CPR是以患者完全恢复智能、生活和工作能力为最终目的的。因此，及早高质量的

CPR 和电除颤是脑复苏最初最重要的措施，尽早采取脑复苏的综合治疗是进一步生命支持和延续生命的重点。脑复苏的原则是：尽早恢复脑血流，缩短无灌注和低灌注的时间；维持合适的脑代谢；中断细胞损伤的级联反应，减少神经细胞的丧失。脑复苏主要措施包括：

1. 亚低温治疗　是脑复苏综合治疗的主要手段之一。患者恢复自主循环后若意识未恢复，应立即进行降温治疗，使中心体温降至 32~34℃，持续 12~24 小时。其治疗脑损害的机制主要有：①降低脑细胞代谢率，减少脑组织耗氧量（体温每下降 1℃，脑代谢率约下降 5%~7%，颅内压下降 5.5%；体温 32℃时，脑耗氧量降至正常的 50%）；②保护血脑屏障，减轻脑水肿；③抑制脑损害后内源性毒性产物（如兴奋性氨基酸谷氨酸等及单胺类物质多巴胺、去甲肾上腺素、5- 羟色胺等）的生成释放，从而减轻神经损伤；④减轻细胞内钙超载及自由基造成的脂质过氧化反应等，起到脑保护作用。

（1）降温的措施：血管内置入冷却的液体；膀胱内灌注冰生理盐水；体表大血管处，如额、颈、腋窝、腹股沟放置冰袋或用冰水擦浴；头部重点降温可使用冰帽。

（2）低温治疗原则：降温早、速度快、程度够、时间足。

（3）低温治疗要点：①降温要早，越早脑复苏的效果越好；脑缺氧最初 10 分钟是降温的关键；②降温要快，争取半小时内降至 37℃以下，6 小时内达到最适度低温；③降温程度要够，头部温度降至 27℃左右，肛温降至 30~33℃；体温低于 30℃以下才有发生室颤的危险；④降温时间要足，要维持到病情稳定，皮质功能开始恢复，听觉出现为止。若 1 周后意识尚未恢复，无继续降温的价值。

（4）注意事项：①低温校正后的 pH 常高于 7.4，$PaCO_2$ 低于 40mmHg，不应视为呼吸性碱中毒而增加 $CO_2$ 重吸入，否则对心肺产生不利影响；②降温不应过低，以防止心律失常和室颤的发生；③降温要平稳，避免体温波动，若有寒战或体温波动可用冬眠合剂、地西泮、氟哌利多和小剂量肌松剂等；④降温要防止皮肤冻伤及枕后受压缺血；⑤复温宜晚（约 2~5 天，痛觉、听觉恢复）、逐渐恢复，以每天上升 1~2℃为宜。

2. 脱水疗法　只要循环和肾功能良好，尽早使用利尿脱水剂，控制脑水肿和降低颅内压。通常选用：①渗透性利尿剂 20% 甘露醇 0.5~1.0mg/kg，每 24 小时 4~6 次，快速静脉滴入；②袢利尿药呋塞米 0.5~1.0mg/kg，每 24 小时 3~4 次，静脉注射。

3. 肾上腺皮质激素　可稳定溶酶体膜，消除自由基，保持血脑屏障和毛细血管的完整性，降低脑水肿，脑复苏中应早期、足量、短程应用。如地塞米松首次 0.5~1mg/kg，静脉注射，然后 0.2mg/kg，每 6 小时一次，一般不超过 4 天。注意应用中可能出现的并发症。

4. 高压氧　能增加血氧分压，提高氧弥散能力，改善脑缺氧，减轻脑水肿，促进脑血管和神经组织的修复，有条件时尽早使用。

5. 钙拮抗剂　脑细胞缺血后钙离子超载，能扩张血管，增加缺血后脑血流，增加 ATP 产生，降低自由基的产生，改善低灌注和再灌注后的组织损伤，临床上可选用尼莫地平、利多氟嗪、维拉帕米、氟桂利嗪等。

6. 改善脑细胞代谢药物　ATP、辅酶 A、细胞色素 C、多种维生素、胞磷胆碱、盐酸吡硫醇、1，6- 二磷酸果糖以及谷氨酸、γ- 氨酪酸、脑活素等，可视患者情况酌情选用。

7. 控制血糖　血糖过高或过低均会加重脑代谢紊乱，加重脑损害，治疗时应积极处理高血糖；血糖超过 10mmol/L 时，应立即进行处理，使血糖控制在 8~10mmol/L，防止低血糖，除低血糖外，不给予糖液体。

8. 控制抽搐和癫痫发作　抽搐和癫痫均可增高颅内压和增加氧消耗，进一步加重脑缺氧，因此，一旦患者发作抽搐应尽快使用适量镇静剂控制；常用药物：苯二氮䓬类、巴比妥类和苯妥英钠。

## 第五节　复苏结果的判断

### 一、复苏有效的指标

1. 大动脉搏动恢复　停止胸外按压后仍可触及颈动脉、股动脉等大动脉搏动，说明患者心跳已恢复。

2. 皮肤、黏膜、面色及口唇转为红润。

3. 瞳孔由散大到缩小，对光反射存在。

4. 神志改善，患者出现脑功能恢复迹象如眼球活动、睫毛反射甚至手脚开始抽动，肌张力恢复。

5. 自主呼吸出现　经积极复苏后自主呼吸及心搏已有良好恢复，可视为复苏成功。

## 二、终止复苏的指标

出现下列情况时，可停止 CPR：

1. 经 30 分钟以上积极正规心肺复苏抢救后，仍无任何心电活动、自主循环不能恢复。特殊情况如淹溺、低温、电击和雷击、创伤与妊娠等则应延长复苏时间。

2. 脑死亡　脑死亡的诊断要点：

(1)有明确病因，且为不可逆性。

(2)深昏迷，对任何刺激无反应，GCS 评分 3 分。

(3)24 小时无自主呼吸，须靠呼吸机辅助通气。

(4)脑干反射消失(如角膜反射、头眼反射等)。

(5)脑生物电活动消失，脑电图呈电静息，诱发电位各波消失。

(6)排除抑制脑功能的可能因素，如低温、严重代谢和内分泌紊乱、肌松剂和其他药物(如巴比妥类中毒)的作用。持续 6~24 小时观察，重复检查无变化。

患者死亡终止复苏时应努力作好在场亲属的解释、安慰工作，尽可能地减轻他们心理上的伤痛，平复他们的情绪，以取得充分的相互理解。

## 三、预后评估的标准

心搏骤停后 72 小时行正中神经诱发电位测试，有助于判断昏迷患者的神经学预后，临床体征可参照以下 5 项来预测死亡或神经系统不良后果：① 24 小时后仍无皮质反射；② 24 小时后仍无瞳孔对光反射；③ 24 小时后对疼痛刺激仍无退缩反应；④ 24 小时后仍无运动反射；⑤ 72 小时仍无运动反射。

### 本章小结

心搏骤停后，CPR 能挽救生命，复苏成功需要加强生存链各环节的链接，以提高 CPR 质量。挽救生命最关键在于时间，早期识别心脏骤停和求救，按照 C—A—B—D 的顺序，尽早实施高质量的 CPR，如有条件尽快使用 AED。尽快建立人工气道，持续监测 CPR 的质量。建立静脉通道，给予复苏药物和抗心律失常药物，通过心搏骤停后的综合治疗，去除导致心搏骤停的可逆性原因，维护各重要生命器官功能和内环境的稳定，严防发生多器官功能衰竭，采取减少脑损伤的措施，如亚低温治疗，提高未受损脑细胞的存活率，改善存活率和神经系统功能的恢复率。总之，心搏骤停后，加强生存链各环节的链接，通过高质量的 CPR，达到挽救生命，恢复智能的目的。

### 病例讨论

患者，女，58 岁，有糖尿病病史 5 年，冠心病病史 3 年。因与邻居发生争吵，突然倒地，呼之不应，出现呕吐胃内容物数次。查体：瞳孔散大、对光反射迟钝，面色苍白，颈动脉搏动消失，未闻及心音和呼吸音。

病例讨论

(孟庆革)

扫一扫，测一测

## 思考题

1. 生存链的内容是什么？
2. 简述心搏骤停的诊断要点。
3. 简述基本生命支持的操作标准和顺序。

# 第三章 休 克

1. 掌握:休克的治疗原则;低血容量性休克和感染性休克的临床表现与治疗。
2. 熟悉:休克的分类、诊断要点;休克的监测与病情判断。
3. 了解:休克的发病机制;过敏性休克和心源性休克的病因。
4. 具备休克急救的基本技能;能熟练应用急救仪器和设备。
5. 重视患者安全管理,能与患者及家属进行有效沟通;能与相关医务人员进行休克急诊和急救的专业交流。

休克(shock)是由各种病因引起的有效循环血容量锐减,器官和组织微循环灌注不足,组织缺氧、细胞代谢紊乱和器官功能受损的综合征。休克的本质是微循环功能障碍。快速增加有效循环血量,迅速改善组织灌注,恢复细胞供氧,维持正常的细胞功能是治疗休克的关键。休克恶化是由组织灌注不足向多器官功能障碍,进而衰竭的病理生理过程。

## 第一节 概 述

### 一、休克的分类

休克的分类方法有多种。传统分类方法按病因分类将休克分为:低血容量性休克、感染性休克、心源性休克、神经源性休克和过敏性休克五类。而依据血流动力学特征,可将休克分为四种主要类型:低血容量性休克、心源性休克、梗阻性休克和分布性休克,见表 3-1。

**表 3-1 休克的分类**

| 休克类型 | 低血容量性 | 心源性 | 分布性 | 梗阻性 |
|---|---|---|---|---|
| 常见原因 | 失血 | 心肌梗死 | 感染性 | 肺栓塞 |
| | 失液 | 急性心肌炎 | 过敏性 | 张力性气胸 |
| | 烧伤 | 瓣膜性心脏病 | 神经源性(脊髓休克) | 心脏压塞 |
| | 创伤 | 心律失常 | 肾上腺危象 | 缩窄性心包炎 |

充足的循环血量、良好的心脏功能和正常的血管舒缩功能是保障血流动力学正常的三个重要环节。如某个环节因某种原因发生改变,则可导致微循环灌注急剧减少,最终发生休克。因患者的病因、

心脏功能以及复苏状态不同，血流动力学特征也不同，见表 3-2。了解不同类型休克的血流动力学特征，有助于确定适当的急救措施。详尽的病史和体格检查有助于确定休克的原因。但许多患者可能同时存在多种类型休克的表现，即混合型休克。

**表 3-2 休克的血流动力学特征**

| 休克类型 | 心率 | 心排血量 | 心室充盈压 | 体循环血管阻力 | 脉压 | $S_VO_2$ |
|---|---|---|---|---|---|---|
| 心源性 | 增快 | 降低 | 增加 | 增高 | 减小 | 降低 |
| 低血容量性 | 增快 | 降低 | 降低 | 增高 | 减小 | 降低 |
| 分布性 | 增快 | 增加或正常 | 降低或正常 | 降低 | 增大 | 增高或正常 |
| 梗阻性 | 增快 | 降低 | 增加 | 增高 | 减小 | 降低 |

注：$S_VO_2$：混合静脉血氧饱和度

### （一）低血容量性休克

由于失血，胃肠道或泌尿系体液丢失等原因，血管内容量锐减，回心血量不足，心排血量减少，动脉血压降低，以及因代偿性血管收缩，外周血管阻力增高，微循环灌注不足，组织器官缺血缺氧而发生休克。

### （二）心源性休克

因功能性心肌损害，如缺血、心肌病等，机械性或结构性缺陷，如瓣膜性心脏病、室间隔缺损或心律失常等导致心泵功能衰竭时，心排血量降低，不能满足器官和组织的供血，导致微循环功能障碍而发生休克。

### （三）梗阻性休克

由于心脏充盈障碍或大血管发生机械性血流梗阻，导致心排血量急剧减少，微循环灌注不足，组织器官缺血缺氧而发生休克。常可见颈静脉怒张，解除梗阻是治疗的关键。

### （四）分布性休克

由于感染、过敏等致外周血管张力丧失，血管扩张，血容量相对或绝对不足，心排血量增加或正常，舒张压降低，脉压增大，因微血管床血液分流，血液重新分布，组织不能获得氧发生休克。感染性休克最为常见，也见于过敏性休克等。

## 二、病理生理

有效循环血容量锐减及组织灌注不足是各类休克共同的病理生理基础，并最终发展为微循环障碍、器官功能损害和衰竭。根据微循环的变化，可将休克大致分为缺血性缺氧期、淤血性缺氧期和微循环衰竭期三个阶段。

### （一）缺血性缺氧期，又称休克代偿期

机体处于应激反应早期阶段。由于有效循环血容量显著减少，循环血量降低，动脉血压下降，机体通过神经和体液等因素调节阻力血管，包括交感神经 - 肾上腺髓质系统兴奋，儿茶酚胺大量释放入血等，使心率加快、心肌收缩力增强、非重要器官小血管收缩、周围血管阻力增加，以维持血压稳定和心、脑等重要器官血液灌注。皮肤、腹腔脏器及肾脏血液向心脑等重要脏器转移。微循环前括约肌收缩导致“只出不进”，血量减少，组织处于低灌注、缺氧状态。若能在此时去除病因积极复苏，休克常较容易得到纠正。如病情得不到纠正，可继续发展到淤血性缺氧期。

### （二）淤血性缺氧期，又称休克进展期

由微血管持续痉挛、组织长期缺血缺氧未得到有效纠正发展而来。细胞严重缺氧，处于无氧代谢状况，出现乳酸蓄积，舒张血管的介质如组胺和缓激肽等释放。这些物质可直接引起毛细血管前括约肌舒张，导致微循环广泛扩张，毛细血管后括约肌因对这些物质敏感性低，仍处于收缩状态，微循环由缺血转变为淤血。血液淤滞于毛细血管网内，其静水压升高、通透性增加导致血浆外渗及血液浓缩，血液滞留甚至停止；回心血量进一步降低，心排血量继续下降，导致心、脑等器官灌注不足。此时治疗如果正确，休克仍是可逆的。病情继续进展则进入微循环衰竭期。

### (三) 微循环衰竭期,又称休克难治期

为休克的晚期阶段,因阻力血管平滑肌完全麻痹,对各种调节机制均无反应。对血管活性药物失活,微小血管发生麻痹性扩张,毛细血管网大量开放,微循环淤滞更加严重。淤滞在微循环内的黏稠血液在酸性环境中处于高凝状态,并在血管内形成微血栓,甚至引起弥散性血管内凝血(disseminated intravascular coagulation,DIC)。DIC 早期消耗大量凝血因子及血小板,导致继发出血。由于组织缺血缺氧,细胞内的溶酶体膜破裂,细胞自溶,最终导致器官功能衰竭,休克治疗已十分困难,最终不可逆转导致死亡。

## 三、临床表现

### (一) 休克代偿期

患者表现为精神紧张或烦躁不安、面色苍白、手足湿冷、心动过速、换气过度等。血压可骤然降低(如大出血),也可略降,甚至可正常或轻度升高,脉压缩小。尿量正常或减少。此期如果处理得当,休克可以得到纠正;若处理不当,则病情发展,进入休克失代偿期。

### (二) 休克失代偿期

患者表现为意识障碍,如表情淡漠、反应迟钝、神志不清,甚至昏迷;口唇发绀、冷汗、脉搏细速、血压下降、脉压更小;严重者,全身皮肤花斑,四肢湿冷,脉搏不清、血压测不出,无尿,代谢性酸中毒等。如皮肤黏膜出现瘀斑或表现为消化道出血,可能并发 DIC。如出现进行性呼吸困难,严重低氧血症,可能并发急性呼吸窘迫综合征(acute respiratory distress syndrome,ARDS)。

## 四、诊断

休克的诊断应基于:临床表现、血流动力学指标、血生化指标进行综合判断。

常用指标:

### (一) 动脉血压以及与之相关的心动过速

血压下降符合下列其中一条即有休克存在的可能性。

1. 收缩压(SBP)≤ 90mmHg。
2. 平均动脉压(MAP)≤ 70mmHg。
3. 脉压 <30mmHg。
4. 原有高血压者收缩压较基础水平下降 30% 以上。

### (二) 组织灌注不足的表现(三个窗口)

1. 皮肤 湿冷,苍白,或花斑。
2. 尿量 ≤ 0.5ml/(kg·h)或无尿,提示肾脏灌注不足。
3. 意识状态 反应迟钝,定向障碍、意识混乱。根据休克的严重程度患者可出现烦躁不安、表情淡漠、神志不清等不同程度的意识改变。

### (三) 高乳酸血症

血乳酸(LAC)≤ 1.0mmol/L,急性循环衰竭患者的 LAC ≥ 1.5mmol/L。

休克类型的诊断应基于病史,体格检查,临床生化指标及检查。很多时候休克类型不是单一的,而是混合性休克。例如一个外伤患者的休克最大的问题可能是低血容量,但也可能是合并有心源性、分布性或梗阻性休克。

## 五、休克的监测

对休克患者需要进行监测,以决定适宜的干预措施,并评价患者的治疗反应性。休克患者无创血压监测并不准确,最好建立有创动脉血压监测。可根据休克的不同阶段及严重程度选择不同的监测方法。

### (一) 一般监测

可观察患者的临床表现进行初步判断及病情评估。其简单实用,便于早期急救。

1. 意识 意识状态是脑组织血液灌流和全身物质循环状况的反映。如患者神志清楚,对外界刺

激反应正常，说明患者循环血量基本足够；相反，若患者表情淡漠，烦躁不安，谵妄或嗜睡，或昏迷，则反映脑组织血液灌流不足或未纠正。

2. 皮肤 皮肤温度、色泽是体表灌流情况的标志。如患者的四肢温暖，皮肤干燥，轻压指甲或口唇时，局部暂时缺血呈苍白，松开后色泽迅速转为正常，表明末梢循环良好或已恢复，休克好转；反之则说明休克情况仍存在。

3. 尿量 是反映肾血流灌注情况的有效指标，也是全身微循环灌注情况的间接定量反应指标，对疑有休克或已确诊者，应观察每小时尿量，必要时留置导尿管。如尿量增加，说明病情改善。如尿量未增加，提示休克未纠正。

4. 血压 维持稳定的血压在休克治疗中十分重要。但是，血压并不是反映休克程度最敏感的指标。在判断病情时，应兼顾其他参数进行综合分析。通常情况下，血压应维持在：平均动脉压≥ 65mmHg，或收缩压≥ 90mmHg。

5. 心电图 需要持续心电图监测以评价心率和心脏节律的变化。

6. 经皮血氧饱和度（$SpO_2$） 应常规监测 $SpO_2$ 以评价组织氧供是否足够。

### （二）辅助检查

休克患者应尽快进行相关的实验室检查，注意检查内容的广泛性，以判断是否存在器官功能损害，以及损害的程度。

1. 动脉血气分析 动脉血 pH（正常为 7.35~7.45）降低，反映休克时无氧代谢引起的代谢性酸中毒。动脉血氧分压（$PaO_2$）的正常值为 75~100mmHg，而二氧化碳分压（$PaCO_2$）的正常值则为 35~45mmHg。若 $PaO_2$ 低于 60mmHg 则表示有呼吸衰竭。

2. 动脉血乳酸盐测定 动脉血乳酸正常值为 1~1.5mmol/L。如 >2mmol/L，提示有休克存在，测值越高，预后越差。

3. 血常规检查 血白细胞、淋巴细胞、红细胞、血小板等计数。

4. 血生化检查 血清酶学、血胆红素等指标是否正常，以评估肝脏的损伤程度。

5. 肾功能检查 尿素氮、血肌酐指标是否正常，以及尿常规及比重测定，评估肾脏的损伤程度。

6. 出、凝血功能检测 当血小板计数（PLT）$<80 \times 10^9/L$，凝血酶原时间（PT）延长 3 秒以上，纤维蛋白原（Fib）低于 1.5g/L，3P 试验阳性，纤维蛋白裂解产物（FDP）阳性应警惕 DIC。

7. 血清酶学检查和肌钙蛋白、肌红蛋白、D- 二聚体等。

8. C 反应蛋白、降钙素原（PCT）检测。

9. 细菌学检查 各种体液、排泄物等的培养、病原体检查和药敏测定等。

### （三）特殊监测

休克血流动力学监测

严重休克时，在急救处理的同时，需要将患者尽快转入有重症监护病房（ICU）的医院进行重症监护。休克患者进行血流动力学等特殊监测至关重要。血流动力学监测包括中心静脉压（CVP）、肺动脉楔压（PAWP）、心排血量（CO）、心脏指数（CI）、外周血管阻力（SVR）等，可通过有创、微创或无创监测等监测工具获得相关数据，以评估患者容量状态、容量反应性、心泵功能及外周阻力等。

## 六、休克的治疗

休克的早期处理原则是首先补足血容量，恢复组织的血供和氧供，同时进行病因治疗。休克的整体治疗目标是改善氧输送或氧利用，以防止细胞和器官损伤。恢复灌注的治疗强调达到足够的血压，增加心排血量和（或）优化血氧含量。

### （一）液体复苏

液体治疗几乎能使所有休克患者获益，包括心源性休克的患者，唯一不能获利的是已存在肺水肿的患者。补足血容量是纠正组织缺氧的关键。尽快建立大静脉通道或双通道补液。液体复苏过于积极可能的危害是造成肺水肿，因此液体复苏过程必须严密监测，以防肺水肿和其他不良后果发生。

快速补液试验：常用于评估患者对液体治疗反应性，以减少液体过负荷的不良影响。

1. 液体选择 首选晶体液，易代谢，经济。有严重低蛋白血症者，可选用白蛋白。

2. 输注速度 300~500ml/20~30min，严重的休克患者可进行弹丸式静脉注射。

3. 有效性判断 有效性可根据 MAP，HR，尿量等指标进行判断，如快速补液后血压升高，心率降低或尿量增加，提示患者存在容量不足。

4. 复苏终点 复苏终点目标很难确定，可根据病情重复进行补液试验，但存在补液过负荷的风险。快速补液一旦表现为无液体反应性，应立即停止试验，避免补液过多导致液体过负荷，肺水肿是常见的并发症。

### (二) 通气支持

休克患者应尽早进行氧疗，以增加氧输送，预防肺动脉高压。

可选用可携氧面罩、无创正压通气或气管插管机械通气给氧，保持血氧饱和度 >95%，并进行血气监测评价氧需。患者出现严重呼吸困难，低氧，持续存在或进行性加重的酸中毒（pH<7.30）时，应积极予气管插管机械通气支持呼吸。休克患者气管插管机械通气比面罩吸氧更安全。气管插管有创通气的好处：减少呼吸肌做功，降低左心室前后负荷。休克患者的指脉氧饱和度不能准确反映机体氧代谢状态，更好的指标是监测动脉血气。

### (三) 血管活性药物的应用

液体复苏无反应的严重休克患者，即快速补液试验无法升高血压应使用血管活性药物，也可在补液同时使用血管活性药物。药物选择：主要为肾上腺素激动剂。理由：反应快；高效能；半衰期短；容易调节。

1. 常用血管活性药物的选择

(1) 去甲肾上腺素：为休克患者的首选血管收缩剂，主要作用于 α 受体，而刺激心脏 $\beta_1$ 受体的作用轻微，对 $\beta_2$ 受体几无作用，与肾上腺素相比，其血管收缩效应突出，正性肌力效应较弱，并反射性地引起心率减慢。临床应用主要是其升压作用，对心排血量的影响取决于血管阻力的大小、左心室功能状态以及各种反射的强弱。静脉输注时在 0.1 ~1μg/(kg·min) 剂量范围内，能有效提升平均动脉压，而在剂量 >1μg/(kg·min) 时，其导致炎症、心律不齐、心脏毒副作用变得突出和明显。一般通过中心静脉从小剂量开始用微量泵泵入，然后根据血压调整剂量。

(2) 多巴胺：静脉内应用常用剂量 2~20μg/(kg·min)，小剂量 1~4μg/(kg·min) 时主要是多巴胺样激动剂作用，有轻度正性肌力和肾血管扩张作用，5~10μg/(kg·min) 时主要兴奋 β 受体，可增加心肌收缩力和心排血量，10~20μg/(kg·min) 时 α 受体激动效应占主导地位，使外周血管阻力增加，更大剂量则减少内脏器官血流灌注。目前主张用于无快速型心律失常、绝对和相对心动过缓的患者。

(3) 肾上腺素：可以增加心排血量，还可以减除支气管平滑肌痉挛。常用剂量为 0.01~0.2μg/(kg·min)。应用于过敏性休克时，0.5~1mg/ 次，肌内注射，随后 0.025~0.05mg 静脉注射，酌情重复。

(4) 多巴酚丁胺：为单纯 β 受体激动剂，具有增加心率、增加心排血量、增加肾血流的作用。对于右心功能不全或肺动脉高压患者，多巴酚丁胺可以降低肺动脉血管阻力。常用于心源性休克，推荐剂量：2~20μg/(kg·min)。

(5) 硝普钠：为强有力的血管扩张剂，能直接松弛小动脉与静脉血管平滑肌，具有强大的舒张血管平滑肌的作用。常用剂量为 0.1~5μg/(kg·min)。

(6) 硝酸甘油：可直接松弛血管平滑肌，使血管扩张，外周阻力下降；减少回心血量，减轻左心室舒张末压，降低心排血量，使左心功能改善。常用剂量为 0.1~2μg/(kg·min)。

2. 治疗目标

(1) 血压：维持平均动脉压 65~70mmHg 可作为初始的复苏目标，但须根据组织灌注情况进行调整。组织灌注情况可以通过精神状态、皮肤情况、尿量进行评估。

(2) 心排血量与氧供：监测心排血量在液体负荷试验等干预时的变化趋势比测定心排血量绝对值更重要。测定混合静脉血氧饱和度（$SvO_2$）有助于评价氧供需平衡，也有助于评价心排血量是否合适。$SvO_2$ 一般在低血容量或贫血时降低，而在分布性休克时正常或增高。

(3) 血乳酸水平：在乳酸 >3mmol/L 的休克患者中，以乳酸水平 2 小时降低≥ 20% 作为目标，能够使患者住院病死率下降。

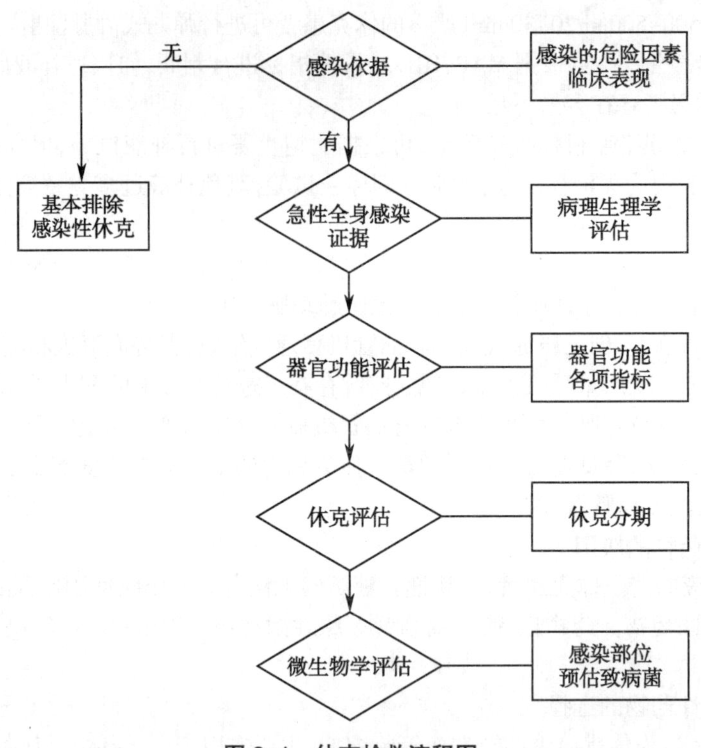


图 3-1 休克抢救流程图

## 第二节 常见休克的特点及急救

### 一、过敏性休克

#### (一) 临床特点

过敏性休克是外界某些抗原性物质进入已致敏的机体后，通过免疫机制在短时间内发生的危及生命的严重过敏反应，患者迅速出现血压下降，呼吸困难，意识丧失，抽搐、全身皮疹，甚至心跳停止等表现。过敏性休克通常突然发生而且剧烈，如不迅速抢救，则可导致患者死亡。

过敏性休克包含过敏和休克两个方面。机体接触相应的过敏物质后，体内的肥大细胞和嗜碱细胞迅速释放大量的组胺、缓激肽、血小板活化因子等炎性介质，导致全身血管扩张和通透性增加，血浆外渗，血流重新分布，从而导致有效循环血量下降。由于血管扩张、通透性增加、血浆外渗、可以出现皮肤黏膜的潮红、瘙痒、胸闷、气急、急性肺部淤血、喉头水肿(这是最重要的死亡原因)等，此时是过敏表现。一旦出现血压迅速下降、意识障碍、抽搐等循环衰竭表现，即为过敏性休克。药物导致的过敏反应最常见，起病急，常在数秒至数分钟内发生严重反应，少数患者可在 30 分钟甚至数小时后才发生反应(称迟发性反应)。大多数严重过敏涉及呼吸和心血管反应。开始就意识丧失者可在几分钟内死亡。

#### (二) 急救处理

过敏性休克抢救流程：

1. 切断过敏原 立刻脱离或停止进入可疑过敏物质，同时，吸氧、心电监护、监测生命体征变化。

2. 保证呼吸道通畅 给予 4~5 L/min 高流量吸氧，同时及时清除呼吸道分泌物。必要时气管插管或气管切开。

3. 使用特效药物肾上腺素 肾上腺素 1 ∶ 1000(0.01mg/kg)，0.01~0.3mg/kg 或 0.3~0.5ml，肌内注射，如果需要可每 15 分钟重复一次。

4. 建立静脉通路 如果出现低血压或对起始的肾上腺素剂量无反应：静脉推注 1 ∶ 10000 肾上腺素 0.01mg/kg(0.1mg/kg)；静脉弹丸式输注生理盐水 20ml/kg；如果低血压持续存在，予肾上腺素 2~4μg/(kg · min)或多巴胺 2~10μg/(kg · min)持续静脉滴注以维持血压。心跳呼吸停止立即进行心肺

复苏。

5. 使用糖皮质激素 静脉推注地塞米松 5~10mg，或氢化可的松 200~400mg 或甲泼尼龙 80~120mg 静脉滴注。

6. 抗组胺药的应用 通常肌内注射异丙嗪 25~50mg。也可以静脉注射 10% 葡萄糖酸钙 10~20ml 抗过敏治疗。

## 二、低血容量性休克

### （一）临床特点

低血容量性休克是有效循环血容量骤减导致的休克。多见于严重创伤、大血管破裂、严重脱水等，如腹部创伤引起的肝脾破裂大出血、食管胃底曲张静脉破裂大出血、宫外孕破裂大出血、大面积烧伤、中暑等。

在急性失血的初期，由于血浓缩及血液重新分布等代偿机制，动脉血压并没有骤然下降，血红蛋白测定、红细胞计数、血细胞比容等数值可以暂时无变化。急性失血一段时间后，组织液渗入血管内补充血容量，一般需 3~4 小时后才会出现血红蛋白下降。大出血的患者可能会出现凝血功能的障碍，包括纤溶亢进。凝血功能的障碍可进一步增加出血患者的死亡率，如果不进行及时救治，很快就会死亡。如果迅速失血达到全身总血容量的 20% 即出现休克。如超过 50%，会很快死亡。

### （二）失血量的估计

1. 休克指数（SI）= 脉率 / 收缩压，正常值 0.5~0.7。SI=1.0，失血量约 20% ~30%（1000ml），SI=1.5，失血量约 30%~40%（2000ml），SI>2.0，失血量约 50%（3000ml）。

2. 收缩压 <80mmHg，失血量约在 1500ml 以上。

3. 凡有以下一种情况，失血量约在 1500ml 以上。

（1）苍白、口渴。

（2）颈外静脉塌陷。

（3）快速输注平衡盐溶液 1000ml，血压不回升。

（4）一侧股骨开放性骨折或骨盆骨折。

### （三）急救处理

1. 治疗原则 快速补充血容量为低血容量性休克的治疗原则。尽快建立大静脉通道或双通路输血补液。

2. 控制性复苏策略 对出血未控制的失血性休克患者，收缩压维持在 80~90mmHg，以保证重要脏器的基本灌注，并尽快止血。出血控制后再进行积极容量复苏。但对于合并颅脑损伤的多发伤患者、老年患者及高血压患者应避免控制性复苏。

3. 原发病处理 对于出血部位明确、存在活动性失血的休克患者，应尽快手术或介入止血。对于出血部位不明确、存在活动性失血的患者，应迅速利用包括超声和 CT 在内的各种必要手段来查找病因。

## 三、感染性休克

### （一）临床特点

感染性休克又称为脓毒性休克，是急诊科常见的急危重症，是指严重感染导致的急性循环衰竭，伴有组织灌注不足、器官功能障碍、有较高死亡率的临床综合征。其特点是低血压持续存在，经充分的液体复苏仍难以纠正的急性循环衰竭。患者有确诊或疑似的感染，体温过高(>40.5℃ )或过低(<36℃ )；低血压（收缩压≤ 90mmHg）或平均动脉压≤ 65mmHg 及组织低灌注的迹象（少尿、意识障碍、周围灌注不良、高乳酸血症）可诊断为感染性休克。但应注意无低血压时亦可出现休克。早期正确诊断和处理与临床结果密切相关。将快速全身性感染相关器官功能衰竭评分（qSOFA）作为脓毒症新诊断标准，有助尽早识别感染严重程度。对于感染或可疑感染患者，qSOFA 评分出现两项（收缩压≤ 100mmHg，呼吸频率≥ 22 次 / 分，意识改变）或两项以上阳性时可考虑为脓毒症，应尽早干预。

### （二）急救处理

感染性休克的治疗首先应快速评估并稳定患者的生命体征，尽早经验性使用抗菌药物，同时积极

确定病原菌，并基于对患者病理生理学状态的分析以及器官功能障碍的评估，改善机体的炎症状态和器官功能，防止感染性休克向多器官功能衰竭(multipleorgan dysfunction syndrome，MODS)发展。治疗过程中应注重个体化因素，而不能固守于程序化的标准治疗。

主要措施包括支持性治疗与抗感染治疗。

感染性休克的初始治疗目标，尽可能在感染性休克诊断后3小时内完成(表3-3)。包括：

(1)测量乳酸浓度。

(2)抗菌药物治疗前进行血培养。

(3)予以广谱抗菌药物。

(4)低血压或乳酸≥4mmol/L给予30ml/kg晶体液进行目标复苏。

如果病情未见好转，则应在6小时内完成下列目标：①低血压对目标复苏效果差立即予以升压药。②脓毒症休克或乳酸≥4mmol/L容量复苏后仍持续低血压，需立即测量CVP和$ScvO_2$。③初始乳酸高于正常患者需重复测量乳酸水平。

**表3-3 感染性休克的初始治疗目标**

| | 治疗措施 | 目标 |
|---|---|---|
| 即刻处理 | OMI(吸氧、监测、静脉通路) | |
| 3小时目标 | 检测CVP和MAP | |
| | 维持血压稳定 | MAP ≥ 65mmHg |
| | 测量乳酸浓度 | 血乳酸降低 |
| | 抗菌药物治疗前进行血培养 | |
| | 予以广谱抗菌药物 | |
| 6小时目标 | 低血压或乳酸≥4mmol/L给予30ml/kg晶体液进行目标复苏 | |
| | 低血压对目标复苏效果差立即予以升压药 | MAP ≥ 65mmHg |
| | 脓毒症休克或乳酸≥4mmol/L容量复苏后仍持续低血压，需立即测量CVP和$ScvO_2$ | 尿量≥ 0.5ml/(kg·h) |
| | 初始乳酸高于正常患者需重复测量乳酸水平 | 血乳酸水平正常 |

1. 感染性休克的抗菌药物治疗　控制感染是感染性休克的基础治疗措施。所有严重感染必须立即应用抗生素。经验性治疗应广泛覆盖。同时应积极寻找病原学依据，尽早转向目标性治疗。病灶清除如急性梗阻、化脓性胆管炎、脓肿、组织坏死引起的感染性休克，积极外科引流是抗感染治疗的关键。

(1)明确感染部位，并尽早采取措施控制感染源(12小时内)。

(2)在控制感染源的基础上，确诊后的感染性休克应尽早开始(1小时内)静脉给予有效的抗菌药物治疗。

(3)初始经验性抗感染治疗应覆盖所有可能致病的微生物(细菌和/或真菌或病毒)的一种或多种药物，并保证充分的组织渗透浓度。

(4)经验性联合抗感染治疗一般不超过3~5天，一旦病原菌的药敏确定，结合患者的临床情况降阶到最恰当的单药治疗。

2. 容量复苏　给予充分的血容量支持，以保证组织灌注。快速扩容以增加心排血量和运输氧的能力，保证脑组织及各器官组织氧的供给，迅速恢复循环血容量，减少器官血流灌注不足的时间，防止发生多器官功能衰竭。

容量复苏的目标：一旦确定存在组织低灌注时应当立即进行，不应延迟到患者入住重症监护病房以后。

对急性全身感染导致的低灌注的复苏目标包括以下所有内容，并作为治疗方案的一部分：

(1)MAP ≥ 65mmHg。

(2)尿量>30ml/h。

(3) $ScvO_2 \geqslant 0.70$ 或混合静脉血氧饱和度($SvO_2 \geqslant 0.65$)。

(4)对以乳酸水平升高作为组织低灌注指标的患者,以乳酸水平降至正常作为复苏目标。

3. 血管活性药的治疗 感染性休克不同阶段的病理生理过程十分复杂,治疗关键是纠正血流动力学紊乱;治疗的主要目标是改善组织器官的血流灌流,恢复细胞的功能与代谢。迄今为止,合理应用血管活性药仍是休克基础治疗之一,其中以多巴胺和去甲肾上腺素为常用。经过充分液体复苏,血压仍不达标,为了使 MAP ≥ 65mmHg 需要加用血管升压药物,首选去甲肾上腺素;只有当患者心律失常发生风险较低、并且低心排血量时,才考虑使用多巴胺。临床上,宜严密细致地监测血压变化,10~30 分钟一次,同时观察患者的皮肤颜色、温度、指压恢复时间等相关体征,在有条件的情况下可放置动脉导管进行有创血压监测。

(1)多巴胺:常用剂量 2~20μg/(kg·min),目前主张用于无快速型心律失常、绝对和相对心动过缓的患者。

(2)去甲肾上腺素:静脉输注时在 0.1~1μg/(kg·min)剂量范围内,能有效提升平均动脉压。去甲肾上腺素较之多巴胺在治疗感染性休克方面有更大的优势,尤其是前者在提高平均动脉压、增加外周血管阻力和改善肾功能方面表现了较强的作用,能够改善内脏的灌注和氧合,可使局部氧代谢改善,氧摄取率增加,满足了微循环对氧的需求,而后者可能有更多的不良反应,特别是心房颤动等心律失常,且死亡风险增加。

(3)多巴酚丁胺:正性肌力药物治疗。推荐出现以下情况:心脏充盈压增高和低心排血量提示心功能不全;尽管循环容量充足和 MAP 达标,仍然持续存在低灌注征象时可试验性应用多巴酚丁胺,以 2μg/(kg·min)开始,最大剂量 20μg/(kg·min),或在升压药基础上加用多巴酚丁胺。

## 四、心源性休克

### (一)临床特点

心源性休克是指由于心脏排血功能障碍导致的血压下降、重要器官供血不足及微循环障碍,患者出现缺血、缺氧、代谢障碍及重要脏器损害的过程。心源性休克的诊断必须满足两个条件,一是休克的临床表现,二是存在心脏疾病的基础,即在没有低血容量存在的情况下,收缩压 <90mmHg 或平均动脉压 <65mmHg 持续 30 分钟及以上,或需要血管活性药物才能维持收缩压 >90mmHg;最常见的病因包括由急性缺血、感染和中毒等所致的急性心肌细胞损伤或坏死、急性瓣膜功能不全、心律失常和急性心脏压塞等。临床表现有组织器官低灌注的表现,如烦躁不安、焦虑、面色苍白、肢体冰凉、皮肤花斑、出冷汗,外周型发绀,心率快,血压低,少尿、血乳酸升高等。

### (二)急诊处理

1. 初始评估与处置 完善心电图及超声心动图检查。早期无创监测,包括脉搏血氧饱和度($SpO_2$)、血压、呼吸频率及连续心电监测等;若 $SpO_2$<90%,应及时进行氧疗;对于呼吸困难明显的患者,可尽早使用通气治疗;应用升压药,首选去甲肾上腺素。在此基础上,应迅速识别出致命性病因(如 ACS、急性肺栓塞、严重心律失常等),尽早给予相应处理。

2. 扩容治疗 心源性休克时,心脏泵功能及外周循环功能障碍并存,此时补液应严格掌握补液量及补液速度,最好在血流动力学监测下指导补液。无临床征象提示容量负荷增多的情况下,首先在 15~30 分钟内给予生理盐水或平衡盐溶液 200ml。进行容量负荷试验时,心排血量增加至少 10% ~15%提示患者对输液有反应。

3. 正性肌力药物的应用

(1)多巴胺:常用剂量为 2~20μg/(kg·min)。

(2)多巴酚丁胺:用量与用法与多巴胺相似,常用量为 2~20μg/(kg·min)。

(3)磷酸二酯酶抑制剂(米力农):选择性抑制心肌和平滑肌的磷酸二酯酶同工酶Ⅲ,减少 cAMP 的降解而提高细胞内 cAMP 的含量,发挥强心与直接扩血管作用。首剂 25~75μg/kg 静脉注射(>10 分钟),继以 0.375~0.75μg/(kg·min)静脉滴注。

(4)钙增敏剂左西孟旦:增加急性失代偿心力衰竭患者的每搏输出量与左室射血分数,改善临床症状,使患者的 BNP 水平明显下降,安全性良好。负荷量 12μg/kg 静脉注射(>10 分钟),继以 0.1~0.2μg/(kg·min)静脉滴注,维持用药 24 小时;如血压偏低患者,可不予负荷量,直接静脉滴注维持量 24 小时。

应用期间一旦出现快速心律失常应立即停药。

## 本章小结

休克是常见的危急综合征，病因多，病情复杂。急诊常见休克包括低血容量性休克、感染性休克、过敏性休克、心源性休克。休克是有效循环血容量锐减，器官和组织灌注不足，组织缺氧、细胞代谢紊乱和器官功能受损的综合征，其本质是微循环功能障碍。快速增加有效循环血量，迅速改善组织灌注，恢复细胞氧供，维持正常的细胞功能是治疗休克的关键。

## 病例讨论 1

0302
病例讨论

患者，男，16 岁，因发热伴咳嗽、咳脓痰 1 周入院。诊断："双下肺炎"。患者 3 个月前因"支气管哮喘"使用青霉素 480 万 U 静脉滴注，连用 1 周无过敏现象，无药物过敏史。本次住院考虑感染重，青霉素耐药，给予头孢拉啶静脉滴注，3 天后体温逐渐下降，一般情况较好。用药后第 5 天，患者突然出现胸闷、气紧、心悸、呼吸困难，口唇发绀，继之感全身奇痒，出现大片荨麻疹，测血压 75/52mmHg。

## 病例讨论 2

0303
病例讨论

患者，男，58 岁，车祸伤，左小腿碾压 2 小时急诊入院。查体：嗜睡状，表情淡漠，面色苍白，肢体冰凉。左小腿下 1/3 皮肤撕脱，皮下组织挫灭严重，开放性骨折，左足与小腿仅少许皮肤相连。心率 125 次 / 分，血压 80/50mmHg，呼吸 24 次 / 分，$SpO_2$ 92%。

## 病例讨论 3

患者，女，24 岁，因"发热伴腹胀 20 天、腹痛 10 天"急诊入院。患者于 20 天前自述受凉后出现发热，体温最高 40℃。偶有咳嗽，无咳痰，自觉腹胀，按压时腹痛。当地医院治疗病情无好转，腹胀及腹痛加重，入院前 2 天出现水样腹泻，20 次 / 天。

0304
病例讨论

入院查体：体温 39.1℃，脉搏 140 次 / 分，BP 90/70mmHg。腹膨隆，下腹压痛、无反跳痛，肌卫阳性。辅助检查：盆腔 B 型超声提示子宫后上方见 18.5cm × 14.1cm × 12.5cm 包块，右髂窝游离液性暗区 2.4cm。双肾盂及双输尿管上段扩张，积水。初步诊断：盆腔脓肿；感染性休克。急诊行腹腔镜探查 + 粘连分解 + 脓液引流 + 巧克力囊肿剥除术，手术结束时血压降至 60/30mmHg，持续泵入去甲肾上腺素及多巴胺，输血 600ml，术后转 ICU 病房治疗 7 天，患者体温逐渐下降，血常规及凝血功能逐步恢复正常，术后第 4 天停用多巴胺，第 5 天脱离呼吸机，第 7 天转回妇科病房继续抗生素治疗 2 周好转出院。

## 病例讨论 4

0305
病例讨论

患者，女，56 岁，既往"冠心病"史 10 年，于上楼途中突感胸前区压榨样疼痛，舌下含服硝酸甘油，胸痛不缓解，急呼 120 入院，途中意识转模糊，入院后查体：BP：65/55mmHg，HR：110 次 / 分，意识模糊，脉搏细速，四肢湿冷，末梢循环差。

笔记

（杨明全）

扫一扫，测一测

## 思考题

1. 简述各种休克临床表现的不同。
2. 对于感染性休克患者如何判断和处理?
3. 对于分布性休克患者如何判断和处理?

# 第四章 发 热

学习目标

1. 掌握:发热的常见病因及发热的急诊处理。
2. 熟悉:发热的分类、特点及发热程度。
3. 了解:发热的伴随症状,发热的辅助检查。
4. 具备发热急救的基本技能;能熟练应用急救仪器和设备抢救处理急诊。
5. 重视患者安全管理,能与患者及家属进行沟通,开展健康教育,帮助和指导患者进行康复锻炼。

## 第一节 概 述

发热(fever)是临床最常见的症状之一。通常认为人体正常体温是37℃,但变化幅度可达到1℃。正常人的体温受体温调节中枢所调控,并通过神经、体液因素使产热和散热过程呈动态平衡,保持体温在相对恒定的范围内。当机体在致热原作用下或各种原因引起体温调节中枢功能障碍时,体温升高超出正常范围称为发热。

### (一) 发热的机制

在正常情况下,人体的产热和散热保持动态平衡。由于各种原因导致产热增加或散热减少,则可出现发热。

发热的机制可用体温调定点学说来解释。引起发热的致热原包括外源性致热原(细菌、病毒等)和内源性致热原(抗原抗体复合物、某些类固醇、尿酸结晶等)。这些发热激活物作用于机体免疫系统的一些细胞,如单核细胞、巨噬细胞、淋巴细胞等,产生炎性细胞因子,包括IL-1、肿瘤坏死因子(TNF)、干扰素(IFN)等,作用于下丘脑的体温调节中枢,使体温调定点升高。然后机体出现骨骼肌收缩、寒战,产热增加,同时皮肤血管收缩,散热减少,出现发热。如无外界刺激则体温调定点不会移动。

### (二) 发热的病因

引起人发热的原因为数众多。临床上常将发热的病因习惯性分为感染性和非感染性。常见的发热原因为感染性疾病、风湿免疫性疾病及肿瘤。而中暑因产热和散热失衡导致体温过高,可引起炎症瀑布式反应的发生,是发热性疾病中最严重的一种类型,其死亡率高达58%~64%。感染性发热可能是机体的一种自身防御反应,对生存有益。非感染性发热则可能增加死亡风险,由于产热大于散热,以及核心体温上升超过下丘脑的调定点时,就会出现对细胞、组织及器官的损伤,如果情况严重或持续存在,将可能导致患者死亡。

1. 感染性发热　由各种病原体如病毒、细菌、支原体、衣原体、立克次体、原虫、蠕虫、真菌、螺旋体等引起。包括由各种急慢性传染病、全身感染和局灶性感染引起的发热。

2. 非感染性发热　包括变态反应性疾病、结缔组织疾病、恶性肿瘤、血液系统疾病、组织损伤、体温调节中枢障碍、产热或散热异常等。

(1)肿瘤性发热:肿瘤坏死和致热性细胞因子的产生引起发热。

(2)结缔组织病:与免疫功能异常,细胞因子等内源性致热原所致有关。

(3)手术后发热:手术破坏大量细胞,致热性细胞因子释放导致发热。

(4)血栓性发热:因血管栓塞或血栓形成而引起的心肌、肺、脾等内脏梗死或肢体坏死。

(5)中暑:由于体温调节障碍,机体产热与散热失平衡而引起的被动性体温升高。

(6)内分泌性发热:甲状腺功能亢进可引起患者体温升高。

(7)药物热:药物对外周散热、中枢体温调节产生干扰,或药物本身的致热性等均可引起发热。

(8)中枢性发热:脑出血、重型颅脑损伤、重度安眠药中毒等可导致发热。

### (三)临床表现

1. 发热热度　按发热的高低分为:低热(37.5~38℃);中度发热(38.1~39℃);高热(39.1~41℃);超高热(41℃以上)。

2. 发热热程

(1)急性发热:突然起病,高热≤ 2 周。病因多明确,急诊中最常见。

(2)长期发热:高热 2 周以上或低热 1 个月以上。

3. 发热热型

(1)稽留热:体温持续在 39~40℃达数天或数周,24 小时波动 <1℃。

(2)弛张热:体温持续升高,24 小时波动达 2℃或更多。

(3)间歇热:体温骤升达高峰后持续数小时,又迅速降至正常水平,无热期(间歇期)可持续 1 天至数天,如此高热期与无热期反复交替出现。常见于疟疾、急性肾盂肾炎等。

(4)波状热:体温逐渐上升达 39℃或以上,数天后又逐渐下降至正常水平,持续数天后又逐渐升高,如此反复多次。

(5)回归热:高热期与无热期各持续数日,周期性交替。

(6)不规则热:发热持续时间不定,变化无规律。

4. 发热分期

(1)体温上升期:体温在数小时内或数日内不断上升达高峰。常伴有发冷或畏寒,“鸡皮”和寒战,皮肤苍白。热代谢特点:体温调定点上移,产热大于散热。

(2)高温持续期:体温上升到高峰期后保持一段时间。常见皮肤颜色发红,自觉酷热和皮肤干燥。热代谢特点:此期体温达到一定高度后不再升高,而是在此水平波动,产热和散热相对平衡。

(3)体温下降期:高热逐渐消退,常伴有大量出汗。热代谢特点:体温调定点下移,产热小于散热。体温下降,皮肤血管扩张,产热减少,此期汗腺分泌增加,大量出汗,严重者可导致脱水,应注意水盐电解质平衡。

## 第二节　急性发热的临床特点、诊断及鉴别诊断

### 一、临床特点

急性发热的临床特点除体温升高外,还应注意所患疾病所伴随的症状和体征。

#### (一)感染性发热

1. 病毒感染　占感染性发热的 11.0%~17.1%,往往具有一定的自限性,自然热程 1~2 周。常见有流行性感冒、病毒性肝炎、乙型脑炎、流行性出血热、流行性腮腺炎、麻疹、脊髓灰质炎、传染性单核细胞增多症、传染性非典型肺炎(世界卫生组织命名为严重急性呼吸综合征,SARS)等。

2. 细菌性感染 常见有大叶性肺炎、脓毒症、伤寒、副伤寒、结核、肾盂肾炎、细菌性痢疾、细菌性心内膜炎、细菌性脑膜炎以及炎症性脓肿等。非典型性病原体感染：支原体、衣原体感染；肺炎支原体肺炎、鹦鹉热、斑疹伤寒、恙虫热、钩端螺旋体病、回归热等。

**（二）非感染性发热**

1. 与炎症相关的发热 由于组织细胞坏死、组织蛋白分解及组织坏死产物的吸收，所致的无菌性炎症常可引起发热。

2. 中暑 由产热散热不平衡所引起。是因为患者暴露于热环境中或产热超过了散热引起的体温上升，体温高于下丘脑的调定点，而不是由致热原引起的发热。经典型中暑在酷暑天气期间经常遇见，每年造成成千上万人死亡。即刻降温是治疗的主要手段，60 分钟内把体温降至 38.9℃以下有改善患者存活率的趋势。延迟降温与死亡率的增加是相关的。

3. 药物热 大部分药物引起发热是无寒战性产热，主要作用于棕色脂肪组织和骨骼肌。

4. 中枢性发热 有些致热因素不通过内源性致热原而直接损害体温调节中枢，使体温调定点上移，造成产热大于散热，体温升高，称为中枢性发热。高热无汗是这类发热的特点。常见于颅脑损伤后发热。急性脑损伤后发热很常见，并与不良预后相关。

5. 生理性发热 见于剧烈运动、月经前期、心理性应激，一般为低热。

## 二、诊断及鉴别诊断

大部分患者可通过详细询问病史，认真仔细查体以明确诊断。注意把握一些常见病的非特征性表现，首先想到常见的疾病。如存在心脏杂音考虑心内膜炎，肝区有疼痛、叩击痛，考虑肝脓肿等。无论是感染或非感染性疾病，往往有常见受累部位，即一定特征性的“定位”表现。如肺部感染时胸部听诊往往有干湿啰音，胸部 X 线或 CT 检查可见肺部阴影等；中枢神经系统感染往往有颅内压增高征及脑膜刺激征等。

**（一）病史**

1. 起病诱因、时间、季节、缓急、病程、热度高低、持续时间等。

2. 有无畏寒、寒战、大汗或盗汗。

3. 是否伴有咳嗽、咳痰、咯血、胸痛；腹痛、恶心、呕吐、腹泻；尿频、尿急、尿痛；皮疹、出血、头痛、肌肉关节痛等。

4. 传染病接触史、疫水接触史、手术史、流产或分娩史、服药史、职业特点等。

5. 诊治经过，包括药物、剂量、疗效。

**（二）伴随症状**

1. 寒战 常见于大叶性肺炎、败血症、急性胆囊炎、急性肾盂肾炎、流行性脑脊髓膜炎、疟疾、钩端螺旋体病、药物热、急性溶血或输血反应等。

2. 结膜充血 常见于麻疹、流行性出血热、斑疹伤寒、钩端螺旋体病等。

3. 单纯疱疹 口唇单纯疱疹多出现于急性发热性疾病，常见于大叶性肺炎、流行性脑脊髓膜炎、间日疟、流行性感冒等。

4. 淋巴结肿大 常见于传染性单核细胞增多症、风疹、淋巴结结核、局灶性化脓性感染、丝虫病、白血病、淋巴瘤、转移癌等。

5. 肝脾肿大 常见于传染性单核细胞增多症、病毒性肝炎、肝及胆道感染、布氏杆菌病、疟疾、结缔组织病、白血病、淋巴瘤及黑热病、急性血吸虫病等。

6. 皮肤黏膜出血 发热伴皮肤黏膜出血可见于重症感染及某些急性传染病，如流行性出血热、病毒性肝炎、斑疹伤寒、败血症等。也可见于某些血液病，如急性白血病、重症再生障碍性贫血、恶性组织细胞病等。

7. 关节肿痛 常见于败血症、猩红热、布氏杆菌病、风湿热、结缔组织病、痛风等。

8. 皮疹 常见于麻疹、猩红热、风疹、水痘、斑疹伤寒、风湿热、结缔组织病、药物热等。

9. 昏迷 先发热后昏迷者常见于流行性乙型脑炎、斑疹伤寒、流行性脑脊髓膜炎、中毒性菌痢、中暑等；先昏迷后发热者见于脑出血、巴比妥类药物中毒等。

### (三) 辅助检查

1. 常规检查　急性发热患者可选用血、尿、大便常规检查。
2. 炎症标志物检查　降钙素原、血沉、C 反应蛋白、血白介素 -6、白介素 -8 等测定。
3. 微生物培养和药敏试验　在治疗前留置各类标本。
4. 胸部 X 线或 CT 检查　常用于诊断和排除肺部感染性疾病。
5. 血清抗体检查　诊断相关的病原体感染，如支原体、衣原体、病毒感染等。
6. 其他　根据病情选择血生化检查、骨髓检查、超声波、MRI 等检查。

## 第三节　急 诊 处 理

发热是一个病因较为复杂的症状，是机体对于致病因子的一种防御反应。应积极寻找病因，针对原发病进行治疗，如脓肿切开引流，感染性发热选用足量有效的抗生素等。对生命体征稳定的低热和中等热可不做特殊处理。但高热使机体基础代谢增加，持续高热可致水、电解质丢失，代谢产物增多，导致机体内环境紊乱、各系统功能受损，故对高热患者在未确定病因前既不要轻易应用退热剂和抗菌药，又要避免高热给患者带来的危害，可酌情给予降温对症治疗。

### (一) 发热急诊处理流程

发热急诊处理流程见图 4-1。

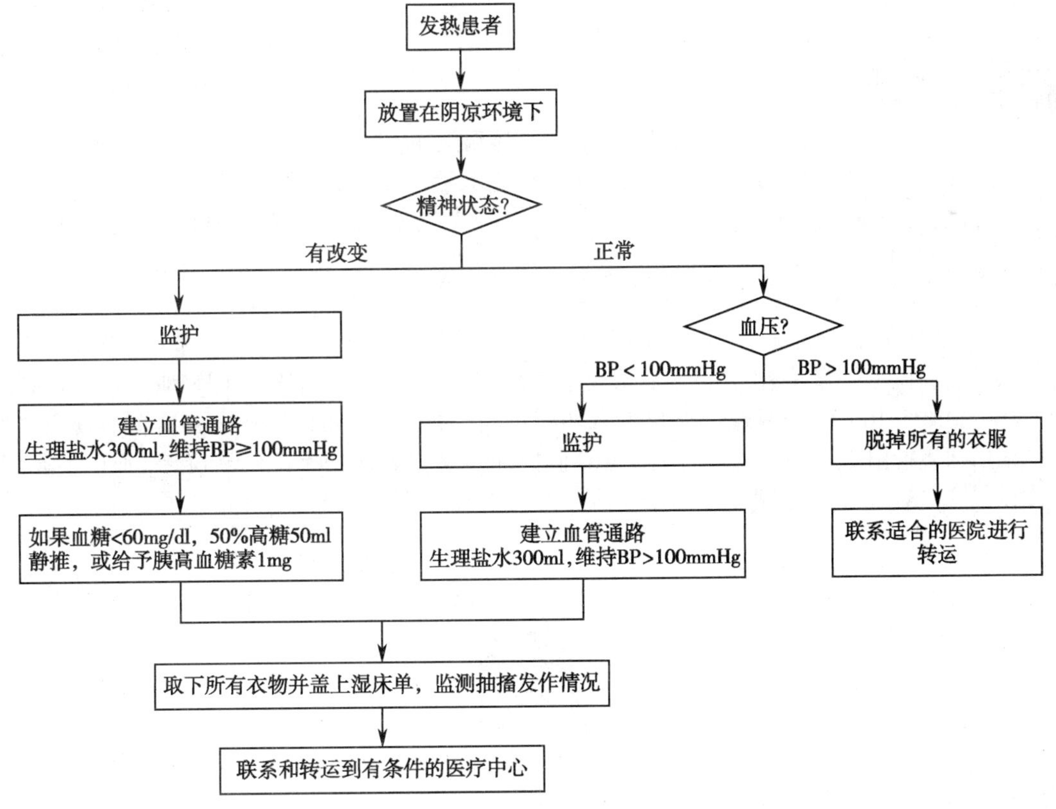


图 4-1　发热急诊处理流程

### (二) 处理原则

1. 评估病情　对发热患者应常规检查生命体征和意识状态。当患者出现血流动力学不稳定、意识改变、呼吸困难等危及生命的症状和体征时，应立即给予监护、氧疗、建立静脉通道、实施气道管理及补液，必要时给予机械通气治疗。待病情稳定后，进一步行相关检查，明确病因。

2. 物理降温　可采用冰敷，即用冰袋或冷毛巾置于额、枕后、颈、腋窝、腹股沟等体表大动脉处，

5~10 分钟更换一次。注意冰袋需用干布包裹，不要与皮肤直接接触，以免冻伤。也可用酒精或温水擦浴，降温毯、降温帽、冰盐水灌肠或置于空调房中。

3. 药物降温 酌情选用阿司匹林、对乙酰氨基酚(扑热息痛)、复方氨基比林、柴胡、退热栓等解热药物，注意剂量不宜过大，以免引起大汗和体温骤降甚至血压下降、循环衰竭。对超高热或发热伴惊厥、谵妄等神经系统症状可应用冬眠疗法。

4. 抗生素治疗 对疑为感染性疾病所致发热，病情严重时可在留取标本后，根据初步判断给予经验性抗生素治疗。待病原学结果回报后再给以针对性用药。

5. 其他 包括卧床休息、补充水分、营养、注意电解质平衡，高热惊厥时应用镇静剂如苯巴比妥、地西泮等对症支持治疗。对疑似传染性疾病要注意隔离和个人防护。急诊观察中一时难以作出明确诊断的患者，应收入院进一步检查治疗。

## 本章小结

急性发热可分为感染性发热和非感染性发热。引起发热最常见的原因是感染性发热。不管是何种原因引起的高热，如超过 40℃带来的是高死亡率。早期识别，立即降温，器官功能支持和保护是主要的治疗方法。对急性发热患者首先应常规检查生命体征和意识状态，保证生命体征平稳，进行解热治疗。其次详细地了解病史，进行体格检查，选择必要的相关检查。明确病因后，再针对病因进行治疗。

## 病例讨论

患者，女，16 岁，苗族。咽痛伴发热 4 天，最高体温达 40℃。不伴头痛、咳嗽、腹痛腹泻、恶心呕吐、意识障碍等症状。当地医院以“急性扁桃体炎”收治入院。予以“消炎药”(具体不详)治疗，症状无缓解，病情发展，自觉咽痛加重，伴吞咽痛，并持续发热，出现心率增快和低血压，无声嘶、呼吸困难、吞咽梗阻、腹痛腹泻等表现，因病情危重转上级医院。

0401

病例讨论

查体：体温 39.2℃，脉搏 143 次 / 分，呼吸 25 次 / 分，血压 70/40mmHg，神志清楚，精神差，急性热病容，全身汗湿，咽部充血，双侧扁桃体肿大，未见确切脓性分泌物，双侧颈部未扪及淋巴结肿大。心肺检查除心率增快外，其余未见异常。腹软，肝区无叩击痛，双肾区叩痛明显。实验室检查：WBC $19.47 \times 10^9$/ L，中性粒细胞 86.8%，淋巴细胞 5%，C 反应蛋白 196.3mg/L，降钙素原 PCTL 5.77μg/L，尿镜检白细胞 2+。入院后予以 ICU 监护、抗生素及输液治疗。3 天后心率、血压正常，体温中度发热，38.5℃左右，转普通病房继续治疗 6 天，体温正常后出院。

(杨明全)

扫一扫，测一测

## 思考题

1. 体温升高是否就是发热？为什么？
2. 发热与过热有何异同？

# 第五章 呼吸困难

**学习目标**

1. 掌握:呼吸困难的诊治流程;呼吸困难的急诊处理。
2. 熟悉:呼吸困难常见病的诊断;呼吸困难常见病的治疗。
3. 了解:呼吸困难的定义;呼吸困难的病因。
4. 具备呼吸困难急诊救治基本技能;能使用、管理常用器械、仪器、设备,安排与管理安全、适合的医疗与康复环境。
5. 能与患者及家属进行沟通,开展健康教育;能与相关的医务人员进行专业交流;能开展基层社区的健康检查、慢性病管理、疾病预防等卫生工作,帮助和指导哮喘、心力衰竭患者进行康复锻炼。

## 第一节 概　　述

呼吸困难(dyspnea)是指患者主观上感觉空气不足、呼吸不畅、呼吸费力及窒息感等,客观上表现为呼吸费力、张口呼吸、鼻翼扇动、辅助呼吸肌参与呼吸运动,可伴有呼吸频率、深度与节律的改变。按病程分为急性呼吸困难与慢性呼吸困难,按病因可分为肺源性呼吸困难、心源性呼吸困难、中毒性呼吸困难、血源性呼吸困难和神经精神性呼吸困难。

### 一、病因

临床上根据病因将呼吸困难分为五类,其中以肺源性和心源性呼吸困难多见。

#### (一) 肺源性呼吸困难

因呼吸系统疾病引起的呼吸困难,按临床表现分为三类:

1. 吸气性呼吸困难　表现为吸气时胸骨、锁骨上窝及肋间隙凹陷(三凹征),且有喘鸣。常见于炎症、水肿、肿瘤或异物引起的喉、气管狭窄或阻塞。

2. 呼气性呼吸困难　表现为呼气延长、可伴有哮鸣音,常见于慢性阻塞性肺疾病、支气管哮喘等。

3. 混合性呼吸困难　吸气和呼气时均有呼吸困难,常见于肺炎、肺不张、肺间质纤维化、重症肺结核、胸腔积液、气胸等。

#### (二) 心源性呼吸困难

常见于各类心脏疾病引起的呼吸困难,如急慢性心力衰竭和心包积液等。

### (三) 中毒性呼吸困难

常见于一氧化碳、安眠药、吗啡、有机磷农药、亚硝酸盐等毒物或药物导致的外因性中毒，以及糖尿病酮症酸中毒、尿毒症和肾小管酸中毒等内因性中毒。

### (四) 血源性呼吸困难

见于重度贫血、白血病等。

### (五) 神经精神性呼吸困难

常见于神经系统和肌肉病变引起的呼吸困难，如脑出血、脑外伤、脑部的炎症及肿瘤等颅脑疾病，重症肌无力、膈肌麻痹、多发性神经根炎等神经肌肉疾病，精神心理因素引起的非器质性呼吸困难。

## 二、临床特点

### (一) 临床表现

1. 急缓　起病急骤常见于气胸、肺水肿、支气管哮喘、急性心肌梗死、肺栓塞等；而缓慢起病见于慢性阻塞性肺疾病、肺纤维化等。

2. 临床特征　呼吸困难病因不同，临床表现也不同。上气道阻塞常有吸气相喘鸣、三凹征、窒息感；肺炎常有发热、咳嗽、肺部湿啰音；气胸常有胸痛、气管移位、呼吸音不对称、叩诊鼓音；肺血栓栓塞常有胸痛、咯血、晕厥或低血压、低氧血症；心脏压塞则有颈静脉怒张、心音低、奇脉、腹胀、水肿等；酮症酸中毒呼吸深大、呼气有烂苹果味；镇静类药物中毒常有意识改变伴呼吸节律异常、浅慢；癔症则常有手足麻木、抽搐、呼吸频数夸张、经暗示迅速缓解。

### (二) 辅助检查

1. 实验室检查　血常规、血糖、血尿素氮及肌酐、尿常规、痰涂片和培养等。

2. 血气分析　通过动脉血氧分压（$PaO_2$）、二氧化碳分压（$PaCO_2$）来判断呼吸衰竭的性质和程度，pH、BE 值等提供酸碱平衡失调信息。

**呼 吸 衰 竭**

在海平面、静息状态、呼吸空气条件下，动脉血氧分压（$PaO_2$）小于 60mmHg，伴或不伴有二氧化碳分压（$PaCO_2$）大于 50mmHg 时诊断为呼吸衰竭。血气分析示 $PaO_2$<60mmHg，$PaCO_2$ 降低或正常，即Ⅰ型呼吸衰竭，主要见于肺换气功能障碍。血气分析示 $PaO_2$<60mmHg，同时伴有 $PaCO_2$>50mmHg，即Ⅱ型呼吸衰竭，主要见于肺泡通气功能障碍。

3. D- 二聚体　对肺血管栓塞的排除诊断有重要意义。

4. BNP（B 型脑钠肽）/NT-proBNP（N- 末端脑钠肽原）　可用于心源性与非心源性呼吸困难的鉴别。

5. 影像学检查　胸部 X 线或 CT 有助于胸肺疾病的诊断，头颅 CT 或 MRI 有助于确定颅内病变。

6. 心电图、超声心动图检查，有助于心源性呼吸困难的病因鉴别。

7. 肺功能测定　对病情并非危急的患者可以选择，以判断功能障碍的程度和性质。

## 三、急诊处理

呼吸困难的处理包括针对病因治疗和对症、支持治疗（图 5-1）。

1. 保持呼吸道通畅　清除气道内异物和分泌物；支气管痉挛者可用支气管解痉剂、糖皮质激素等；必要时气管插管、气管切开给予机械通气治疗。

2. 氧疗　一般经鼻导管或面罩吸氧，改善低氧血症，使动脉血氧分压 >60mmHg 或动脉氧饱和度（$SpO_2$）>90%。

3. 呼吸兴奋剂的应用　对缺氧及严重二氧化碳潴留、某些药物过量抑制呼吸中枢时，在保证气道通畅的同时，可适当使用呼吸兴奋剂，如尼可刹米、山梗菜碱。

4. 支持治疗　纠正电解质和酸碱失衡，同时给予心、脑、肾等重要器官功能支持。

5. 消除病因　对不同病因采取不同的措施是解除呼吸困难的根本，如取出气管异物；自发性气胸或大量胸腔积液应立即胸腔穿刺抽液抽气或进行胸腔闭式引流；对感染引起的呼吸困难，应选择有效抗生素，足量、联合应用；心源性呼吸困难纠正心力衰竭等。

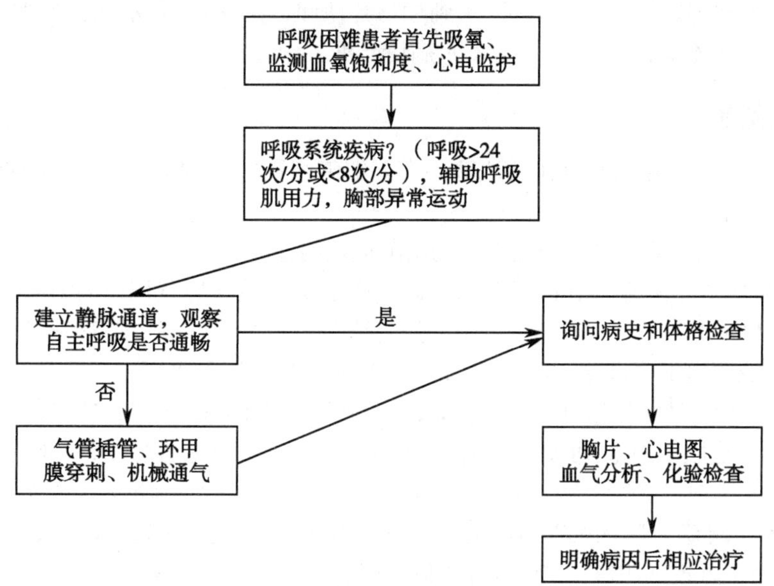


图 5-1　呼吸困难急诊处理流程图

## 第二节　支气管哮喘急性发作

**病例导学**

患者，女，55 岁，主因突发气喘、呼吸困难半小时急诊入院，来院前半小时闻及油漆味后突发气喘、呼吸困难，喷吸沙丁胺醇气雾剂效果差，呼吸困难进行性加重。既往有粉尘、油漆过敏史，曾诊断支气管哮喘。入院查体：急性重病容，意识模糊，颜面发绀，极度呼吸困难，呼吸 40 次 / 分，听诊双肺满布哮鸣音。

问题：1. 该患者诊断是什么？

2. 急诊应该给予什么抢救治疗措施？

支气管哮喘（bronchial asthma），简称哮喘，是由多种细胞包括嗜酸性粒细胞、肥大细胞、T 淋巴细胞、中性粒细胞、平滑肌细胞、气道上皮细胞等，以及细胞组分参与的气道慢性炎症性疾病。近年来认识到哮喘是一种异质性疾病。哮喘急性发作是指咳嗽、气促、喘息、胸闷等症状突然发生，或原有症状急剧加重，常伴有呼吸困难，病情轻重不一，可在数小时或数天内出现，偶可在数分钟内危及生命，故应对病情作出正确评估，以给予及时有效的紧急治疗。

### 一、病因及诱因

哮喘是一种具有多基因遗传倾向的疾病，约 20% 的患者有家族史。哮喘急性发作多与接触变应原有关。常见的病因和（或）诱因包括接触过敏原（尘螨、花粉、真菌、动物毛屑等）、呼吸道感染、吸烟等。

### 二、临床表现

1. 症状　发作性伴有哮鸣音的呼气性呼吸困难。严重程度不一，轻者常伴胸闷、咳嗽、干咳或咳

较多白色泡沫痰，重者被迫坐位、发绀、大汗、焦虑烦躁。夜间及凌晨发作或加重是哮喘的重要临床特征。

2. 体征 哮喘发作时听诊呼气延长，可闻及响亮、弥漫的哮鸣音，呼吸频率可 >30 次 / 分，常有三凹征。但少数严重的哮喘急性发作肺部听不到哮鸣音，所谓“沉默肺”预示病情严重。若患者出现意识障碍、言语断续甚至不能言语、奇脉等也提示病情严重。

## 三、辅助检查

1. 血常规检查 可有嗜酸性粒细胞增高。合并细菌感染时、或使用糖皮质激素者可有白细胞总数增高。

2. 痰液检查 涂片在显微镜下可见较多的嗜酸性粒细胞。

3. 呼吸功能检查 在哮喘发作时呈阻塞性通气功能改变，有关呼气流速的全部指标均显著下降，一秒用力呼气量（$FEV_1$）、一秒用力呼气量占用力肺活量比值（$FEV_1/FVC\%$）、最高呼气流量（PEF）均减少。支气管激发试验、支气管舒张试验、PEF 昼夜变异率检测可以协助诊断哮喘。

4. 动脉血气分析 哮喘发作时有低氧血症，过度通气可使 $PaCO_2$ 下降，pH 上升，表现呼吸性碱中毒。如病情进展，气道阻塞加重，可使 $CO_2$ 潴留，$PaCO_2$ 上升，表现呼吸性酸中毒；如缺氧严重可合并代谢性酸中毒。

5. 胸部 X 线片或 CT 哮喘发作时可见两肺透亮度增加，呈过度充气状态。如并发呼吸道感染，可见肺纹理增加及炎性浸润阴影。同时要注意肺不张、气胸或纵隔气肿等并发症的存在。

## 四、诊断及鉴别诊断

1. 诊断 根据有反复发作的喘息、胸闷、呼吸困难、咳嗽病史，发作时有带哮鸣音的呼气性呼吸困难，可自行缓解或经治疗缓解等特征，除外可造成气喘或呼吸困难的其他疾病，一般诊断并不困难，但过敏原常不明确。对不典型或轻症哮喘可用支气管激发试验或支气管舒张试验、PEF 昼夜变异率检测，三项中有一项阳性，可以诊断为哮喘。

2. 鉴别诊断

（1）急性左心衰竭：多有高血压、冠心病、风心病等病史，咳粉红色泡沫痰，两肺可闻广泛的水泡音和哮鸣音，左心界扩大，心率增快，心尖部可闻奔马律。胸部 X 线检查可见心脏增大，肺淤血征。

（2）慢性阻塞性肺疾病急性发作：多见于中老年人，多有长期吸烟或有害气体接触史，有慢性咳嗽史，喘息长年存在，有加重期。有肺气肿体征，两肺或可闻及湿啰音。

（3）支气管肺癌：中央型肺癌可出现喘鸣或类似哮喘样呼吸困难，肺部可闻及哮鸣音。但肺癌的呼吸困难症状进行性加重，痰中可找到癌细胞，胸部影像、支气管镜检查常可明确诊断。

## 五、急诊处理

1. $\beta_2$ 受体激动剂 常用的短效 $\beta_2$ 受体激动剂有沙丁胺醇（salbutamol）、特布他林（terbutaline），吸入给药通常在数分钟内起效，可迅速缓解支气管痉挛，是轻中度哮喘急性发作的首选药物。长效 $\beta_2$ 受体激动剂福莫特罗起效快，也可作为缓解药物按需使用。

2. 糖皮质激素 糖皮质激素是最有效的控制气道炎症的药物。静脉给予氢化可的松 400~1000mg/d，或甲泼尼龙 80~160mg/d，分次给药，静脉使用 2~3 天后，改为口服给药 3~5 天。

3. 茶碱类药物 重症哮喘患者可联合静脉滴注茶碱类药物治疗，一般氨茶碱每日总量不超过 0.8g。茶碱可引起心律失常、血压下降甚至死亡，在有条件的情况下应监测其血药浓度，及时调整浓度和滴速。

4. 抗胆碱能类药物 急性重度哮喘或经短效 $\beta_2$ 受体激动剂治疗效果不佳的患者，可用短效抗胆碱能药物，常用异丙托溴铵吸入，见效快，可维持 4~6 小时。偶有口干的副作用。

5. 氧疗 一般给予鼻导管或面罩吸氧，使患者血氧饱和度维持在 93%~95%。如患者全身情况进行性恶化，出现意识改变、呼吸肌疲劳、$PaCO_2 \geq 45mmHg$，应及时给予机械通气治疗。

6. 纠正酸碱及水电解质紊乱 根据失水及心脏情况，静脉给予等渗液体，每日用量 2500~3000ml，

纠正失水，使痰液稀薄。因缺氧、进液量少等原因可并发代谢性酸中毒，可用5%碳酸氢钠静脉滴注。部分患者可因反复应用 $\beta_2$ 受体激动剂、大量出汗、大剂量糖皮质激素出现低钾低钠，需要及时纠正。

7. 抗生素　感染可诱发哮喘，哮喘也可继发感染，视病情需要选用抗生素。

# 第三节　气　胸

胸膜腔由胸膜壁层和脏层构成，是不含空气的密闭的潜在性腔隙。任何原因使胸膜破损，空气进入胸膜腔，称为气胸(pneumothorax)。因肺部疾病使肺组织和脏层胸膜破裂，或者靠近肺表面的肺大疱、细小气肿疱自行破裂，肺和支气管内空气溢入胸膜腔，称为自发性气胸。

## 一、临床类型

根据脏层胸膜破口的情况及其发生后对胸腔内压力的影响，将自发性气胸分为以下三种类型：

### (一) 闭合性(单纯性)气胸

在呼气肺回缩时，或因有浆液渗出物使脏层胸膜破口自行封闭，不再有空气漏入胸膜腔。胸膜腔内，测压显示压力有所增高，抽气后，压力下降而不复升。

### (二) 张力性(高压性)气胸

胸膜破口形成活瓣性阻塞，吸气时开启，空气漏入胸膜腔；呼气时关闭，胸膜腔内气体不能排出，胸膜腔内气体愈积愈多，胸腔内压力迅速上升形成明显的正压，抽气减压后不久又恢复正压。必须紧急抢救，排气减压以缓解症状，不应因等待 X 线胸片确诊而延误治疗。

### (三) 交通性(开放性)气胸

因两层胸膜间有粘连和牵拉，使破口持续开启，吸气和呼气时，空气自由进出胸膜腔。患侧胸膜腔内压力为 0 上下，抽气后观察数分钟，压力并不降低。

## 二、临床特点

起病突然，患者常有持重物、屏气、剧烈运动等诱发因素，但也有在睡眠中发生气胸者。患者突感一侧胸痛，呈针刺或刀割样痛，伴气急、呼吸困难，可有咳嗽，但痰少。呼吸困难程度与积气量的多少、压力大小以及原来肺内病变范围有关。发生张力性气胸时可出现窒息，心排血量下降，常见心动过速(心率常 >120 次 / 分)和缺氧，晚期出现低血压、休克。查体患侧胸部饱满，叩诊呈鼓音，听诊呼吸音消失。胸部 X 线显示患侧肺组织压缩，肺纹理消失。

## 三、诊断及鉴别诊断

突发一侧胸痛，伴有胸闷、呼吸困难并有气胸体征，即可作出初步诊断。X线显示气胸是确诊依据。在无条件或病情危重不允许做 X 线检查时，可在患侧胸腔积气体征最明显处进行诊断性穿刺。

气胸应与可引起胸痛和呼吸困难的疾病相鉴别，如肺栓塞、肺大疱、支气管哮喘和慢性阻塞性肺疾病、胸膜炎和肺癌、急性心肌梗死等。其他如消化性溃疡穿孔、膈疝等，有时急起的上腹痛和气急，亦应注意与自发性气胸鉴别。

## 四、急诊处理

1. 吸氧　吸氧可促进胸腔内积气的吸收。经鼻导管或面罩吸入 40% 浓度的氧。闭合性气胸积气量少于该侧胸腔容积的 20%时，气体可在 2~3 周内自行吸收，不需抽气，可单纯吸氧治疗。但应动态观察积气量的变化。

2. 排气疗法

(1)胸腔穿刺排气：适用于稳定型小量气胸，呼吸困难较轻，心肺功能尚好的闭合性气胸患者。

(2)胸腔闭式引流：适用于不稳定型大量气胸、呼吸困难明显、肺压缩程度较重，交通性或张力性气胸，反复发生气胸的患者。

3. 其他治疗 原发疾病治疗、防治胸腔感染以及镇咳祛痰、镇痛、休息、支持疗法、外科手术等。

# 第四节 急性左心衰竭

急性心力衰竭(acute heart failure)是指急性发作或加重的心功能异常所致的心排血量骤降、组织器官灌注不足和急性淤血的综合征。临床上急性左心衰竭较为常见,包括急性肺水肿、心源性休克、慢性心力衰竭急性加重。

## 一、病因及发病机制

1. 急性心肌损伤和坏死 急性大面积心肌梗死,急性心肌炎或药物导致心肌损伤与坏死,心肌收缩力减弱,左心室排血量急剧下降。

2. 急性血流动力学障碍 急性瓣膜大量反流、重度瓣膜狭窄、心脏压塞、高血压危象时左心室前/后负荷增加,心排血量急剧下降。

3. 慢性心力衰竭急性加重 在原有冠心病、心肌病、瓣膜病的基础上,在多种诱因(常见感染、劳累、紧张、甲亢、心律失常、输液过多过快等)作用下心脏的负荷突然增加,心功能急性失代偿。

## 二、临床特点

1. 呼吸困难 突发严重呼吸困难,端坐呼吸、烦躁不安、濒死感、同时咳嗽频繁,咳粉红色泡沫状痰,极重者可因脑缺氧而出现神志模糊。

2. 体征 被动坐位,面色及口唇发绀,大汗淋漓,四肢湿冷,双肺底湿啰音逐渐延及满肺、布满湿啰音和哮鸣音,呼吸频率常达30~40次/分,心率快,可闻及第三心音奔马律。

3. 辅助检查 X线胸片显示肺淤血水肿,双肺门影增重、典型者呈蝶翼状阴影。BNP/NT-proBNP增高。心肌损伤标志物升高提示预后差或有急性心肌梗死。血气分析可有低氧血症和酸中毒。

## 三、诊断及鉴别诊断

诊断主要根据上述病史和临床表现,本病应与支气管哮喘、肺栓塞、急性呼吸窘迫综合征、其他原因所致休克鉴别。

## 四、急诊处理

急性左心衰竭是内科急症,必须及时诊断,迅速抢救。

1. 体位 患者取半卧位或端坐位,双腿下垂,以减少静脉回流。

2. 心电监护,监测血压、呼吸、脉搏、血氧饱和度。

3. 吸氧 高流量吸氧,每分钟6~8L,严重者给予无创呼吸机持续气道正压通气,增加肺泡内压,既可以加强气体交换,又可以对抗组织液向肺泡内渗透。

4. 建立至少2条静脉通路,严格限制输液速度和输液量。

5. 利尿剂 首选袢利尿剂,如呋塞米首剂20~40mg静脉注射,平素口服呋塞米者可按照日常所用剂量给予静脉注射,必要时1~2小时可加倍重复。应注意防止或纠正大量利尿时所伴发的低血钾症和低血容量。

6. 镇静 吗啡3~5mg静脉注射,必要时每间隔15分钟重复1次,共2~3次。总量不超过15mg。注意呼吸抑制。老年患者慎用或减量使用。对于伴有低血压、慢阻肺、意识障碍患者禁忌使用。

7. 血管扩张剂 静脉滴注硝普钠或硝酸脂类、萘西立肽等,以减轻心脏负荷。

8. 非洋地黄类正性肌力药 多巴胺、多巴酚丁胺、左西孟旦等,适用于低心排血量患者。

9. 洋地黄类药物 毛花苷C静脉给药,首剂0.4~0.8mg,2小时后再酌情给0.2~0.4mg。尤适用于伴快速心室率的心房颤动并左心室收缩功能不全者。

10. 其他措施 主动脉内球囊反搏、血液超滤、心室机械辅助装置等方法。

## 本章小结

呼吸困难是一种严重的临床症状，最常见的病因为呼吸系统及心血管系统疾病，中毒、血液和内分泌系统、神经精神系统出现异常亦能造成呼吸困难。急性呼吸困难需进行快速评估，并保证在自主呼吸通畅及生命体征平稳的基础上，再进一步完善辅助检查，明确病因。

## 病例讨论

患者，男，50岁，主因劳力性胸闷、气促5天，加重1小时入院。5天前“感冒”后出现胸闷、气促，活动后加重，无胸痛、心悸症状，1小时前突然加重，呼吸困难伴大汗、咳嗽、咳白色泡沫痰，被迫坐起，遂来急诊。既往有高血压病史20年，冠心病、心肌梗死病史3年。

入院查体：BP 112/67mmHg，P 117次/分，R 26次/分，急性病容，端坐位，颜面、口唇发绀，双肺呼吸音粗，满布干湿性啰音，心率117次/分，律齐，杂音听诊不满意，腹部软，双下肢不肿。

病例讨论

（韩泽红）

扫一扫，测一测

## 思考题

呼吸困难的急诊处理原则是什么？

笔记

# 第六章 意识障碍

学习目标

1. 掌握:意识障碍的急诊处理;意识障碍常见疾病的诊断。
2. 熟悉:意识障碍的诊断思路;意识障碍常见疾病的治疗。
3. 了解:意识障碍的病因;意识障碍的发病机制。
4. 具备医护基本技术,能进行基本诊疗操作;能使用、管理常用器械、仪器、设备,学会管理安全的医疗救护环境。
5. 能与患者及家属进行沟通,开展健康教育;能与相关的医务人员进行专业交流;能开展农村社区的健康检查、慢性病管理、疾病预防等卫生工作,帮助和指导患者进行康复锻炼。

## 第一节 概 述

意识是大脑功能活动的综合表现,即对周围环境和自身的知觉状态。人对周围环境及自身状态的识别和觉察能力障碍称为意识障碍。常见的意识障碍有:嗜睡、意识模糊、谵妄、昏睡和昏迷。昏迷(coma)是最严重的意识障碍。昏迷是由于脑功能受到高度抑制而产生的意识完全丧失,外界刺激不能唤醒,无自主运动的一种病理状态。

### 一、病因

#### (一) 颅脑疾病

感染和非感染性疾病均可致昏迷。感染性疾病包括各种脑炎、脑膜炎、脑脓肿等。非感染性疾病多见于脑血管病如脑出血、蛛网膜下腔出血、脑梗死;颅内占位性病变如脑肿瘤;颅脑损伤包括脑震荡、脑挫裂伤、颅内血肿等;癫痫大发作或持续状态。

#### (二) 全身性疾病

1. 严重感染　脓毒症、中毒性肺炎、中毒性痢疾等。
2. 内分泌与代谢障碍　甲状腺功能减退、甲亢危象、垂体危象、尿毒症、肝性脑病、肺性脑病、低血糖、糖尿病昏迷等。
3. 中毒　一氧化碳、有机磷农药、安眠药、酒精、毒蕈等外源性中毒。
4. 水、电解质紊乱　严重脱水、酸中毒、碱中毒、低钠血症、高钠血症、低氯性碱中毒等。
5. 循环障碍　心律失常引起的阿-斯综合征(Adams-Stokes syndrome)、严重休克等。
6. 物理因素　中暑、电击伤、溺水等。

## 二、发病机制及分类

意识包括意识内容及觉醒状态。意识内容包括知觉、语言、记忆、思维、情感及与外界保持紧密联系的能力,依赖于大脑皮质的高级神经活动的完整。觉醒状态指与睡眠交替出现的清醒状态,依赖于脑干的上行网状激活系统的完整。各种病因直接或间接损害到大脑皮质或上行网状激活系统中任何一个部分均会造成意识障碍,严重时出现昏迷。按其程度分为:

1. 轻度昏迷 对疼痛刺激有躲避反应或痛苦表情,各种生理反射(角膜反射、瞳孔对光反射、吞咽反射、咳嗽反射)存在,眼球可转动,呼吸、血压、脉搏一般无明显改变。

格拉斯哥昏迷量表

2. 中度昏迷 对周围事物及各种刺激均无反应,对剧烈疼痛刺激尚可出现轻微的防御反射,角膜和瞳孔对光反射迟钝,眼球无转动,呼吸、血压、脉搏可有变化。

3. 重度昏迷 四肢肌肉松弛,对任何外界刺激均无反应,深、浅反射全部消失,可出现血压下降、呼吸不规律。

## 三、诊断及鉴别诊断

### (一) 评估

首先保持呼吸道通畅,进行有效的通气和维持循环,应用格拉斯哥昏迷量表评估昏迷的危险程度。

### (二) 病史与伴随症状

了解起病及起病前情况,急性起病可见于急性脑血管病、急性颅脑外伤、急性中毒等;缓慢起病,逐渐加重多为颅内占位性病变、代谢性脑病等;短暂发病可见于一过性脑供血不足、癫痫大发作后,脑震荡等。昏迷前剧烈头痛可见于蛛网膜下腔出血、脑出血、脑膜炎等。先发热后昏迷者多见于急性感染性疾病,包括中枢神经系统感染和全身感染;先昏迷后发热者多见于脑血管病和中毒等,伴抽搐者可见于癫痫、先兆子痫等。不同的面色异常可见于肝病、一氧化碳中毒、贫血。了解发病的现场环境及工作生活情况及既往史,重点询问有无高血压病、糖尿病、癫痫、传染病及严重的心脏、肺、肝、肾等病史。

### (三) 生命体征及体格检查

1. 体温 体温增高可见于严重的感染性疾病,如脑炎、脑膜炎、脓毒症及甲亢危象等;体温降低可见于休克、低血糖昏迷、镇静、催眠药物中毒等。

2. 脉搏 增快见于感染性疾病,细速见于休克;减慢见于颅内高压、房室传导阻滞及吗啡中毒;不规则提示心脏疾病。

3. 呼吸 呼吸深大见于代谢性酸中毒;减慢见于肺功能不全,吗啡、巴比妥类药物中毒;呼吸不规则提示呼吸中枢病变;呼出的气体味对昏迷的诊断也有重要的帮助。

4. 血压 增高见于脑出血、高血压脑病、子痫等;降低见于各种休克及巴比妥类、酒精中毒、甲状腺及肾上腺皮质功能减退。

5. 皮肤黏膜 皮肤潮红见于酒精、颠茄中毒;皮肤口唇樱红见于一氧化碳中毒;皮肤口唇发绀见于肺性脑病、窒息、亚硝酸盐中毒;皮肤湿润见于低血糖、有机磷农药中毒及休克等;皮肤黏膜瘀斑见于脓毒血症、流脑等。

6. 神经系统检查

(1) 瞳孔:瞳孔缩小见于吗啡类、巴比妥类药物、有机磷农药中毒;瞳孔散大见于颠茄、阿托品类中毒等;瞳孔不等大可能为眼部神经受损或脑疝。此外尚要注意瞳孔光反射及动态变化。

(2) 脑膜刺激征:出现脑膜刺激征提示脑膜炎或蛛网膜下腔出血。

(3) 偏瘫等脑局灶体征:有神经系统局灶体征者多为脑血管意外、脑外伤、脑瘤等脑部疾病;而无脑局灶体征、无脑膜刺激征者多为内科疾病。

### (四) 辅助检查

1. 实验室检查 血常规、血糖、血气分析、电解质、血浆渗透压、血氨及肝肾功能、毒物分析、内分泌检查等。

笔记

2. 头颅CT和脑脊液检查 头颅CT可检查颅内占位性、出血性、缺血性病变。脑脊液检查对了解颅内压力改变,有无颅内感染及出血有重要的意义。

3. 其他检查 包括脑电图、MRI、脑血流图、心电图、超声心动图、数字减影血管造影等。

## 四、急诊处理

### (一) 意识障碍急诊处理流程

意识障碍急诊处理流程见图6-1。

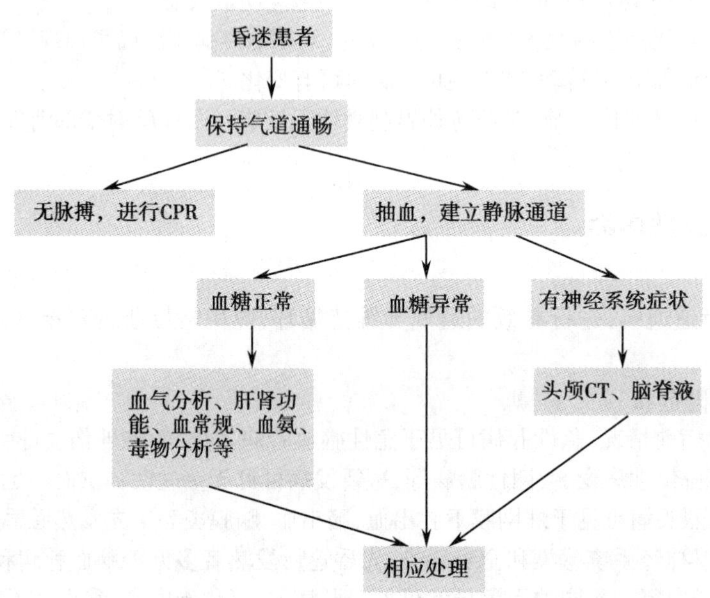


图6-1 意识障碍急诊处理流程图

### (二) 处理原则

1. 现场处理 保持呼吸道通畅,给予吸氧,纠正低氧血症。必要时气管插管,呼吸机辅助呼吸。监测生命体征,如发生心跳、呼吸骤停,立即进行心肺复苏。

2. 病因治疗 寻找昏迷病因,并尽快针对病因给予治疗。

3. 对症支持治疗 尽快建立有效的静脉通路,维持循环功能及输注抢救药物。保证患者足够的能量,纠正水、电解质及酸碱失衡。

4. 护脑治疗 保证足够的脑灌注压,降低颅内压、控制抽搐,降低脑代谢、减少耗氧。适当应用ATP、辅酶A、胞磷胆碱、脑活素、纳洛酮等脑保护剂和代谢活化剂。

**意识障碍的基本类型**

1. 嗜睡 是一种病理状态,表现为持续的、延长的睡眠状态,可唤醒,并能正确回答问题及配合检查,但反应迟钝,刺激去除后即又入睡。

2. 意识模糊 患者能保持简单的精神活动,但对时间、人物、地点的定向力发生障碍,常伴有错觉和幻觉,思维紊乱。

3. 昏睡 大声呼叫或强刺激(如压迫眶上神经,检查者握紧拳头滑压患者胸骨)方能唤醒,但很快再次入睡,醒时答话含糊或答非所问。

4. 昏迷 表现为意识丧失,运动、感觉和反射等功能障碍,以及任何刺激均不能使患者苏醒。

5. 谵妄 是一种以兴奋性增高为主的高级神经中枢急性活动失调状态,表现为意识模糊、定向力丧失、错觉、幻觉、躁动不安、言语杂乱。

# 第二节 脑 卒 中

## 一、脑出血

脑出血(intracerebral hemorrhage)是指原发性非外伤性脑实质内的血管破裂引起的出血。约80%发生于大脑半球,以底节区为主,其余20%发生于脑干和小脑。

### (一) 病因及发病机制

高血压和动脉硬化是脑出血的主要原因,还有脑瘤、先天性脑动脉瘤、血液病(如白血病、再生障碍性贫血、血小板减少性紫癜等)、感染、药物、外伤等因素导致。

### (二) 临床表现

本病多发生于高血压患者和50岁以上的中老年人。常在情绪激动、劳累及用力排便时发病,少数可在休息或睡眠中发生。寒冷季节多发。

1. 意识障碍　轻者躁动不安、意识模糊不清、嗜睡,严重者昏迷、去大脑性强直、高热。

2. 头痛、头晕与呕吐　呕吐多见,多为喷射性,呕吐物为胃内容物,多数为咖啡色,呃逆也相当多见。

3. 呼吸与血压　患者一般呼吸较快,病情重者呼吸深而慢,病情恶化时转为快而不规则,或呈潮式呼吸、叹息样呼吸、双吸气等。出血早期血压多突然升高,可达26.7/16kPa以上。血压高低不稳和逐渐下降是循环中枢功能衰竭的征象。

4. 瞳孔与眼底　早期双侧瞳孔可时大时小,若病灶侧瞳孔散大,对光反应迟钝或消失,是小脑幕切迹疝形成的征象;若双侧瞳孔均逐渐散大,对光反应消失,是双侧小脑幕切迹全疝或深昏迷的征象;若两侧瞳孔缩小或呈针尖样,提示桥脑出血。

5. 脑膜刺激征　见于脑出血已破入脑室或蛛网膜下腔出血时。

6. 由于出血部位及范围不同可产生特殊定位临床症状　①大脑基底节区出血:病灶对侧出现不同程度的偏瘫。偏身感觉障碍和偏盲,病理反射阳性。双眼球常偏向病灶侧。主侧大脑半球出血者尚可有失语、失用等症状。②脑室出血:多数昏迷较深,常伴强直性抽搐。③小脑出血:枕部头痛,眩晕,视物不清,恶心呕吐,肢体或躯干共济失调及眼球震颤等。

### (三) 辅助检查

1. 头颅CT检查　是急性脑出血的首选方法,可显示出血部位、血肿大小和形状、脑室有无移位受压和积血,以及出血性周围脑组织水肿等(图6-2)。

2. 头颅MRI检查　诊断亚急性与慢性血肿比CT敏感,尤其对陈旧血肿,可与陈旧性脑梗死鉴别。

3. 脑血管造影　在怀疑动静脉畸形或脑动脉瘤破裂出血时,脑血管造影可明确病因。

4. 脑脊液检查　颅内压力多数增高并呈血性,但约25%的局限性脑出血脑脊液外观也可正常。腰穿易导致脑疝形成或使病情加重,故须慎用。

### (四) 诊断及鉴别诊断

1. 脑出血的诊断要点　①大多数发生在50岁以上高血压病患者;②常在情绪激动或体力活动时突然发病;③病情进展迅速,具有典型的全脑症状或伴局限性神经体征;④脑脊液压力增高,多数为血性;⑤头颅CT扫描可确诊。

2. 影响病程及预后的因素有　①血肿较大,严重脑组织破坏,且引起持续颅内压增高,预后不良;如血肿破入脑室,预后更严重;②意识障碍明显;③并发上消化道出血;④瞳孔一侧散大(脑疝形成);⑤高热;⑥高龄;⑦并发呼吸道感染;⑧复发出血;⑨血压过高或过低;⑩心功能不全。

### (五) 治疗

1. 急救处理　保持呼吸道通畅,监测生命体征,建立静脉通路。

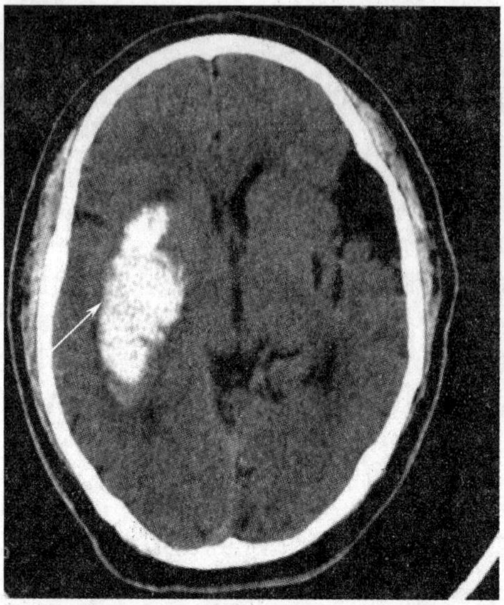

内囊出血 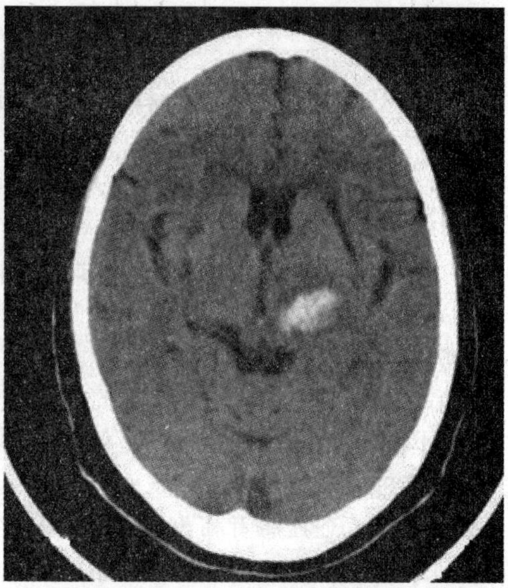　　丘脑出血

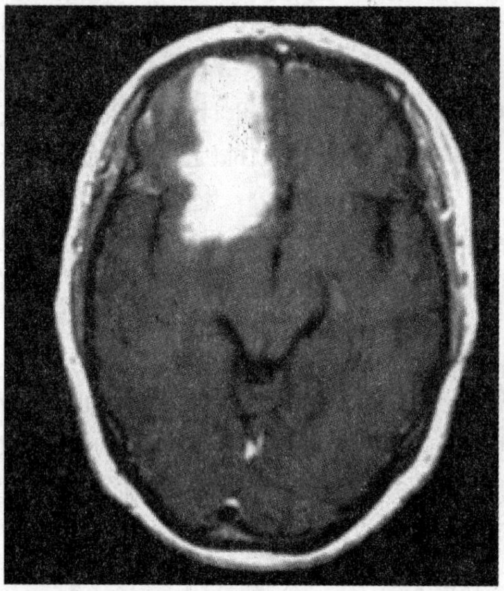

脑叶出血 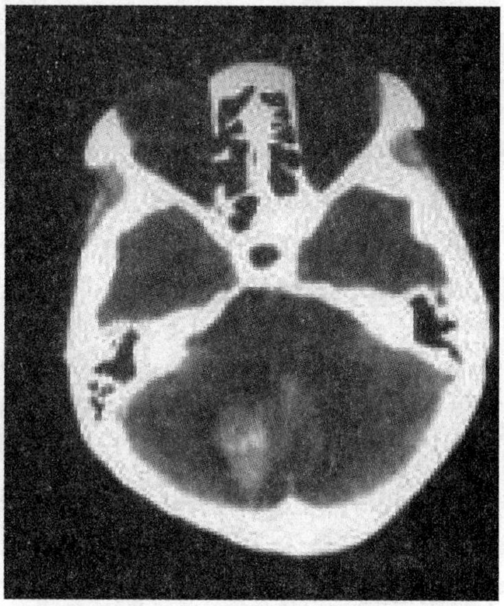　　小脑出血

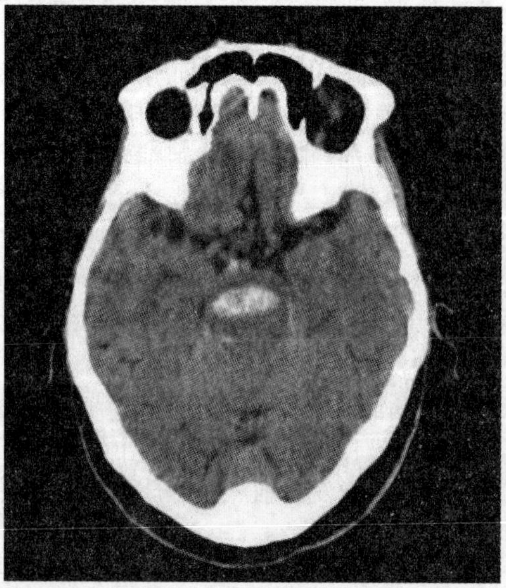

脑干出血 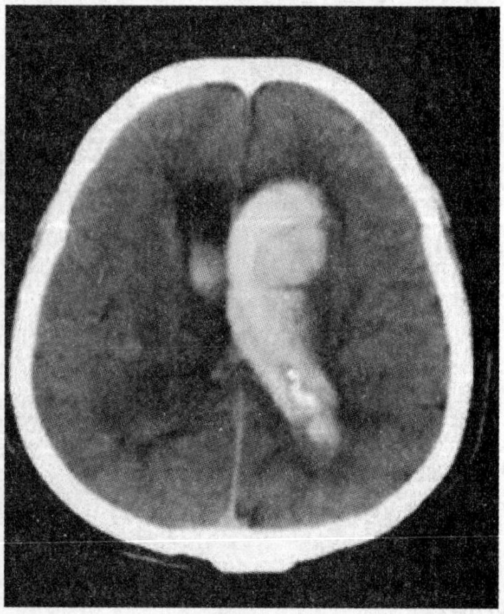　　脑室出血

图 6-2 不同部位脑出血

2. 内科治疗

(1)一般治疗:①安静卧床,床头抬高,吸氧,定时翻身、拍背,预防肺炎、压疮;②对烦躁不安者或癫痫者,应用镇静、止痉和止痛药,但禁用吗啡类药物;③头部降温,用冰帽或冰水以降低脑部温度,降低颅内新陈代谢,有利于减轻脑水肿及颅内高压。

(2)调整血压:当收缩压 >200mmHg,应给予降压药物,使血压维持在 160/100mmHg 左右。如血压过低,应及时找出原因,如酸中毒、失水、消化道出血、心源性或感染性休克等,及时加以纠正,并选用多巴胺、间羟胺等升压药物及时升高血压。

(3)控制脑水肿、降低颅内压:①脱水剂:20% 甘露醇或 25% 山梨醇 250ml 于 30 分钟内静脉滴注完毕,依照病情每 6~8 小时 1 次,7~15 天为一疗程;②利尿剂:呋塞米 40~60mg 溶于 50% 葡萄糖液 20~40ml 静脉注射;也可用利尿酸钠 25mg 静脉注射;每 6~8 小时一次,最好与脱水剂在同一天内定时交错使用,以防止脱水剂停用后的"反跳"现象,使颅内压又有增高;③也可用 10% 甘油溶液 250~500ml 静脉滴注,1~2 次 / 日,5~10 天为一疗程。

(4)脑保护剂:常用尼莫地平、维生素 E 和维生素 C。

(5)注意热量补充和水、电解质及酸碱平衡:昏迷患者,消化道出血或严重呕吐患者可先禁食 1~3 天,并从静脉内补充营养和水分,每日总输液量以 1500~2000ml 为宜。无消化道出血或呕吐者可酌情早期开始鼻饲疗法。

(6)防治并发症:保持呼吸道通畅,吸氧、吸痰,必要时行气管切开。如有呼吸道感染时,及时使用抗生素。防止尿路感染,尿潴留者可留置导尿管。如有消化道出血时,对症治疗。保持功能体位,防止肢体畸形。

3. 手术治疗 根据出血量、出血部位、出血的时间、年龄和全身情况等综合判定。可进行神经内镜、开颅血肿清除术或定向血肿吸引术。

## 二、脑梗死

脑梗死又称缺血性脑卒中,是指各种原因导致脑部血液供应障碍引起的局限性脑组织坏死或软化,是脑卒中的最常见类型,约占 80%。按病理机制可将脑梗死分为脑血栓形成、脑栓塞、腔隙性脑梗死等类型。

### (一) 病因及发病机制

脑血栓形成占脑梗死的 60% ~80%,是在脑动脉粥样硬化等动脉壁病变的基础上形成管腔内血栓,造成该动脉供血区血流中断,局部脑组织发生缺血、缺氧和坏死,出现相应的神经系统症状和体征。常见病因为动脉粥样硬化,较少见的病因有血管炎症、血管痉挛、先天性血管畸形、真性红细胞增多症、高凝状态等。

### (二) 临床表现

可因病灶的部位、大小不同,表现为多种多样的症状和体征。

1. 颈内动脉系统 对侧偏瘫、偏身感觉障碍、偏盲,优势半球受累出现失语,眼动脉受累后出现同侧一过性视力障碍;交叉性霍纳征是颈内动脉血栓形成的特征之一,表现为患侧瞳孔缩小、眼球内凹、上睑下垂,伴对侧偏瘫。大面积脑梗死及丘脑梗死可有意识障碍,以嗜睡或昏睡为主,病情危重者可出现脑疝而死亡。

2. 椎 - 基底动脉系统 较特征的表现为各种类型的交叉瘫。如 Weber 综合征为病灶同侧动眼神经麻痹,病灶对侧中枢性面瘫、舌瘫和偏瘫。

### (三) 辅助检查

1. 血液常规和生化检查 可发现红细胞、血小板增多等血液疾病及糖尿病、高脂血症等。

2. 头颅 CT 发病 24 小时后,CT 检查可显示与闭塞血管供血区一致的低密度梗死灶(图 6-3)。

3. 头颅 MRI 发病 1 小时后,即可显示长 $T_1$、长 $T_2$ 信号的梗死灶,并能发现脑干、小脑病灶或 CT 不能显示的小病灶。

4. 血管造影 磁共振血管造影(MRA)、CT 血管造影(CTA)或数字减影血管造影(DSA)可发现血管狭窄和闭塞情况,可显示动脉炎、动脉瘤和血管畸形等。

（四）鉴别诊断

1. 脑出血 发病急，多以头痛、呕吐起病，迅速出现程度不同的意识障碍。应进行头颅 CT 或 MRI 检查以确定诊断。

2. 蛛网膜下腔出血 起病较急，常出现剧烈头痛、呕吐。青年人多见，典型的脑膜刺激征。多无局限性神经系统的定位体征。早期脑脊液呈血性。

3. 颅内占位性病变 颅内肿瘤、脓肿或慢性硬膜下血肿等经脑脊液或 CT 或 MRI 检查有助于鉴别。

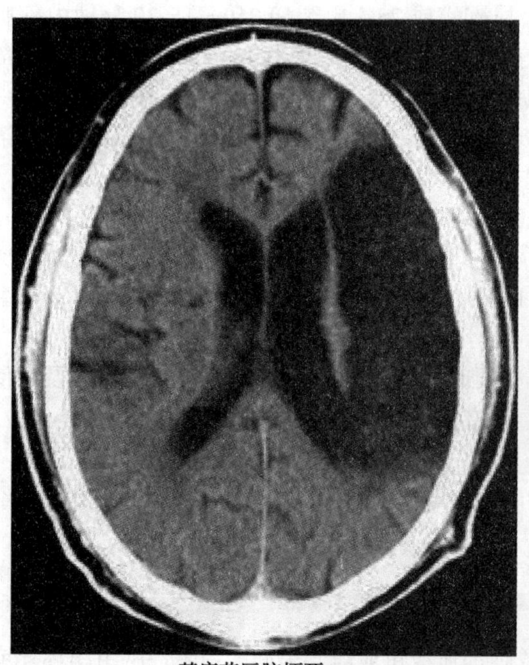

基底节区脑梗死

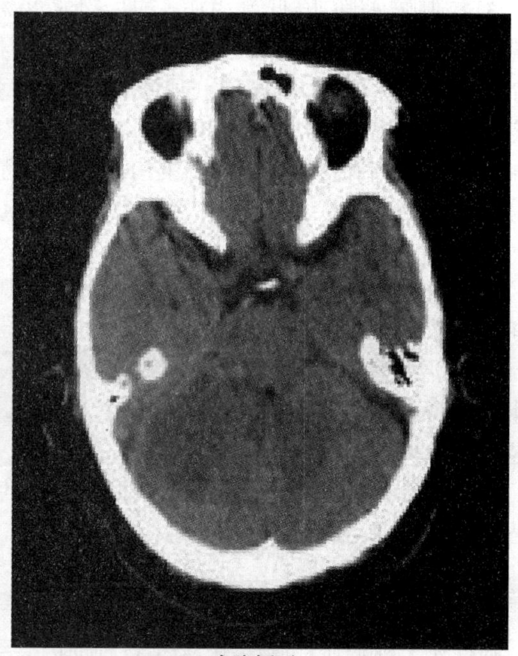

小脑梗死

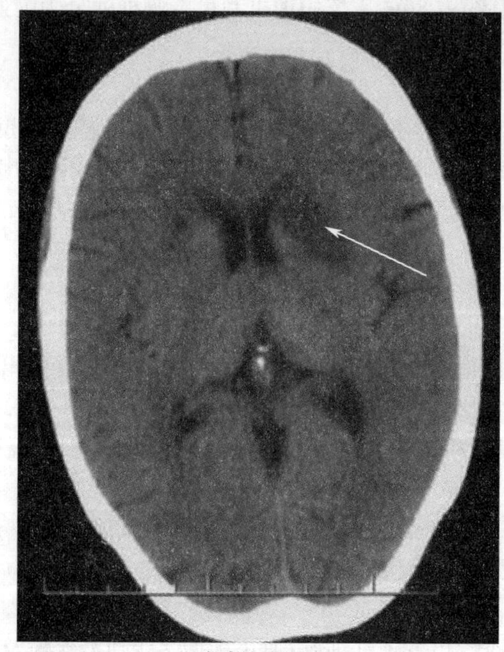

腔隙性脑梗死

图 6-3 不同部位脑梗死

（五）治疗

1. 一般处理 需卧床休息，对不能进食者给予鼻饲；对意识障碍者注意保持呼吸道通畅，清除口

腔和呼吸道的分泌物，预防呼吸道感染；瘫痪肢体应置于功能位；防止压疮。

2. 颅内高压和脑水肿　脑水肿一般在发病后3~5天达到高峰。对可能增高颅内压的某些因素(如缺氧、高热等)应予以纠正。降低颅内压常用的方法有甘露醇、甘油果糖、呋塞米。

3. 调整血压　缺血性卒中后血压升高通常不需要紧急处理。但血压高于220/120mmHg，可用硝普钠，使血压维持在170~180/95~100mmHg左右为宜。

4. 溶栓治疗　起病后早期溶栓治疗是恢复梗死区血流的主要方法，溶栓时间窗是起病的6小时内，6小时后疗效不佳，并有较大的出血危险性。溶栓治疗的选择要权衡适应证和禁忌证。常用药物有尿激酶(UK)、重组组织型纤溶酶原激活剂(rt-PA)。

5. 抗凝、抗血小板聚集治疗　常用阿司匹林50~300mg/d，氢氯吡格雷75mg/d，可降低病死率和复发率，但要注意其胃肠道刺激甚至出血等并发症的出现。

6. 脑保护治疗　钙通道拮抗剂如尼莫地平、氟桂利嗪等；胞磷胆碱、谷氨酸拮抗剂等。

7. 中医中药治疗　可用丹参、银杏叶制剂等中药辅助治疗。

## 三、蛛网膜下腔出血

蛛网膜下腔出血是指脑底或脑浅表部位的血管破裂，血液直接进入蛛网膜下腔。

### (一) 病因

凡能引起脑出血的病因也能引起本病，但以颅内动脉瘤、动静脉畸形、高血压动脉硬化症、脑底异常血管网和血液病等为最常见。

### (二) 临床表现

各年龄均可发病，以青壮年多见。多在情绪激动或用力情况下急性发生，部分患者可有反复发作的头痛史。

1. 头痛、呕吐　突发剧烈头痛、呕吐、颜面苍白、全身冷汗。如头痛局限某处有定位意义，如前头痛提示小脑幕上和大脑半球(单侧痛)、后头痛表示后颅凹病变。

2. 意识和精神障碍　多数患者无意识障碍，但可有烦躁不安。危重者可有谵妄，不同程度的意识不清乃至昏迷，少数可出现癫痫发作和精神症状。

3. 脑膜刺激征　青壮年患者多见且明显，伴有颈背部痛。老年患者、出血早期或深昏迷者可无脑膜刺激征。

4. 其他症状　如低热、腰背腿痛等。亦可见轻偏瘫，视力障碍，第Ⅲ、Ⅴ、Ⅵ、Ⅶ等脑神经麻痹，视网膜片状出血和视乳头水肿等。此外，还可并发上消化道出血和呼吸道感染等。

### (三) 辅助检查

腰穿颅内压多增高，脑脊液为血性。4天内头颅CT扫描，阳性率为80%~100%，表现为颅底各池、大脑纵裂及脑沟密度增高。

### (四) 诊断及鉴别诊断

通过病史、神经系统检查、脑血管造影及头颅CT检查，可协助病因诊断及鉴别诊断。应与脑膜炎、脑出血、偏头痛、癫痫性头痛、高血压脑病鉴别。

### (五) 治疗

1. 一般处理　绝对卧床休息4~6周。

2. 止血　6-氨基己酸6~18g加入生理盐水100ml静脉滴注。

3. 降低血压　血压正常的患者收缩压维持在90~100mmHg，高血压患者血压维持在160/95mmHg。

4. 降低颅内压　20%甘露醇125~250ml快速静脉滴注，2~4次/日，可联合呋塞米。地塞米松5~10mg静脉滴注，可减轻脑蛛网膜粘连。

5. 预防脑血管痉挛　可用尼莫地平30mg，3次/天，口服或其他钙通道阻滞剂。

6. 其他　头痛难忍，药物疗效不佳，又无局限性神经体征者，可行腰穿，一次缓慢放出脑脊液8~15ml，必要时重复一次。经CT扫描或脑血管造影证实为血肿或肿瘤者，及时作血肿或肿瘤摘除术；如为血管畸形或动脉瘤者，可直接切除或行夹闭手术，或通过导管向畸形血管注射硬化剂或栓塞物。

## 第三节 低血糖症

低血糖症(hypoglycemia)是由于多种病因引起的血浆葡萄糖浓度明显降低(<2.8mmol/L),中枢神经系统因葡萄糖缺乏所致的临床综合征。

### 一、病因和分类

导致低血糖的主要原因可分为器质性(胰岛功能亢进性低血糖、内分泌性低血糖、胰岛素自身免疫综合征、严重肝病等)、功能性(消化功能异常的低血糖症、药源性低血糖、严重的营养吸收不良)、反应性及自身免疫性所致。

### 二、临床特点

#### (一) 临床表现

(1) 自主神经反应症状:饥饿感、面色苍白、出冷汗、心悸、四肢发凉、颤抖、乏力、心动过速等。

(2) 中枢神经症状:多汗、头痛、头晕、视物模糊、定向力及识别力明显减退、行为异常和嗜睡。严重者出现癫痫样抽搐、意识障碍、昏迷。

#### (二) 实验室检查

(1) 血糖:轻度低血糖症血糖 <2.8mmol/L;中度低血糖 <2.2mmol/L;重度低血糖 <1.11mmol/L。

(2) 血浆胰岛素、血浆胰岛素原、C 肽测定:可鉴别低血糖的原因。

### 三、诊断及鉴别诊断

确诊依据 Whipple 三联征,即①低血糖症状;②发作时血糖低于 2.8mmol/L;③供糖后低血糖症状迅速缓解。若血糖 <2.8mmol/L 且有低血糖症状即为低血糖症,出现昏迷则为低血糖昏迷;若仅有血糖低于 2.8mmol/L,而无低血糖症状为低血糖;仅有低血糖症状而血糖 >2.8mmol/L 称低血糖反应。在诊断时应予以区别。

### 四、急诊处理

1. 立即检测血糖和血胰岛素。

2. 发作时的处理　对已基本明确诊断、神志尚清醒的患者,可口服葡萄糖 10~20g,神志不清者立即静脉注射 50% 葡萄糖液 50~60ml,伴有休克的在静脉注射 50% 葡萄糖液 100ml 的同时也可皮下注射肾上腺素 0.5mg,以便使血糖尽快地升至 4.0mmol/L 左右,肌内或皮下注射胰高血糖素 1mg,随后静脉滴注 10% 葡萄糖液 1000~1500ml,动态观察血糖的变化与病情的进展情况,至少应每 2 小时检测血糖一次。

3. 经以上处理,血糖恢复正常已达 30 分钟以上而意识仍不清醒者,称为“低血糖后昏迷”,说明可能有脑水肿存在,应加用:① 20% 甘露醇 200~250ml,快速静脉滴注,必要时每隔 6~8 小时重复 1 次;②给予糖皮质激素,如地塞米松 10~20mg 静脉注射。

4. 积极防治并发症　对低血糖昏迷者要加强对重要器官的监护,并及时采取措施以防治功能衰竭的发生。

5. 病因治疗　患者恢复后应查明低血糖的病因和诱因,治疗原发病,消除诱因。

## 第四节 糖尿病急症

### 一、糖尿病酮症酸中毒

糖尿病酮症酸中毒(diabetic ketoacidosis,DKA)是体内胰岛素严重缺乏时,由于碳水化合物、蛋白

质及脂肪代谢紊乱，体内有机酸和酮体聚积的急性代谢性并发症。

### (一) 诱因

多发生于胰岛素依赖性糖尿病(1 型糖尿病)及不恰当的中断胰岛素治疗，尤其患者处于感染、应激状态时更易发生。部分患者以酮症酸中毒昏迷为首发表现。

### (二) 临床特点

1. 糖尿病症状加重 出现烦渴、尿量增多，疲倦乏力等，但无明显多食。

2. 消化系统症状 食欲下降、恶心、呕吐、饮水后也可出现呕吐。

3. 呼吸系统症状 酸中毒时呼吸深而快，呈 Kussmaul 呼吸。呼出气体中可能有丙酮味(烂苹果味)。

4. 脱水 脱水量超过体重 5%时，尿量减少，皮肤黏膜干燥，眼球下陷等。如脱水量达到体重 15%以上，由于血容量减少，出现循环衰竭、心率加快、血压下降、四肢厥冷，即使合并感染体温多无明显的升高。

5. 神志状态 有明显个体差异，早期感头晕，头疼、精神萎靡。渐出现嗜睡、烦躁、迟钝、腱反射消失，甚至昏迷，经常出现病理反射。

6. 广泛剧烈的腹痛，腹肌紧张，偶有反跳痛，常被误诊为急腹症。

### (三) 诊断

1. 尿常规 尿比重增加，尿糖(++++)，尿酮体(+~++++)，可出现蛋白及管型。

2. 血糖 通常 >16.7mmol/L，如血糖超过 33.3mmol/L，则提示有肾功能障碍。

3. 酮体 血酮体 >5mmol/L，尿酮体测定方法简单，除严重肾功能障碍者外均与临床表现平行，可以作为诊断依据。

4. 血气分析 酸中毒时可见血 pH 降低，$CO_2$ 结合力下降，$PaCO_2$ 降低，剩余碱水平下降，阴离子间隙升高。

5. 电解质 可表现轻、中度低钠血症，酸中毒时血钾浓度可正常或略高，酸中毒纠正后，出现低钾血症。

### (四) 鉴别诊断

应与其他糖尿病昏迷相鉴别，如低血糖昏迷、乳酸酸中毒、非酮症性高渗性昏迷等。对轻症，应与饥饿性酮症相鉴别，后者主要见于较严重的恶心呕吐，不能进食的患者，如剧烈的妊娠呕吐，特点为血糖正常或偏低，有酮症，但酸中毒多不严重，还需与其他原因所致昏迷、腹痛的疾病鉴别。

### (五) 治疗

1. 一般治疗 保持呼吸道通畅，吸氧，同时开放 2~3 条静脉通道补液，监测生命体征和器官功能。

2. 补液 诊断明确后应尽早有效地纠正脱水，在最初 1~2 小时内输入生理盐水 1000~2000ml 液体，以后根据血压、心率、每小时尿量、末梢循环情况等决定输液量和速度。一般脱水量为体重的 10%左右。补液后能保持尿量在每分钟 2ml 以上为宜，对合并心脏病者适当减少补液量和速度，并动态监测心脏功能。

3. 胰岛素 对严重患者，可以持续静脉滴注普通胰岛素，小剂量或生理剂量 0.1U/(kg·h)胰岛素即能有效控制 DKA。剂量过大，血糖下降过快易诱发脑水肿和低钾血症。以每小时血糖下降 3.9~6.1mmol/L 为宜，直至降到 13.9mmol/L 时，改为 5% 葡萄糖或葡萄糖盐水，按葡萄糖(g)：胰岛素(U)比例(3~4)：1 继续静脉滴注。

4. 纠正电解质紊乱 虽然入院时血钾多正常或偏高，但在开始治疗 1~4 小时后逐渐下降，应及时在补液中加入氯化钾，并经常以血钾测定和心电图检查监测，调整剂量。肾功能不全，尿量少者不宜大剂量补钾，并应及时发现及纠正钠、氯失衡。

5. 纠正酸碱平衡失调 在动脉血 pH<7.1，$HCO_3^-$<5mmol/L 时，即酸中毒直接危及生命时，可酌情给予 5%碳酸氢钠液，血 pH ≥ 7.2 即应停止。

6. 其他 包括治疗诱因、人工胰岛治疗、血浆置换、血液透析等。

## 二、高渗性高血糖状态

高渗性高血糖状态是糖尿病急性失代偿的严重并发症，临床特征为严重的高血糖，血浆高渗透压，脱水和进行性意识障碍。多发生于老年糖尿病患者和以往无糖尿病史或仅轻度糖尿病不需胰岛素治疗者，经常伴有肾功能不全。

### (一) 诱发因素

感染、严重烧伤、血液透析、腹腔透析和使用静脉高营养、利尿剂、肾上腺皮质激素制剂等。

### (二) 临床表现

早期出现烦渴、多尿、乏力、头昏、食欲缺乏、恶心、呕吐等。渐渐发展成为严重脱水，四肢肌肉抽动、神志恍惚，定向障碍，烦躁或淡漠乃至昏迷。查体发现皮肤干燥，弹性降低，舌干、眼球凹陷，血压下降甚至休克。呼吸浅，心率快。神经系统体征多种多样，除昏迷外可以出现癫痫样大发作、轻偏瘫、失语、自发性肌肉收缩、偏盲、眼球震颤、视觉障碍、病理反射阳性、中枢性体温升高等。

### (三) 实验室检查

1. 血糖显著升高，多超过 33.3mmol/L(600mg/dl)。

2. 血浆渗透压超过 340mOsm/L(正常值 280~300mOsm/L)。

3. 电解质　由于严重脱水和细胞内液外逸，可使血钾、钠浓度正常和偏高，但机体内钾、钠总量均显著丢失。

4. 血气分析　多伴有代谢性酸中毒，血浆阴离子较正常约增高一倍。

### (四) 诊断及鉴别诊断

依据病史和诱因，循环系统和神经系统的症状和体征，结合实验室检查诊断并不困难。本病需要与其他原因所致的高渗状态，如透析疗法、脱水治疗、大剂量皮质激素治疗等均可导致高渗状态。因意识障碍就诊者应与脑血管意外鉴别。脑血管意外常用药物多对本病有害，例如甘露醇、高渗糖、皮质固醇等均加重高渗状态；苯妥英钠不能制止高渗状态所致的抽搐和癫痫发作，而且能抑制胰岛素分泌，使高血糖进一步恶化。

### (五) 治疗

本病死亡率高达 40%，明确诊断后应立即开始治疗。

1. 迅速大量补液　根据失水量，要求补液约 100ml/kg 体重，总量的 1/3 应在 4 小时内输入，其余应在 12~24 小时内输完，可以按中心静脉压、血细胞比容、平均每分钟尿量确定补液量和速度。以输入生理盐水和 5% 葡萄糖液为主，输入过量的低渗液有诱发脑水肿、低血容量休克和溶血危险，必须慎用。合并心脏病者酌情减量。

2. 胰岛素治疗　血糖下降过快有引起脑水肿的危险，应小剂量应用胰岛素，用法、注意事项与 DKA 相似。血糖降至 13.9mmol/L、血浆渗透压≤ 330mOsm/L 时，应停用胰岛素。

3. 维持电解质平衡　及时补钾，既应该足量又要防止高钾血症，以血钾测定和心电图检查进行监测，对肾功能障碍和尿少者尤应注意。

4. 其他治疗　积极寻找诱因并给予治疗，停用一切引起高渗状态的药物。

### 本章小结

意识障碍是临床常见的症状，引起意识障碍的病因较复杂，需根据病史、伴随症状，结合体征及辅助检查，初步判断引起意识障碍的疾病。引起意识障碍的常见病有血糖异常、神经系统疾病、电解质紊乱与酸碱失衡、内分泌疾病、中毒等。在进行急诊处理，维持生命体征平稳的前提下，再进一步明确病因。

患者，男，65岁，因右侧肢体活动障碍1天入院。患者高血压病史10年，不规律口服硝苯地平缓释片20mg/次，QD。不监测血压，血压最高达170/115mmHg。患者于1天前摔倒被家人扶起后出现右侧肢体活动障碍，伴头晕不适，言语含糊。无明显呕吐，无发热，查头颅CT示：左侧基底节区脑出血，收入院治疗。

查体：T 36.0℃，P 99次/分，R 20次/分，BP 180/105mmHg，神志清，被动体位，双肺呼吸音清晰未闻及啰音，心率99次/分，律齐，未闻及杂音，腹软，无压痛，肝脾未及肿大，右侧肢体活动障碍，右上肢肌力1级，右下肢肌力2级，右下肢巴氏征(+)，生理反射存在。

病例讨论

（王瑾瑜）

扫一扫，测一测

## 思考题

1. 昏迷的救治原则是什么？
2. 简述脑出血的治疗原则。

# 第七章 急性疼痛

## 学习目标

1. 掌握：急性头痛、胸痛临床表现和处理；常见头痛、胸痛、腹痛急症的临床特点和急诊处理。

2. 熟悉：急诊头痛、胸痛、急性腹痛的常见病因诊断及鉴别诊断。

3. 了解：急性头痛、胸痛、腹痛的病因分类治疗进展。

4. 能开展与急性头痛、胸痛、腹痛相关的病史询问和体格检查；具备严重的急性头痛、胸痛、腹痛相关的影像学检查和心电图检查判读的能力；具备胸腔穿刺、腹腔穿刺和腰椎穿刺技能操作能力。

5. 能养成与临床技能双结合的意识，逐步增强自主学习能力；在病史询问、体格检查、诊治患者的过程中具有良好的沟通意识和能力并体现人文关怀。

## 第一节 急性头痛

### 一、概述

头痛（headache）是指外眦、外耳道、枕外隆突连线以上部位的疼痛，包括额部、顶部、颞部及枕部的疼痛，是临床常见的急诊症状。

#### （一）急诊常见病因

1. 颅内病变

（1）偏头痛、紧张型头痛、丛集性头痛等。

（2）脑血管疾病：如脑出血、脑血栓形成、颅内血肿等。

（3）颅脑感染：如脑膜炎、脑炎、脑脓肿等。

（4）颅脑肿瘤：原发性和继发性肿瘤。

（5）头颅外伤：如脑震荡、脑挫伤、硬膜下血肿、颅内血肿等。

（6）其他：如缺氧、中毒、神经衰弱、肝性脑病、肺性脑病、肾性脑病、精神疾病等。

2. 颅外病变

（1）颈部疾病：如颈椎病等。

（2）眼、耳、鼻、牙齿等疾病所致头痛。

（3）神经痛：如三叉神经痛、舌咽神经痛、枕神经痛。

3. 全身性疾病

(1)全身感染:如上感、流感等发热性疾病。

(2)高血压急症。

### (二)临床表现

头痛的主要临床表现为全头或局部的胀痛、钝痛、搏动性疼痛、紧箍感等,同时可伴有恶心、呕吐、视力障碍等。头痛的病因不同,其临床表现也各有特点。

1. 偏头痛　有先兆症状(如视觉症状、幻觉),表现为反复单侧搏动性头痛,较剧烈,伴恶心、呕吐、畏光、畏声。可有家族史,女性多于男性。

2. 紧张型头痛　反复发作,表现为双侧、中度、非搏动性头痛,有带状紧压或僵硬感,压迫头皮可增加疼痛感。

3. 丛集性头痛　是一种原发性神经血管性头痛,男性多见,头痛突然发生,位于一侧眶周、眶上、颞部,呈尖锐、爆炸样、非搏动性剧痛,疼痛程度严重,可伴同眶结膜充血、流泪、流涕、前额和面部出汗、瞳孔缩小、眼睑下垂等自主神经症状,发展时坐立不安,具有反复密集发作的特点。

图片:脑出血

4. 其他　脑出血、大面积脑梗死常表现为突然发生剧烈头痛,并出现呕吐及意识障碍;高血压急症血压显著升高;急性硬膜下血肿表现为精神状态改变,局灶神经系统体征;继发于各种头颅疾病、颈部疾病,眼、耳、鼻、牙等疾病和其他全身性疾病,原发病不同,头痛表现各异。

### (三)诊断

在头痛的诊断过程中,应首先区分是原发性头痛还是继发性头痛,任何原发性头痛的诊断应建立在排除继发性头痛的基础上。

1. 病史　以下头痛特点有助于鉴别诊断:

(1)起病方式:①急性起病突然发生剧烈头痛,并出现呕吐及意识障碍,提示脑出血、大面积脑梗死;伴血压急剧升高见于高血压急症;伴发热者常为感染疾病所致,如急性脑膜炎等;②长期间歇性发作的头痛多为偏头痛、丛集性头痛、癫痫、高血压等;③长期反复发作的搏动性头痛,多为血管病性头痛或神经症。

(2)疼痛部位:①偏头痛多位于一侧;②颅内病变的头痛常为深位性,且较弥散;③颅内深部病变的头痛多向病灶同侧放射;④全头痛,呈弥漫性常见于全身性或颅内感染性疾病;⑤浅在性头痛常见于眼源性、鼻源性与牙源性,往往与病变部位一致或接近。

(3)程度与性质:头痛的程度一般分为轻、中、重,但与病情的轻重并无平行关系,三叉神经痛、偏头痛、脑膜刺激所致头痛最剧烈。①原发性三叉神经痛常呈面部的阵发性电击样短促的剧痛,沿三叉神经的分布区放射;②精神性头痛则性质多变、部位不定;③肌紧张性头痛多为头部的紧箍感、重压感或钳夹感;④搏动性头痛可见于高血压、血管性头痛、急性发热性疾病、脑肿瘤、神经症性头痛等;⑤蛛网膜下腔出血所致的头痛为炸裂样。

(4)伴随症状:①头痛伴剧烈呕吐者提示颅内高压;②头痛伴眩晕者提示小脑肿瘤可能;③头痛伴发热者见于感染性疾病;④头痛伴视力障碍者可见于青光眼或颅脑肿瘤;⑤头痛伴脑膜刺激征者提示脑膜炎或蛛网膜下腔出血;⑥头痛伴自主神经功能紊乱者可能是神经功能性头痛。

2. 体格检查　应进行全面仔细的体格检查,主要包括:

(1)生命体征检查(如体温、脉搏、呼吸、血压等)。

(2)重要脏器的常规检查(如心、肺、腹部等检查)。

(3)重点是神经系统检查,对头痛的诊断有着至关重要的作用。除了常规检查外,尤其注意瞳孔、神志、有无脑膜刺激征、视乳头水肿、视网膜出血及其他提示神经系统损害的定位特征。

(4)注意颈部、五官的检查,如鼻窦有无压痛、有无青光眼、有无颈强直、颈背部肌肉痉挛等。

3. 辅助检查

(1)常规检查:如血、尿常规,血生化检查。

(2)腰穿、颅内压力检测及脑脊液检查,是非常重要的诊断手段。

(3)脑电图检查对头痛型癫痫、脑炎及脑膜炎的诊断有一定的帮助。

(4)头颅 CT 及 MRI 能为颅内器质性病变提供客观依据。

(5) 经颅多普勒对血管性头痛的诊断有一定的辅助作用。

### (四) 急诊处理

头痛的治疗包括病因治疗、对症止痛治疗。

1. 病因治疗 继发性头痛应进行积极的病因治疗。

(1) 颅内高压引起者,给予脱水剂、利尿剂降颅压治疗。

(2) 脑出血、颅内肿瘤、脑脓肿、硬膜下血肿等有手术指征应进行积极的手术治疗。

(3) 高血压性头痛应积极地进行降压治疗。

(4) 如为感冒所致,可给予解热止痛剂。

(5) 感染性头痛针对病源进行积极的抗感染治疗。

(6) 眼、耳、鼻喉科疾病所致头痛应做相应的积极治疗。

2. 止痛治疗 几种原发性头痛治疗。

(1) 偏头痛:发作期治疗:①非特异性止痛药,如非甾体类抗炎药(如阿司匹林、布洛芬、双氯芬酸等)和阿片类药物(如哌替啶、吗啡等);②特异性止痛药,如麦角类制剂(如麦角胺、双氢麦角胺、麦角胺咖啡因合剂等)和曲普坦类药物(如舒马曲普坦等)。

(2) 丛集性头痛:发作期治疗:①吸氧疗法:头痛发作时首选,给予高浓度吸氧 10~20 分钟;②用舒马曲普坦、双氢麦角胺等药物治疗。

(3) 紧张型头痛:药物治疗同偏头痛,非药物治疗包括松弛疗法、物理疗法(按摩、热敷)、针灸疗法、局部封闭治疗等,可适当服用镇静剂。

头痛诊治流程见图 7-1。

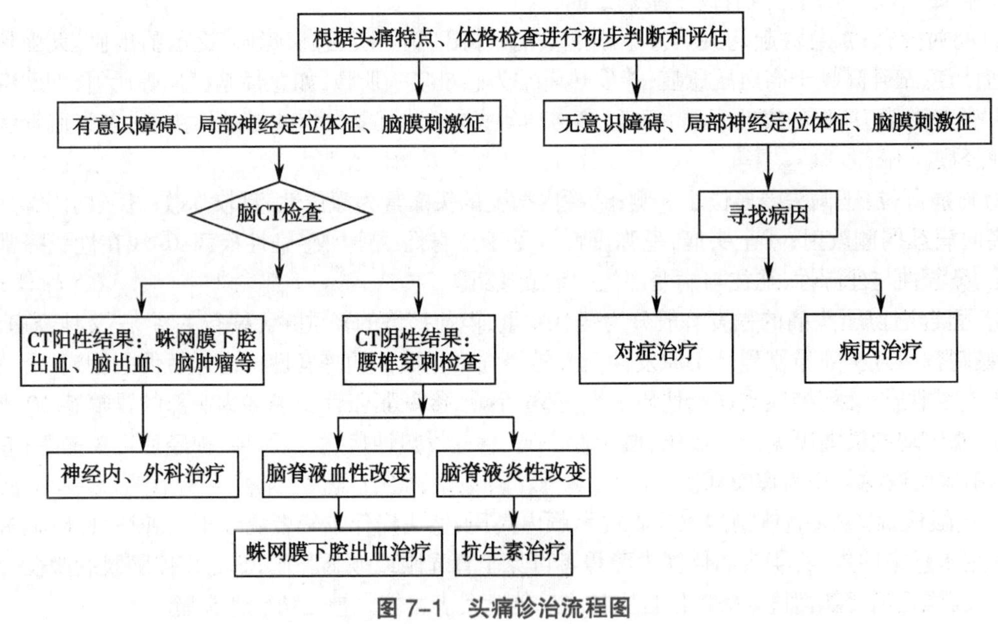


图 7-1 头痛诊治流程图

## 二、常见头痛急症

病例导学

患者,男,48 岁,间断性头痛 6 年,加重伴胸闷、气短 3 个月。

6 年前因头痛、头晕检查发现血压 160/110mmHg,间断服用中药治疗,血压不稳定,最高血压达 180/110mmHg。近 3 个月来头痛加重,稍微体力活动即感胸闷、心悸、气短,休息可以缓解。患病以来无恶心、呕吐,无胸痛及喘憋,大小便正常。既往无冠心病病史,无药物过敏史,吸烟 22 年,22 支 / 日,不饮酒。父亲患高血压病。

查体:T 36.5℃,P 80 次 / 分,R 17 次 / 分,BP 170/110mmHg,神志清,眼睑无水肿,巩膜无黄染,口唇无发绀,双肺底少许湿啰音,心界向左下扩大,心率 80 次 / 分,律齐,心尖呈抬举性搏动,心尖区 2/6 收缩期杂音,A2 亢进,A2>P2,腹平软,肝脾未及,腹部锁骨上区未闻及血管杂音。双下肢不肿。

辅助检查:尿常规:蛋白(-~+),糖(++),血肌酐 178μmol/L,血 K+ 4.05mmol/L,空腹血糖 10mmol/L。

问题:1. 初步诊断及诊断依据是什么?鉴别诊断是什么?

2. 需进一步做哪些检查?

3. 治疗原则是什么?

### (一) 高血压急症

高血压急症是指血压在短时间内(数小时或数天)显著升高(通常高于 180/120mmHg),同时伴有重要靶器官功能进行性损害的一种临床综合征。主要包括高血压脑病、脑出血、脑梗死、急性心功能衰竭、急性冠脉综合征、主动脉夹层等。

1. 临床特点

(1) 血压升高:血压在短期内显著升高,常为数小时或数天升高至 180/120mmHg 以上。

(2) 靶器官急性损害的表现:①眼:视物模糊、视力丧失,眼底检查可见视网膜出血、渗出、视乳头水肿。②心脏:胸闷、心绞痛、心悸、气促、咳嗽甚至咳泡沫痰。③肾脏:尿频、尿少、血肌酐和尿素氮增高。④脑:一过性感觉障碍、偏瘫、失语,严重者烦躁不安或嗜睡,头痛、恶心、呕吐、抽搐、昏迷。

2. 急诊处理

(1) 及时降低血压:对于高血压急症选择适宜有效的降压药物,静脉滴注给药,同时监测血压。如果病情允许,及早开始口服降压药治疗。

(2) 控制性降压:使血压迅速下降到安全水平,又不使血压下降过快或过低,否则会引起局部或全身灌注不足。降压目标是静脉滴注降压药后 1 小时使平均动脉血压迅速下降,但不超过 25%,其后 2~6 小时内血压降至约 160/100mmHg,24~48 小时逐步降低血压达到正常水平。

高血压急症选择静脉滴注速效降压药物,常用抗高血压急症药物有:

A. 硝普钠:为强有力的血管扩张剂,起始剂量为 0.3~0.5μg/(kg·min) 静脉滴注,以 0.5μg/(kg·min) 递增,直至合适血压水平,适用于高血压脑病、主动脉夹层、恶性高血压、对高血压危象合并左心衰竭者尤为适宜。

B. 硝酸甘油:多用于心脏缺血伴高血压危象者,起始剂量为 5μg/min 静脉滴注,可每 5~10 分钟速度增加 10μg/min,最大速度可达 200μg/min。

C. 拉贝洛尔:可用于治疗高血压危象和急性心肌梗死,也适用于肾功能减退者。起始剂量为 0.25mg/kg 缓慢静脉注射,间隔 10 分钟可再给予 40~80mg,或以 2mg/min 静脉滴注,根据血压调整剂量。

D. 尼卡地平:主要用于高血压急症合并急性脑血管病或其他高血压急症。开始时从 0.5μg/(kg·min) 静脉滴注,可逐步增加剂量到 10μg/(kg·min)。

E. 酚妥拉明:常用于儿茶酚胺诱导的高血压的治疗,如嗜铬细胞瘤引起的高血压危象。

高血压急症抢救流程见图 7-2。

### (二) 颅内压增高

1. 临床特点　头痛、呕吐、视乳头水肿是颅内压增高的三大主征。

2. 急诊处理　保持患者安静,密切观察生命体征、瞳孔及神志变化,吸氧,保持呼吸道通畅,降温,建立静脉通道。频繁呕吐者,应暂禁食水。

(1) 病因治疗:通过适当的辅助检查,尽快明确引起颅内压增高的原因,针对病因进行治疗。

(2) 降颅压治疗:主要应用高渗脱水剂、利尿剂、肾上腺皮质激素等。①高渗脱水剂:20% 甘露醇 125~250ml,快速静脉滴注,每 4~6 小时可重复用药。心、肾功能障碍者慎用。甘油果糖,250ml,1~2 次 / 日,静脉滴注。②利尿剂:呋塞米 20~40mg,静脉注射或肌内注射,2~4 次 / 日。③肾上腺皮质激素:应用于颞动脉炎等,地塞米松,5~10mg 静脉注射或肌内注射,2~3 次 / 日;泼尼松 5~10mg,口服,1~3 次 / 日。

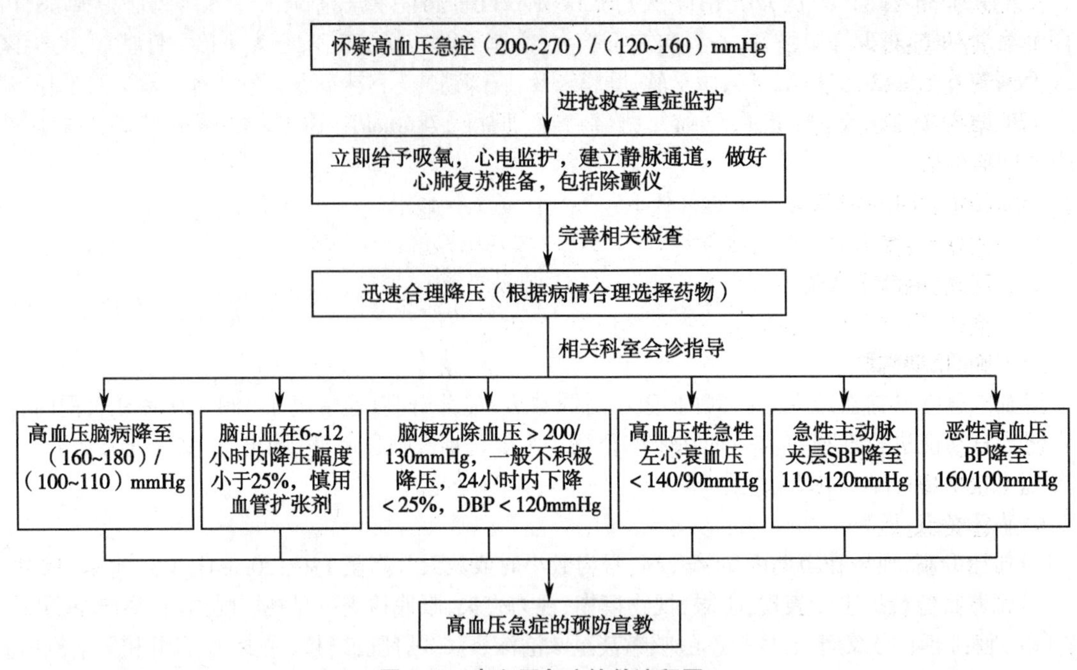

图 7-2 高血压急症抢救流程图

(3)手术治疗：对内科治疗无效或出现颅内高压危象时，可应用外科手术，例如脑室引流术、脑室-腹腔分流术及颞肌下去骨瓣减压术等。

(4)其他：限制液体入量及输液速度，纠正电解质、酸碱紊乱等。

# 第二节 急性胸痛

## 一、概述

胸痛(chest pain)是急诊常见的症状，是一些胸部致命性疾病的主要临床表现，如急性冠脉综合征、主动脉夹层、肺栓塞、张力性气胸等。急性胸痛的处理关键是快速识别出可能导致生命危险的胸痛并给予及时正确的治疗。

### (一) 病因

1. 心血管疾病 如急性心肌梗死、心绞痛、主动脉夹层、心包炎等。

2. 呼吸系统疾病 如肺栓塞、气胸、肺炎、胸膜炎、肺癌等。

3. 胸壁疾病 如肋神经炎、肋软骨炎、带状疱疹、肋骨骨折等。

4. 食管疾病 如食管炎、食管裂孔疝、食管癌等。

5. 纵隔疾病 如纵隔炎、纵隔肿瘤等。

6. 其他 如白血病、骨髓瘤等。

### (二) 临床表现

1. 胸痛部位

(1)心绞痛、心肌梗死：胸痛位于胸骨后、心前区、剑突下，可向左肩、左臂内侧、左颈部、左颌部、咽部等部位放射。

(2)夹层动脉瘤：疼痛位于胸背部，向下放射至腹部、腰部、腹股沟和下肢。

(3)胸膜炎：多位于一侧胸侧部。

(4)带状疱疹：可见成簇的水疱沿一侧肋间神经分布伴剧痛，且疱疹不超过体表中线。

(5)肋软骨炎：疼痛常发生在肋软骨处，局部有压痛，无红肿表现。

(6)肺尖肺癌：疼痛多以肩部、腋下为主，向上肢内侧放射。

(7)食管及纵隔病变：疼痛多位于胸骨后。

(8)胸壁疾病：胸痛常固定在病变部位，且局部有压痛。

2. 胸痛性质

(1)心绞痛：呈压榨样痛，有窒息感。

(2)心肌梗死：多为较剧烈的压榨样疼痛，伴恐惧、濒死感。

(3)夹层动脉瘤：多为突然发生胸、背部撕裂样剧痛。

(4)肺梗死：突然发生胸部剧痛，常伴严重的呼吸困难。

(5)气胸：早期有撕裂样疼痛。

(6)胸膜炎：常呈隐痛、刺痛。

(7)肋间神经痛：多为阵发性灼痛或刺痛。

(8)带状疱疹：呈刀割样、灼热样持续性剧痛。

(9)食管炎：呈烧灼感。

3. 持续时间　平滑肌痉挛或血管狭窄缺血所致疼痛多为阵发性，炎症、肿瘤、栓塞、梗死所致疼痛多为持续性。心绞痛持续时间多为 3~5 分钟，持续时间超过 20~30 分钟要考虑急性心肌梗死。

4. 影响胸痛的因素

(1)心绞痛：多在劳力、精神紧张、情绪激动时发作，休息、含化硝酸甘油后迅速缓解。

(2)胸膜炎：咳嗽、用力呼吸时胸痛加剧。

5. 伴随症状

(1)伴血压下降、休克：多见于心肌梗死、夹层动脉瘤、心脏压塞。

(2)伴呼吸困难：多见于气胸、血胸、肺栓塞、心力衰竭等。

(3)伴咳嗽、咳痰：多见于气管、支气管、肺部、胸膜炎症等。

(4)伴咯血：多见于肺栓塞、肿瘤。

(5)伴吞咽困难：多见于食管疾病，如反流性食管炎、食管癌。

### (三) 诊断

急性胸痛的处理关键是快速识别出可能导致生命危险的急重症胸痛，主要是严重的心、肺急症，如急性冠脉综合征、主动脉夹层、心脏压塞、肺栓塞、张力性气胸等。

1. 病史　仔细询问胸痛的部位、性质、程度、持续时间、发生发展、伴随症状等情况，有助于胸痛的诊断和病情的判断。既往史也很重要，如考虑冠心病者要询问有无高血压、高血脂、糖尿病病史，考虑肺栓塞者询问有无长期卧床病史等。

2. 体格检查　应进行全面体格检查，重点是生命体征(体温、脉搏、呼吸、血压)、心脏阳性体征(如心率快慢、心律不齐、心音改变、额外心音、杂音、心包摩擦音等)、肺部阳性体征(如出现呼吸音异常，干、湿啰音，胸膜摩擦音等)。

3. 辅助检查

(1)需常规做 12 导联心电图检查，必要时重复检查，以便及时发现心脏病。

(2)多数患者应做胸部 X 线或 CT、磁共振检查，特别对肺栓塞、主动脉夹层、张力性气胸、心脏压塞等致命性疾病有诊断价值。

(3)常规化验检查：包括血、尿常规，血生化(血糖、血脂、肝肾功能、电解质)、凝血功能等。

(4)其他：为了明确病因，可根据病情选择性地做以下检查，如心脏动态心电图、超声心动图、心肌核素显像、冠脉 CT、冠脉造影、肺通气 – 灌注扫描等。

### (四) 急诊处理

1. 胸痛患者(除非有明确良性原因者)都应尽快送往医院做进一步的检查。

2. 严密观察病情变化，注意心电、呼吸、血压、氧饱和度等生命指标。

3. 根据病情给予吸氧，建立静脉通道。

4. 尽快完善检查，明确病因，积极治疗原发病。

5. 如果患者出现明显的呼吸困难，怀疑为张力性气胸者，要尽快立即给予胸腔穿刺排气、胸腔闭式引流等。

6. 怀疑为冠心病者，如生命体征平稳，可使用硝酸甘油来缓解疼痛，首次 0.5mg 舌下含服，3~5 分钟可重复。如果患者无凝血功能障碍，且无明确的过敏史，可给予阿司匹林 150~300mg 口服。考虑心肌梗死患者，根据病情积极进行再灌注治疗。

## 二、常见胸痛急症

### (一) 急性冠脉综合征

急性冠脉综合征（acute coronary syndrome，ACS）是指冠状动脉内不稳定的粥样斑块破裂或糜烂引起血栓形成所导致的心脏急性缺血综合征。包括 ST 段抬高型心肌梗死、非 ST 段抬高型心肌梗死和不稳定型心绞痛。急性冠脉综合征是成人心脏性猝死的最主要原因。

1. 临床特点

(1) 症状：主要表现为胸痛、胸部憋闷、压迫感、紧缩感或胸部不适，多位于心前区或胸骨后，可向左肩背、左上肢或下颌等部位放射，心绞痛表现为阵发性，心肌梗死表现为持续性，应注意伴随症状，如呼吸困难、出冷汗、恶心、呕吐、头晕、焦虑、恐惧感、濒死感等。

(2) 体征：注意神志、皮肤、血压、肺部湿性啰音、颈静脉是否怒张、心率和节律的改变、有无第三心音和第四心音、有无心音减弱、奔马律和杂音。

(3) 心电图：是判断心肌缺血、损伤、坏死及有无心律失常的重要辅助检查方法，也是决定是否再灌注治疗的一项重要标准。ST 段抬高型心肌梗死特征性心电图表现：① R 波降低、伴或不伴病理性 Q 波；② ST 段抬高；③ T 波先高尖后倒置。

(4) 心肌损伤标志物：①磷酸肌酸激酶同工酶：CK-MB 升高提示有心肌坏死，如 CK-MB 较正常升高 2 倍可诊断心肌发生坏死。CK-MB 一般在症状出现后 6 小时开始升高，18~24 小时达峰值，持续 3~4 天。②心肌肌钙蛋白：肌钙蛋白 T(cTnT) 和肌钙蛋白 I(cTnI) 比 CK-MB 具有更高的特异性和敏感性，特别在心肌损害后 2~4 小时开始升高，并可维持较高水平 2~3 周。

(5) 超声心动图：急诊超声心动图可发现心肌缺血时节段性运动减弱，甚至消失；可观察到受损心肌的收缩功能减退，以及左室射血分数下降。超声心动图对主动脉夹层、肺栓塞、肥厚型心肌病以及心包积液等鉴别诊断有重要价值。

2. 急诊处理

(1) 处理：患者首次医疗接触后 10 分钟内行标准 12 导联甚或 18 导联心电图检查，并动态访视记录，有条件者行心电监护，作出 ACS 判断，院前急救人员须给怀疑 STEMI 的患者嚼服 300mg 阿司匹林和 P2Y12 受体抑制剂如替格瑞洛 180mg。

(2) 一般治疗：对 ACS 胸痛患者，立即进行心电、血压、呼吸、氧饱和度监测，建立静脉通路，吸氧（浓度 4L/min），使 $SpO_2$>93%。时刻做好电除颤和 CPR 的准备。①止痛剂：吗啡 3~5mg，静脉注射，如效果不佳，可以重复使用。②硝酸甘油：静脉滴注 10~20μg/min，监测血流动力学，注意观察临床反应，每 5~10 分钟增加 5~10μg，至临床症状得到控制。收缩压 <90mmHg 时，应减慢滴速或暂停使用。③ β 受体拮抗剂：根据患者情况适当应用。④抗凝治疗：使用低分子肝素 1mg/kg，皮下注射 2 次 / 日。

(3) 再灌注治疗：应快速评估所有 STEMI 患者是否可行再灌注治疗，并对有适应证的患者立即实施再灌注治疗，包括溶栓治疗和介入治疗。

(4) 对症治疗：抗心律失常、抗心力衰竭、抗休克等。

急性冠脉综合征救治流程见图 7-3。

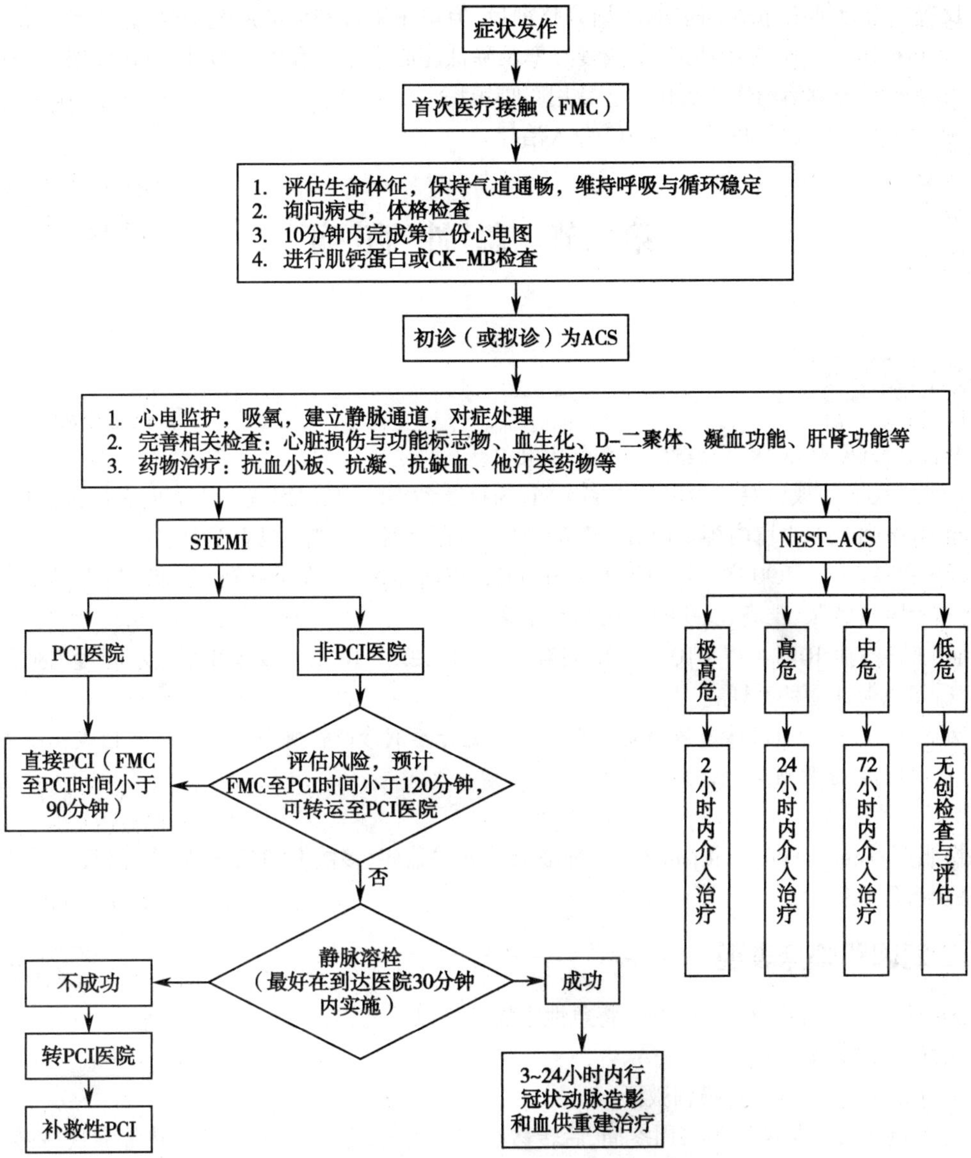

症状发作

首次医疗接触（FMC）

1. 评估生命体征，保持气道通畅，维持呼吸与循环稳定
2. 询问病史，体格检查
3. 10分钟内完成第一份心电图
4. 进行肌钙蛋白或CK-MB检查

初诊（或拟诊）为ACS

1. 心电监护，吸氧，建立静脉通道，对症处理
2. 完善相关检查：心脏损伤与功能标志物、血生化、D-二聚体、凝血功能、肝肾功能等
3. 药物治疗：抗血小板、抗凝、抗缺血、他汀类药物等

STEMI

PCI医院 → 直接PCI（FMC至PCI时间小于90分钟）

非PCI医院 → 评估风险，预计FMC至PCI时间小于120分钟，可转运至PCI医院 → 直接PCI（FMC至PCI时间小于90分钟）

否 → 静脉溶栓（最好在到达医院30分钟内实施）

不成功 → 转PCI医院 → 补救性PCI

成功 → 3~24小时内行冠状动脉造影和血供重建治疗

NEST-ACS

极高危 → 2小时内介入治疗

高危 → 24小时内介入治疗

中危 → 72小时内介入治疗

低危 → 无创检查与评估

图 7-3 急性冠脉综合征救治流程图

### （二）主动脉夹层

主动脉夹层是血液进入主动脉中层形成的夹层血肿，并沿着主动脉壁延展剥离，是危重心血管急症。

1. 临床特点

（1）多见于中老年患者，突发撕裂样胸、背部剧烈疼痛。

（2）90% 有高血压病史。

（3）主动脉夹层可累及分支动脉，造成动脉闭塞，导致心脏、脑、肢体、肾脏、腹腔脏器缺血和血肿压迫食管、肠系膜上动脉，血肿破入胸腔等。

2. 急诊处理

（1）明确诊断：主动脉 CTA、MRI、TEE、主动脉造影可显示夹层真、假腔，明确累及范围，诊断准确性和特异性高。

（2）急诊处理：对血流动力学稳定的患者，治疗措施主要是控制疼痛，降低血压和心率，镇痛镇静，收缩压控制在 100~120mmHg 或更低，心率控制在 60~70 次 / 分。对呼吸、循环状态不稳定的患者应立即行气管插管机械通气，如果发生心脏压塞应急诊行开胸手术。

（3）内科治疗：①迅速控制血压：可静脉注射硝普钠 25mg+NS/GS 50ml，开始以每分钟 0.5μg/kg。根

据治疗反应以每分钟 0.5μg/kg 递增,逐渐调整剂量,但单用硝普钠会增强左室收缩力,最好和 β 受体拮抗剂合并使用。② β 受体拮抗剂:减慢心率及降低左心室张力和收缩力,以防止夹层进一步扩展。β 受体拮抗剂经静脉给药作用更快。③常用吗啡镇痛。

(4)病因治疗:①人工血管置换术;②介入治疗。

# 第三节 急性腹痛

患者,男,55 岁,上腹部持续性疼痛伴呕吐 2 天。

患者两天前晚饭后突然出现上腹部疼痛,为持续性疼痛,难以忍受。疼痛向右肩部放射,伴恶心呕吐两次,呕吐物为胃内容物伴黄色苦味液体,曾用阿托品治疗,腹痛无缓解。

查体:T 37.3℃,P 90 次 / 分,BP 120/85mmHg,表情痛苦,巩膜无黄染,心肺听诊无异常。腹部平坦,右上腹肌紧张、压痛、反跳痛。肠鸣音正常。

辅助检查:血 RBC $4.47 \times 10^{12}$/L,Hb 114g/L,WBC $12.7 \times 10^{9}$/L。腹部 B 超显示胆囊内强回声光团,其后伴声影,胆囊壁增厚。

问题:1. 初步诊断及诊断依据是什么?如何进行鉴别诊断?需做哪些进一步检查?

2. 治疗原则是什么?

急性腹痛(acute abdominal pain)是一种临床常见的急症,多数发病急,进展快,由腹部器质性疾病引起,甚至可危及生命。

## 一、病因和临床表现

根据腹痛的常见病因和病变性质,将急性腹痛分为以下七类:

### (一)炎症性腹痛

临床特点:腹痛、发热、腹膜刺激征。

1. 急性阑尾炎　早期可为脐周疼痛,后转移到右下腹痛,可伴恶心、呕吐发热等症状;查体右下腹麦氏点有固定性压痛,可有腹膜刺激征;血常规检查白细胞及中性粒细胞明显升高。

2. 急性胆囊炎　常发生于饱餐后,多表现为右上腹疼痛,可放射到右肩背部,常伴恶心、呕吐、发热;查体右上腹有压痛,常无明显的肌紧张和反跳痛,墨菲征阳性。

3. 急性胰腺炎　常发生在酗酒或饱食后,突发上腹部剧痛,持续性疼痛,阵发性加剧,常伴频繁呕吐,呕吐后疼痛不减轻,伴发热。严重者可出现呼吸急促、烦躁不安、神志模糊、休克等。化验检查血、尿淀粉酶明显升高;腹部 CT 检查可见胰腺肿大、边缘模糊不清、胰腺周积液等。

### (二)梗阻性腹痛

临床特点:阵发性腹痛、呕吐、腹胀、排泄障碍。

1. 肠梗阻　临床表现为阵发性或持续性腹痛,常阵发性加剧,多伴腹胀、呕吐、停止排气排便。腹部 X 线检查可发现气液平面和胀气的肠袢。

图片:不完全性肠梗阻

2. 肠套叠　好发于婴幼儿,突发无明显诱因的大声哭闹,可安静 15~30 分钟后又开始哭闹,类似症状反复发作,肛门不排气。果酱样稀软便或指套上可有果酱样血迹,腹部可触及长形或腊肠样的包块,部分腹部可闻及高调的肠鸣音。腹部 X 线检查可发现气液平面及套叠胀气的肠袢。

3. 胆道系统梗阻　如肝内、外胆管结石,表现为上腹部、剑突下偏右剧烈疼痛,向右肩背部放射,常合并频繁恶心、呕吐、寒战、高热。查体可见巩膜、皮肤黄染,剑突下和右上腹有压痛、肌紧张。辅助检查肝胆超声可以发现肝外胆管系统扩张,胆管腔内有强回声光团。

4. 肾、输尿管结石　多为运动后突然发作的剧烈的患侧腹部绞痛，可放射到会阴部或患侧腹股沟区，严重者合并较频繁的恶心和呕吐。腹痛发作后可出现血尿，患侧腹部输尿管走行处可以有深压痛。尿常规检查绝大多数患者发现镜下血尿，超声检查显示患侧有肾盂积水的征象，X 线检查有结石的高密度影像。

**（三）出血性腹痛**

临床特点：腹痛、隐性出血或显性出血、失血性休克。

1. 异位妊娠破裂出血　发生于育龄妇女，有停经史，表现为突然的下腹痛和虚脱，常有脉搏细速、血压下降等。

2. 肝癌破裂出血　多有外力，腹腔内压力增高或轻度腹部外伤等诱因，表现为突然发作的剧烈腹痛，伴腹胀、恶心和呕吐，面色苍白、冷汗、心悸等内出血的症状，严重者可发生休克；腹部有明显的压痛、肌紧张和反跳痛，并且范围较广泛；腹部叩诊发现移动性浊音阳性；诊断性腹腔穿刺可抽出不凝血样的腹腔液；腹部超声可发现肝脏内有低密度不规则的占位性病灶。

**（四）脏器穿孔性腹痛**

临床特点：突发持续性腹痛、腹膜刺激征、气腹征。

胃、十二指肠溃疡穿孔较多见，突然发生剧烈腹痛，如刀割样，始于上腹部，后迅速扩散到全腹。查体全腹有明显压痛、反跳痛，腹肌紧张呈“板状腹”，肝浊音界缩小或消失，肠鸣音消失。辅助检查腹部 X 线平片（立位）可见膈下有游离气体。

图片：消化道穿孔

**（五）缺血性腹痛**

临床特点：持续腹痛、缺血坏死所致腹膜刺激征。

肠系膜血管缺血性疾病包括：急性肠系膜上动脉闭塞、非闭塞性急性肠缺血、肠系膜上静脉血栓形成和慢性肠系膜血管闭塞缺血四种情况。

1. 急性肠系膜上动脉闭塞　这是肠缺血最常见的原因，患者有冠心病或心房颤动史，初始即发生剧烈的腹部绞痛，难以用一般药物缓解。症状重，体征轻是急性肠缺血的特征。

2. 卵巢囊肿　育龄妇女突然发生的剧烈腹痛应考虑卵巢囊肿蒂扭转的可能，一般呈持续性绞痛，常出现四肢发凉、面色苍白、脉搏细速等类似休克的症状；下腹部可触及压痛性肿块，如果卵巢囊肿破裂，则出现急性腹膜炎的体征。

**（六）损伤性腹痛**

临床特点：外伤、腹痛、腹膜炎或内出血症候群。

有明确的外伤史、损伤部位疼痛及相关体征诊断多无困难，应考虑是哪一类的脏器受损（实质性或空腔脏器），并进一步确定损伤的具体脏器。注意可能为多发损伤，如：①腹内某一脏器有多处破裂；②腹内有一个以上脏器受到损伤；③除腹部损伤外，尚有腹部以外的合并损伤；④腹部以外损伤累及腹内脏器。

**（七）功能紊乱性或其他疾病所致腹痛**

临床特点：腹痛无明确定位、精神因素或其他全身性疾病史。

排除常见病因引起的急性腹痛后，要考虑全身疾病或少见疾病引起的急性腹痛，如肠易激综合征、结肠肝（脾）曲综合征、慢性铅中毒、腹型癫痫、急性溶血、糖尿病酮症酸中毒以及腹型紫癜等。

## 二、急诊处理

**（一）处理原则**

首先要对患者全身情况、腹部情况进行判断，是否属于危重情况，需要作何紧急处理。无论诊断是否明确，均应考虑患者有无急诊手术，包括开腹探查的适应证。

**（二）危重病情的评估**

1. 患者出现血压降低或休克，急性弥漫性腹膜炎，伴有脉速（>130 次 / 分）、高热（体温 ≥ 39℃）或体温不升（≤ 36℃）、烦躁、冷汗等严重感染中毒症状，白细胞计数 $>20 \times 10^9$/L 或降低，中性多核细胞增多等。

2. 黄疸伴高热患者，如胆道系统严重感染，容易发生感染性休克。

3. 对呕吐、腹泻，出现脱水征，尿少（尿量 <25ml/h）患者，有明显体液、电解质紊乱或酸碱平衡失调，血钠 <130mmol/L，钾 <3.5mmol/L，$CO_2$ 结合力 <18mmol/L 或 >32mmol/L，碱丢失 >4mmol/L 或碱剩余 >4mmol/L，血氧分压 <60mmHg（8kPa），氧合指数降低应警惕发生 ARDS。

4. 腹部手术后近期出现急性腹痛，多数与手术有关，如出血、吻合口漏、肠梗阻等，手术后急性胰腺炎或血管栓塞导致器官梗死等，病情多严重且复杂。

### （三）保守治疗

1. 禁食、水，必要时给予有效的胃肠减压。

2. 取半卧位，可缓解腹部肌紧张，减轻疼痛，有利于腹腔液体引流至盆腔，减少发生膈下积液感染的机会。

3. 补充营养，纠正水、电解质及酸碱平衡。

4. 应用有效抗生素控制感染。

5. 对症处理，高热时采用物理降温或解热镇痛剂；疼痛剧烈者给予解痉镇痛；急性胰腺炎者应用抑制胰腺分泌药物；对肠梗阻患者采取安全的通便措施。

6. 危重患者应行重症监测，包括呼吸功能、血气、肝肾功能等。根据血流动力学监测随时调整用药、给氧、补液成分和量。留置尿管，详细监测出入量。对有手术指征或有失血的患者，应做输血的准备。对短期内不能恢复进食的患者，早期给予胃肠道外营养。

### （四）诊断明确的腹痛治疗

1. 需要急诊手术的常见疾病有急性阑尾炎、化脓性梗阻性胆总管炎、化脓性胆囊炎、溃疡病急性穿孔伴有弥漫性腹膜炎、绞窄性肠梗阻、肝癌破裂出血等。凡诊断明确，非手术治疗不能遏制病情发展者均应急诊手术。

2. 暂时采用非手术治疗，应密切观察病情进展，来决定是中转急诊手术、择期手术或无需手术。此类疾病包括单纯性急性胆囊炎、空腹情况下的溃疡病急性穿孔而腹膜炎局限者，单纯性肠梗阻等。暂时采用非手术治疗的患者，除给予各种积极的治疗外，应根据病情变化随时调整治疗方案。

### （五）诊断不明确的腹痛治疗

1. 无明显腹膜炎患者一般情况较好，可严密观察生命体征变化，反复检查重要脏器功能情况和腹部体征变化。同时给予必要的治疗，包括输液、应用抗生素，必要时行胃肠减压及各种重要的辅助检查。未明确诊断前，慎用吗啡类止痛药，适当选用解痉药，不能排除肠坏死和肠穿孔时，禁用泻药和灌肠。积极纠正水、电解质平衡紊乱。观察期间定时重复检查患者，有可能逐步明确诊断。诊断不明应嘱随访，病情较重者切不可轻易让患者离院，以免延误治疗。

2. 诊断不明确，腹痛持续加重的患者进行剖腹探查手术。

## 本章小结

急性疼痛是急诊常见的症状，可由很多严重的疾病引起，具有病情进展快、可危及生命等特点，需要分秒必争地迅速准确地判断病情，及时有效地采取抢救措施，严密观察病情变化，可采取评估—急救处理—再评估—再急救处理的抢救方式。因此，对急性疼痛处理，必须谨慎，首要任务是迅速判断病情，判断是否致命，维护重要的生命体征，积极治疗原发病，诊断不明确不能随意采取镇痛治疗，以免掩盖病情，延误治疗。

患者，男，62岁，阵发性胸痛4天，再发4小时来急诊。

患者4天前出现活动后心前区钝痛、放散至咽部，伴轻度出汗，持续10余分钟后自行好转，未予诊治。4小时前饮酒时再发心前区疼痛，有压迫感，伴胸闷、大汗、恶心，未吐。自服"速效救心丸"6粒，胸痛仍不缓解，被家人送来急诊。患病以来无咯血、无大小便失禁。既往有冠心病家族史。无糖尿病、高血压病史，无药物过敏史，吸烟20年，30支/日，少量饮酒。

查体：T 36.4℃，P 98次/分，R 18次/分，BP 120/60mmHg，神志清，巩膜无黄染，睑结膜无苍白，口唇无发绀，双肺底可闻及细湿啰音，心界不大，心率98次/分。律不齐，可闻及期前收缩5次/分，心音稍低，未闻及杂音。腹平软，肝、脾未触及，双下肢无水肿。

辅助检查：心电图：$V_1$~$V_6$导联ST段弓背向上抬高0.3~0.5mV，有提前出现的宽大畸形的QRS波群。CK及CK-MB正常，肌钙蛋白T 0.96ng/ml（正常值<0.05ng/ml）。

病例讨论

患者，男，32岁，腹痛5天，加重3天。

5天前患者饮酒后出现上腹部持续性绞痛，阵发性加重，向后背部放射，伴频繁恶心呕吐，呕吐物为胃内容物和胆汁，在村卫生室给予补液、抗感染、抑酸对症支持治疗，病情略有好转。3天前进油腻食物后病情再次加重，腹痛不能缓解，逐渐蔓延至全腹，腹胀明显，恶心呕吐加重，停止排气排便，尿量少，色黄，为求进一步诊治，来急诊就诊。自发病以来，饮食、睡眠差，体重减轻约2kg。既往无肝炎、结核、冠心病、肿瘤病史，否认胆石病，无传染病接触史，无药物和食物过敏史，无外伤手术史。

查体：T 38.7℃，P 110次/分，R 21次/分，BP 80/50mmHg。一般情况差，烦躁不安，浑身湿冷。全腹膨隆，腹肌紧张，明显压痛、反跳痛。肠鸣音减弱，移动性浊音阳性。

辅助检查：血WBC $22.3 \times 10^9$/L，中性粒细胞0.93，血淀粉酶120U/L（酶偶联法），尿淀粉酶320U/L（酶联法），血糖14.3mmol/L，血钙1.50mmol/L。腹部平片未见膈下游离气体，腹部增强CT显示胰腺肿大，形态模糊，边缘与其他组织分界不清。

病例讨论

（陈铸雄）

扫一扫，测一测

## 思考题

1. 常见的头痛、胸痛、腹痛急症有哪些？
2. 常见的头痛、胸痛、腹痛急症如何紧急处理？

# 第八章 心　悸

1. 掌握:心悸的常见病因和急诊处理;常见心悸急症的临床表现和处理。
2. 熟悉:心悸的临床特点、诊断及鉴别诊断。
3. 了解:心悸的病因分类、发生机制、治疗进展。
4. 能正确判读常见心律失常的心电图;掌握常用抗心律失常药的应用;掌握心脏电复律的操作方法。
5. 能在接诊患者、病史询问和查体过程中有良好的医患沟通意识和能力。

## 第一节 概　述

心悸(palpitation)是一种患者自觉心脏或胸前区跳动不适的感觉。心脏搏动增强、心律失常、自主神经紊乱时均可出现心悸症状。

### 一、病因和分类

#### (一) 心律失常

1. 快速性心律失常　各种原因引起的快速性心律失常,如期前收缩、阵发性室上性心动过速、心房颤动和扑动、阵发性室性心动过速等,尤其突然发生者,均可出现心悸。

2. 缓慢性心律失常　病态窦房结综合征、高度房室传导阻滞、显著的心动过缓,由于心率慢、心室舒张延长、充盈度增加、心搏强而有力,感觉心悸明显。

3. 起搏器和植入型心律转复除颤器功能和(或)程控异常。

#### (二) 器质性心脏病

各种原因引起的心脏扩大和(或)心力衰竭、二尖瓣脱垂、二尖瓣反流、主动脉瓣反流、分流型先天性心脏病、肥厚型心肌病、机械瓣置换术后等。

#### (三) 系统性疾病

如甲亢、低血糖、贫血、怀孕、绝经后综合征、感染、发热、血容量不足、体位性低血压、动静脉瘘、嗜铬细胞瘤等也可出现心悸。

#### (四) 精神心理疾病

焦虑、惊恐发作,抑郁所致的躯体疾病。

### （五）药物或毒品作用

酒精、咖啡因、海洛因、苯丙胺、尼古丁、大麻、合成药物，抗胆碱能药物、肼屈嗪、拟交感药物、血管扩张剂，骤然停用 β 受体拮抗剂等。

### （六）生理性心悸

剧烈活动、情绪激动后出现的心悸属生理现象。

## 二、临床表现

心悸患者常自觉“漏跳”“心脏乱跳”“心跳极快”“心跳有力”，病情严重常有伴随症状。

### （一）心律失常

1. 期前收缩　俗称“早搏”，是最常见的心律失常，包括房性、交界性、室性期前收缩。患者多有心脏“漏跳”的感觉甚至疼痛。多见于无器质性心脏病的年轻人，也可见于各种器质性心脏病、电解质紊乱等。心脏听诊可闻及在规则心律基础上，突然提前出现一次心搏，其后有一较长间歇。

2. 阵发性异位性心动过速　患者常自觉心跳极快，可为规则（室上性心动过速、心房扑动、室性心动过速）或不规则（心房颤动）心跳，常表现为“突发突止”的特点，持续时间可短至数秒，也可长达数天。心动过速严重时可有胸闷、乏力、恐惧感，可发生低血压、晕厥、诱发心绞痛，甚至危及生命。窦性心动过速引起的心悸则多为渐发渐止。

3. 缓慢性心律失常　心动过缓也可出现心悸，可有心脏“停跳感”，常伴有乏力、气短，严重时可出现头晕、黑蒙、晕厥，甚至阿 – 斯综合征、猝死。心脏听诊特点为心率明显减慢。

### （二）非心律失常

1. 高动力循环状态　甲亢、贫血、脚气病、发热等可导致高动力循环状态，患者感觉心跳非常有力、心跳规则、心率轻度增快。查体可发现血压增高，脉压增大，心尖搏动增强等。

2. 心脏神经症　由自主神经功能紊乱导致，多有明显的焦虑症状，常合并一些非特异性症状，如失眠、头晕、耳鸣、记忆力减退，手面部麻木、呼吸急促、过度换气等。多见于青年女性、更年期妇女。

### （三）辅助检查

1. 心电图　心悸患者常规进行心电图检查；临床表现提示与心律失常相关的不明原因心悸患者，应行动态心电图及心脏电生理检查；心悸发作与活动有关或疑及冠心病时，应做心电图运动负荷试验。

2. 超声心动图　可直观检测心脏的结构和功能，有助于器质性心脏病的诊断。

3. 影像学检查　胸部 X 线、心脏磁共振、冠状动脉造影等对器质性心脏病病因诊断有帮助。

4. 实验室检查　血常规、血生化、甲状腺功能等，判断有无贫血、甲亢、低血糖、电解质紊乱等系统性疾病。还可检测特定违禁药品的血尿浓度。

## 三、诊断

综合患者病史、体格检查、辅助检查结果对心悸患者作出诊断，应包括以下三个方面：

1. 鉴别心悸的机制。
2. 获得心悸发作时的心电图记录。
3. 评价基础心脏病。

诊断流程见图 8–1。

## 四、急诊处理

### （一）治疗原则

1. 心悸由严重的心律失常引起，伴有血压下降等血流动力学改变时，首要原则是终止心律失常。
2. 明确病因，积极治疗原发病。

### （二）心悸急诊处理流程

心悸急诊处理流程见图 8–2。

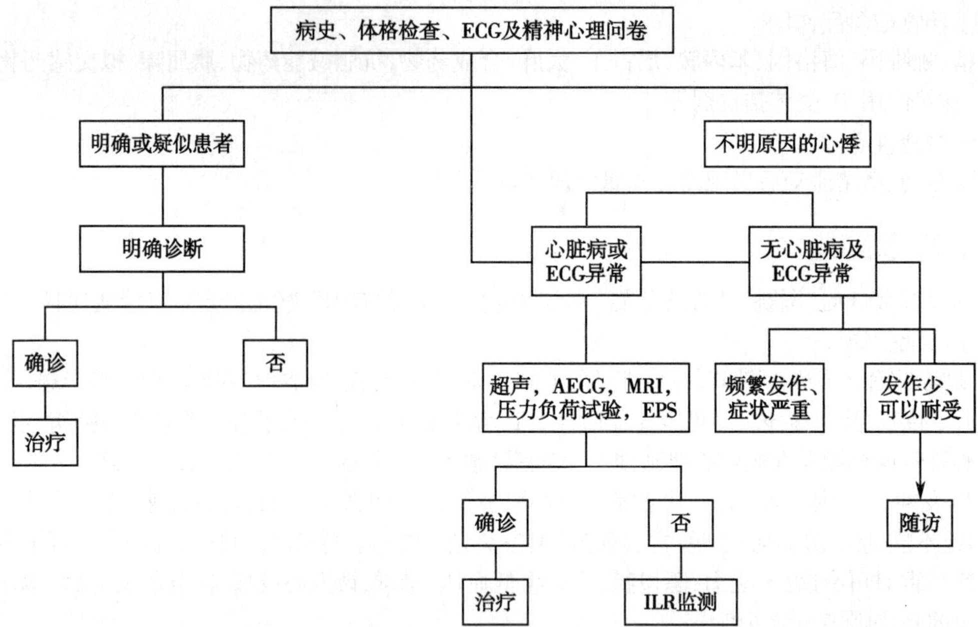


图 8-1　心悸诊断流程图

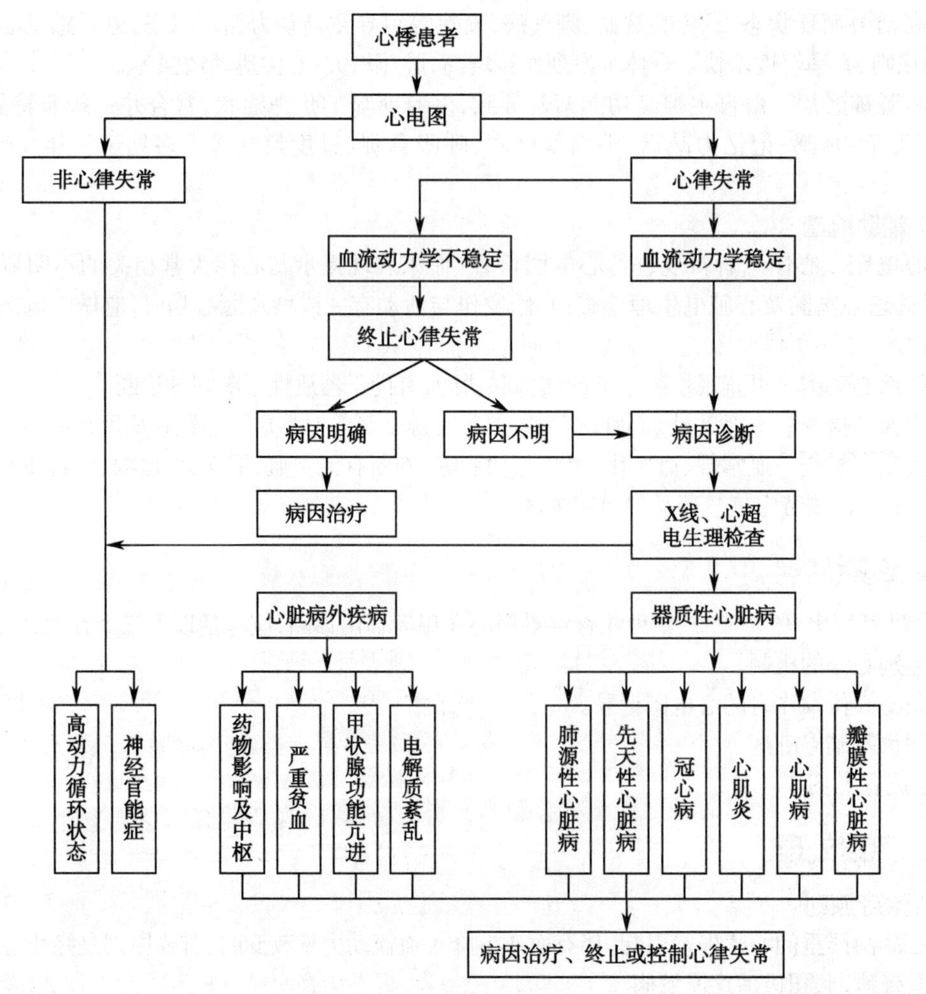


图 8-2　心悸急诊处理流程图

# 第二节 常见病因及处理

## 一、阵发性室性心动过速

### (一) 临床特点

1. 临床表现 轻者仅有心悸,重者可出现胸闷、气促、发绀、头晕、乏力、晕厥、低血压、休克、急性心衰、心绞痛等表现,甚至可衍变为心室颤动。

2. 心电图特点 心电图表现为 3 个及 3 个以上室性期前收缩连续出现。① QRS 波宽大畸形,时限超过 0.12 秒;②继发性 ST-T 改变,T 波方向与 QRS 主波方向相反;③频率通常在 140~250 次 / 分;④ RR 间期稍不规则;⑤可出现房室分离、心室夺获、室性融合波。

### (二) 急诊处理

1. 血流动力学不稳定 宽 QRS 心动过速伴有明显的血流动力学障碍者,应立即同步直流电复律(洋地黄中毒除外),可重复进行,首次电击能量通常为单相波 200J/ 双相波 100~150J。对于血流动力学尚稳定,但持续时间超过 24 小时或药物治疗无效的室速也可选择电复律。

2. 血流动力学稳定 对难以鉴别且血流动力学稳定的宽 QRS 心动过速者,可先按室速处理,给予药物治疗。常用药物包括:

(1)胺碘酮:伴有心功能不全的室速患者首选使用。用法:150mg 溶于 20~40ml 生理盐水缓慢注射(>10 分钟),10~15 分钟可重复,然后以 1~1.5mg/min 维持 6 小时,以后依病情减至 0.5mg/min,24 小时一般不超过 1.2g。

(2)利多卡因:50~100mg 静脉注射(1~2 分钟),必要时每隔 5~10 分钟可重复给 50mg,直至心律转复或总量达 300mg 为止。

(3)β 受体拮抗剂:主要用于急性冠脉综合征、甲状腺功能亢进、梗阻型心肌病等。禁忌证包括缓慢性心律失常、传导阻滞、低血压、严重充血性心力衰竭、伴有支气管痉挛的肺疾病等。

(4)钙离子通道阻滞剂:维拉帕米可用于特殊类型的室速。用法:2.5~5.0mg,稀释后缓慢静脉注射。15~30 分钟后可重复 2.5~5.0mg。

(5)镁剂:适用于低血镁和扭转型室速。用法:1~2g 硫酸镁用 50~100ml 液体稀释后,50~60 分钟内静脉滴注,维持量 0.5~1.0g/h。

## 二、阵发性室上性心动过速

临床上通常是指狭义的阵发性室上速,即阵发性房室折返性室上速和房室结折返性室上速。

### (一) 临床特点

1. 临床表现 特征性表现为突发突止心悸,发作时心率每分钟 160~250 次,可持续数秒、数分或数小时、数日。轻者无其他伴随症状,重者(如频率太快、有心脏基础疾病)可出现血流动力学障碍,可导致血压下降、头晕、黑蒙、心绞痛、心力衰竭等表现。

2. 心电图特点 ① QRS 波群为室上性,形态正常;②心律绝对规整;③心率在 160~250 次 / 分;④有时可伴有 ST 段压低,T 波低平、倒置;⑤当伴有预激综合征、心室内差异传导或束支传导阻滞时,QRS 波群可宽大畸形。

### (二) 急诊处理

1. 血流动力学不稳定 对伴有严重血流动力学障碍(低血压、肺水肿、脑灌注不足)的室上性心动过速,需紧急行直流电同步电复律,首次电转复能量通常为 50~100J(首选双相同步复律,单相也可接受),如不成功可逐渐增加能量(双相至 200J,单相至 360J)。

2. 血流动力学稳定 对于血流动力学稳定的患者,可先用刺激迷走神经的方法,无效者可采用药物治疗和食管心房调搏。

(1)刺激迷走神经:通过做 Valsalva 动作(即深呼吸后屏气用力呼气)、刺激咽反射、颈动脉窦

按压(仰卧位、听诊颈动脉无杂音后、用稳定的压力单侧按压颈动脉窦每次5~10秒,切忌同时按压双侧)、将面部浸没于10℃水中或将冰冷的湿毛巾放在面部等方法,部分患者可终止室上速发作。

(2)药物治疗

1)腺苷:起效快,半衰期短于10秒,转复成功率高达90%以上,是室上性心动过速的首选药物。用法:首次剂量6mg快速静脉注射(1~2秒内完成),1~2分钟后未复律者可再给12~18mg快速推注。原来已有一度以上的房室阻滞、病窦或预激者禁忌腺苷。腺苷不能和地高辛或维拉帕米合用。

2)普罗帕酮:具有广谱抗心律失常作用、起效快(平均复律时间8分钟)、半衰期短等优点。用法:70mg稀释后缓慢静脉注射(5~10分钟),15~30分钟后无效可重复1次。

3)维拉帕米:对正常QRS波群的阵发性室上速疗效好。静脉注射后1~5分钟起效,维持15分钟以上。用法:5mg稀释后缓慢静脉注射(5~10分钟),发作终止即停止注射,15~30分钟后未能转复者可重复1次。预激并发室上速患者禁忌。

4)胺碘酮:对各种快速性心律失常均有效。用法:150mg溶于20~40ml生理盐水缓慢注射(>10分钟),15~30分钟后可重复一次,然后以1mg/min维持6小时,以后依病情减至0.5mg/min,24小时一般不超过2.0g。

5)毛花苷丙:起效缓慢,一般复律时间需要30分钟以上,但作用温和,是室上速伴有心功能不全者的首选用药。用法:0.4mg稀释后缓慢静脉注射,2小时后无效可再给0.2~0.4mg。预激并发室上速患者禁忌。

6)经食管心房调搏复律:适用于对药物无效或存在药物应用禁忌者(如孕妇等)。应用比心动过速频率快20~30次/分的短阵猝发刺激可有效终止室上速,有效率达90%。

7)导管射频消融术:终止发作后,可建议做导管射频消融术,此法是根治室上性心动过速的有效手段,成功率达95%以上。

## 三、心房颤动

患者,男,67岁,反复心悸2年,再发1天伴头晕、乏力。

患者于两年前开始出现阵发性心悸,以活动后为主,每次持续2~3分钟至2~3小时可自行好转。此后上述症状时有发作,表现和持续时间同前。1天前患者爬山时再发心悸伴头晕、全身乏力,胸闷,尿频,自数脉搏89次/分,脉律不齐,因症状持续不缓解而入院。既往有高血压病史13年,血压最高175/100mmHg,自服硝苯地平控释片30mg每日一次,血压控制在140~130/70~60mmHg。

查体:T 36.5℃,P 87次/分,R 18次/分,BP 140/70mmHg,神清,未见颈动脉异常搏动,双肺呼吸音清,无干湿啰音。心界向左扩大,心率114次/分,第一心音强弱不等,节律不齐,各瓣膜听诊区未闻及杂音,未闻及心包摩擦音。

心电图:P波消失,代之以细小而不规律的f波,QRS波形态正常,频率约114次/分。

问题:1. 初步诊断是什么?诊断依据有哪些?

2. 如何处理?

### (一)临床特点

1. 临床表现　房颤多见于器质性心脏病,其中以风心病、冠心病和高血压病常见。轻者仅有心悸、气促、胸闷等,重者可致急性肺水肿、心绞痛、休克、晕厥,甚至死亡。房颤听诊特点:①心律绝对不齐;②心音强弱不等;③脉搏短绌。

2. 心电图特点　①P波消失,代之以形态、间距及振幅绝对不规则的颤动波f波,f波频率

350~600 次 / 分；② RR 间期绝对不规则；③ QRS 波呈室上性，形态正常，当伴室内差异性传导时，QRS 波可宽大、变形（类似右束支传导阻滞图形）。

（二）急诊处理

房颤患者治疗原则包括：①积极有效地控制心室率（常用毛花苷丙和 β 受体拮抗剂）；②有转复适应证尽可能恢复窦律（包括电转复和药物转复）；③抗凝治疗，预防血栓。

## 四、病态窦房结综合征

病态窦房结综合征是指由于窦房结病变产生一系列心律失常的综合表现，包括窦性心动过缓、窦性停搏、窦房阻滞、慢快综合征等，是心源性晕厥的常见原因，属于致命性心律失常。

（一）临床特点

1. 临床表现 临床症状取决于停搏或缓慢心搏造成的血流动力学障碍的程度。①如出现 2 秒以上窦性停搏或窦性心率突然减慢 <40 次 / 分，患者可出现黑蒙；②停搏持续 5 秒以上则可发生晕厥；③如持续 10 秒以上则会出现阿 – 斯综合征等。

2. 心电图特点 ①持续严重的窦性心动过缓（心率一般小于 50 次 / 分，不易被药物纠正）；②窦性停搏和窦房传导阻滞，窦性停搏时 PP 间期突然显著延长，且与正常 PP 间期之间无倍数关系，而窦房传导阻滞时长 PP 间歇是窦性 PP 间期的倍数；③心动过缓 – 心动过速综合征（慢 – 快综合征）；④双结病变。

（二）急诊处理

病态窦房结综合征的治疗包括药物治疗和起搏器治疗，以维持正常心率，改善血流动力学，并兼顾病因治疗。

1. 药物治疗

（1）阿托品：为抗胆碱能药物，能消除迷走神经对窦房结的抑制，使心率增快，对窦房结本身无作用，因此该药物作用有限，长时间应用副作用大。

（2）异丙肾上腺素：为非选择性 β – 肾上腺素能受体激动剂，主要作用于心肌 $\beta_1$ 受体，使心率增加，对窦房结本身亦无作用。作用有限，不宜长时间应用。心绞痛、心肌梗死、甲状腺功能亢进及嗜铬细胞瘤患者禁用。

（3）沙丁胺醇：为 $\beta_2$ 受体激动剂，能加快心率，缩短 RR 间期，改善头晕、黑蒙的症状，临床观察表明沙丁胺醇对病态窦房结综合征患者电生理参数改变优于阿托品，作用时间长，无类似阿托品副作用。

（4）氨茶碱：为腺苷受体拮抗剂，能增快心率，改善症状。

2. 起搏器治疗 对于有头晕、黑蒙、晕厥等临床症状，或心率极慢、药物应用受限的病态窦房结综合征患者，应给予安装起搏器，该方法是治疗病态窦房结综合征唯一长期有效的方法。

**慢快综合征**

慢快综合征也称心动过缓 – 心动过速综合征，指心动过缓与心动过速（主要是房性快速性心律失常，包括心房扑动、心房颤动、房性心动过速等）交替出现。当患者发作心动过速时，抗心律失常药物治疗可能加重心动过缓，应在安装心脏起搏器后方可应用。

## 五、三度房室传导阻滞

（一）临床特点

1. 临床表现 三度房室传导阻滞时可有心悸，心脏漏搏、停搏感，心室率严重缓慢时，可伴有头晕、乏力、胸闷、晕厥，甚至阿 – 斯综合征发作。

2. 心电图特点 P 波与 QRS 波完全没有关系，各自按自身规律出现，P 波通常为窦性心律，频率

60~100 次 / 分，QRS 波是逸搏心律，可以是交界性逸搏心律（QRS 波群形态正常，心率 40~60 次 / 分），也可以是室性逸搏心律（QRS 波群宽大畸形，心率 20~40 次 / 分）。

**（二）急诊处理**

1. 药物治疗　异丙肾上腺素：心率低于 40 次 / 分时可用 0.5~1mg 稀释至 5% 葡萄糖液 500ml 持续静脉滴注，维持心室率 60~70 次 / 分。

2. 起搏器治疗　对房室传导阻滞伴有头晕、黑蒙、晕厥及阿 – 斯综合征发作者，应置入起搏器。若估计为暂时性严重房室传导阻滞应置入临时起搏器，积极治疗原发病。

## 本章小结

心悸是急诊常见的症状，在学习过程中要注意引起心悸不良预后的主要是严重心律失常和器质性心脏病。当心悸发作由严重心律失常引起，并伴有血压下降等血流动力学改变时，心悸处理首要原则是尽快终止心律失常。

常见心悸急症包括快速性心律失常和缓慢性心律失常。心悸急诊处理包括心电监测、吸氧、建立静脉通道、直流电复律、药物治疗、安置起搏器、病因治疗和对症处理等。

## 病例讨论

病例讨论

患者，男，50 岁，主因心悸、乏力半小时入院。患者饮酒后于半小时前突发心悸、出汗、乏力，无晕厥、呼吸困难等症。既往有心肌梗死病史 3 年，长期服药控制；入院查体：T 36℃，脉搏 150 次 / 分，呼吸 20 次 / 分，血压 80/50mmHg，神清语利，急性病容，面苍黄，皮肤湿冷，双肺呼吸音清，未闻及干湿性啰音，心率 150 次 / 分，节律规整，心音低钝，杂音听诊不满意，腹部软、无压痛，双下肢不肿。急查心电图如图 8–3 所示。

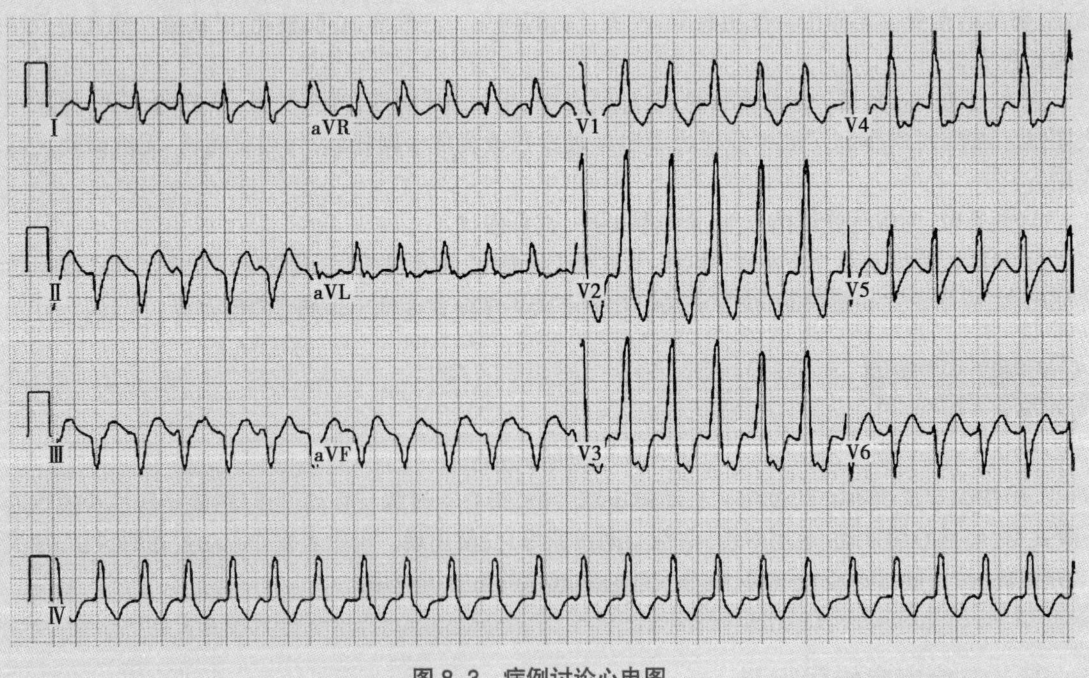


图 8–3　病例讨论心电图

（韩泽红）

扫一扫，测一测

## 思考题

致命性心律失常有哪些？

# 第九章 抽 搐

1. 掌握:抽搐的临床特点、急诊处理流程;常见抽搐急症的诊断、鉴别诊断和处理原则。
2. 熟悉:抽搐的常见病因。
3. 了解:抽搐的病因分类、稳定期的治疗及治疗进展。
4. 能熟练地对抽搐进行急救处置及相关的病史询问和体格检查,能正确应用治疗抽搐的常用药物,诊疗过程中具备较好的医患沟通能力。

## 第一节 概 述

病例导学

患者,男,19岁。近一周来感左侧肢体无力伴头部闷痛,头痛以右侧颞部为主,于当地卫生院就诊后建议转上级医院进一步诊治,来院时突然出现四肢抽搐伴意识障碍,急诊入院。患者发病以来无发热,无咳嗽、咳痰,无心慌、气短,无恶心、呕吐,有时小便失禁。以往身体健康,无外伤手术史。

问题:1. 该患者急诊如何处理?

2. 首选的辅助检查是什么?

抽搐(tic)是指全身或局部骨骼肌发作性的非自主的抽动或强烈收缩,属于不随意运动。当肌群收缩表现为强直性和阵挛性时,称为惊厥(convulsion),惊厥表现的抽搐一般为全身性、对称性,可伴有意识丧失。

### 一、病因

#### (一) 原发性

如癫痫发作。

#### (二) 脑部疾病

1. 感染 如脑炎、脑膜炎、脑脓肿、脑结核、脑灰质炎等。
2. 外伤 如产伤、颅脑外伤。

3. 肿瘤 包括原发性肿瘤、脑转移瘤。

4. 脑血管疾病 如脑出血、脑血栓形成、蛛网膜下腔出血、脑栓塞等。

5. 其他 如脑寄生虫病、先天性脑发育障碍等。

### (三) 全身性疾病

1. 感染 如败血症、中毒性菌痢、狂犬病、破伤风等;小儿高热惊厥主要由急性感染所致。

2. 中毒

(1) 外源性中毒:如酒精中毒、误食有毒物(如有毒菌类、有毒鱼类等)、农药中毒(有机磷等)、化学物品中毒(苯、铅、砷、汞等)。

(2) 内源性中毒:如肝性脑病、肾性脑病、肺性脑病等。

3. 心血管疾病 如高血压脑病、严重心律失常、阿 - 斯综合征等。

4. 代谢障碍 如低血钙、低血糖、子痫等。

5. 其他 如溺水、触电、窒息、热射病、缺氧,突然撤停抗癫痫、安眠药等。

## 二、临床表现

抽搐按其发作时表现形式可分为全身性抽搐、局部性抽搐及抽搐持续状态三类,临床表现各异。

### (一) 全身性抽搐

常表现为突然意识丧失,头后仰或转向一侧,眼球上翻或转向一侧,全身强直,四肢阵挛性抽搐,发作中由于呼吸肌强直,可发出尖叫,呼吸暂停,面唇发绀,瞳孔散大,尿便失禁。大多持续短暂,1 分钟左右,也可反复发作或呈持续状态。

### (二) 局部性抽搐

一般无意识障碍,表现为身体某一局部肌肉的连续性抽搐,多见于口角、眼睑、手指或足部。手足搐搦症是以双侧腕、踝关节剧烈屈曲、肌肉痉挛为特征,手部典型表现为呈“助产士手”(图 9-1)。持续时间多较短暂,极少数可长达数小时、数日。

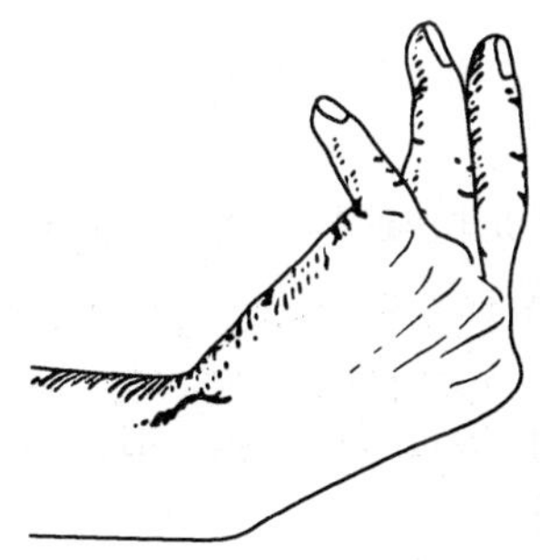

图 9-1 助产士手

### (三) 抽搐持续状态

全身强直 - 阵挛性抽搐或局部阵挛性抽搐连续发作,发作间隙越来越短,可伴体温升高,需要采取紧急措施控制发作。

## 三、诊断

### (一) 病史

1. 根据上述发病原因,仔细询问病史,尽快明确病因。

2. 应注意发病年龄,小儿伴高热的多为急性感染所致高热惊厥。

3. 自幼反复发作抽搐者,要考虑癫痫。

4. 中老年人有高血压和心脏病史者，要考虑心脑血管疾病。

5. 手足搐搦症多见于低血钙、低血糖（尤其伴糖尿病者）。

6. 伴发热者要考虑脑部感染或全身感染，高热伴有高温下作业史要考虑热射病。

### （二）体格检查

需要进行全面的体格检查，尤其要注意：

1. 生命指征　包括体温、脉搏、呼吸、血压、血氧饱和度、心率等。

2. 神经系统检查　包括神志、瞳孔、眼底、运动系统、脑膜刺激征、神经系统定位征等。

### （三）辅助检查

1. 一般检查　包括血常规、尿常规、血生化、脑脊液检查等。

2. 颅脑 CT 及 MRI　可发现颅内占位性病变、脑血管疾病等多种疾病。

3. 脑电图　尤其可作为诊断癫痫的重要依据。

4. 心电图（心电监测）　可发现严重心律失常，对诊断心源性抽搐有帮助。

## 四、急诊处理

### （一）急性发作期的处理

首要应立即终止抽搐，另外积极查明病因进行病因治疗。

1. 全身强直－阵挛性抽搐

（1）将患者平卧于空气流通处，使头偏向一侧以防吸入唾液及呕吐物，并解开衣扣。

（2）保持呼吸道通畅，吸氧，建立静脉通道。

（3）药物治疗：首选地西泮，成人 10~20mg 静脉注射，儿童 0.3~0.5mg/kg，以每分钟 3~5mg 速度静脉推注。如 15 分钟后复发可重复给药；10% 水合氯醛：成人 25~30ml，小儿 0.5~0.8ml/kg，加等量植物油保留灌肠；氯硝西泮：药效是地西泮的 5 倍，成人首次剂量 3mg 静脉注射，对各型癫痫状态疗效俱佳。

2. 抽搐持续状态

（1）首选地西泮 10~20mg 静脉注射或异戊巴比妥钠 0.5g，以 25% 葡萄糖液 20ml 稀释后，缓慢静脉注射，同时密切注意其呼吸抑制的副作用，发作控制后即停止静脉注射，改为肌内注射，每 2~4 小时重复一次。

（2）苯巴比妥钠 0.2g，肌内注射，每 6~8 小时重复一次，可与地西泮或异戊巴比妥钠交替使用，发作控制 24 小时后逐渐减量。

（3）处理脑水肿，以 25% 甘露醇 250ml 快速静脉滴注，15~30 分钟滴完，每 6~8 小时一次。

（4）纠正代谢障碍和水、电解质紊乱。

（5）吸氧。

（6）硫喷妥钠 0.5g 加 0.9% 生理盐水 20ml 缓慢静脉注射，时间不得少于 15 分钟，或者硫喷妥钠 0.5g 加 0.9% 生理盐水 500ml 缓慢静脉滴注。

（7）保持气道通畅：①定时吸痰、雾化；②化痰解痉药物：如氨茶碱、二羟丙茶碱等；③气管插管：一般在患者血氧饱和度低于 80% 时，应考虑经口（鼻）气管插管；④气管切开：主要应用于口（鼻）气管插管困难者，如破伤风发作所致的气道狭窄。

（8）对症、营养支持、纠正内环境紊乱。

3. 病因治疗　尽快明确病因，积极病因治疗，如抗感染、降颅压、降温、补钙、补充葡萄糖、抗心律失常、手术治疗等。

### （二）抽搐急性发作期处理流程

抽搐急性发作期处理流程见图 9-2。

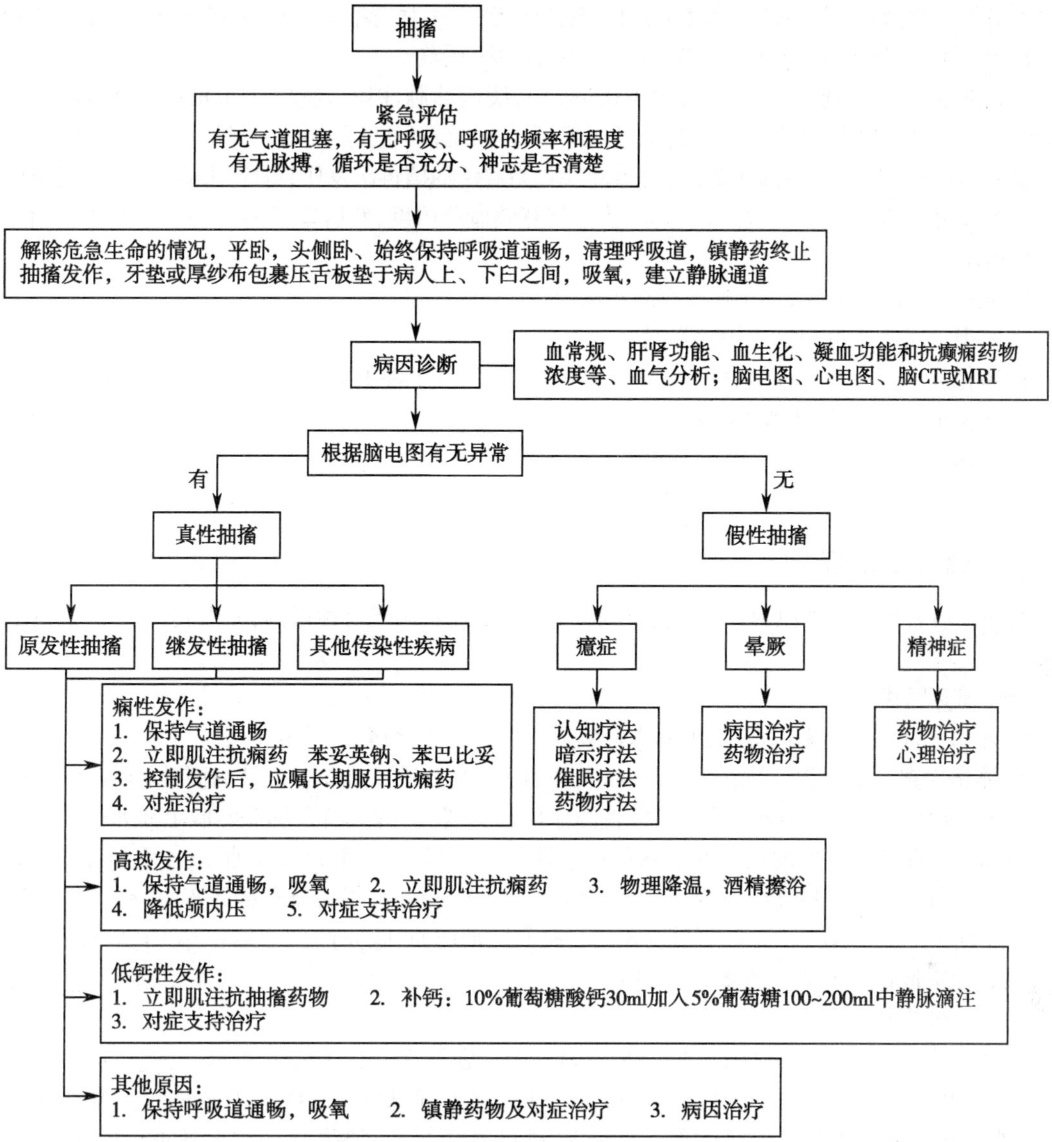

抽搐

↓

紧急评估
有无气道阻塞，有无呼吸、呼吸的频率和程度
有无脉搏，循环是否充分、神志是否清楚

↓

解除危急生命的情况，平卧，头侧卧、始终保持呼吸道通畅，清理呼吸道，镇静药终止抽搐发作，牙垫或厚纱布包裹压舌板垫于病人上、下臼之间，吸氧，建立静脉通道

↓

病因诊断 — 血常规、肝肾功能、血生化、凝血功能和抗癫痫药物浓度等、血气分析；脑电图、心电图、脑CT或MRI

↓

根据脑电图有无异常

有 → 真性抽搐 → 原发性抽搐 / 继发性抽搐 / 其他传染性疾病

痫性发作：
1. 保持气道通畅
2. 立即肌注抗痫药 苯妥英钠、苯巴比妥
3. 控制发作后，应嘱长期服用抗痫药
4. 对症治疗

高热发作：
1. 保持气道通畅，吸氧 2. 立即肌注抗痫药 3. 物理降温，酒精擦浴
4. 降低颅内压 5. 对症支持治疗

低钙性发作：
1. 立即肌注抗抽搐药物 2. 补钙：10%葡萄糖酸钙30ml加入5%葡萄糖100~200ml中静脉滴注
3. 对症支持治疗

其他原因：
1. 保持呼吸道通畅，吸氧 2. 镇静药物及对症治疗 3. 病因治疗

无 → 假性抽搐 → 癔症 / 晕厥 / 精神症

癔症 → 认知疗法、暗示疗法、催眠疗法、药物疗法

晕厥 → 病因治疗、药物治疗

精神症 → 药物治疗、心理治疗

图 9-2 抽搐急性发作期处理流程图

# 第二节 常见病因及处理

## 一、高热抽搐

### (一) 临床特点

高热抽搐，又称高热惊厥，是急诊常见的急性抽搐之一，好发于4个月至4岁小儿，占小儿抽搐病因的5%左右，成年人较为少见。在小儿时期发生抽搐的患者成年后可再次发作。多因上呼吸道感染、支气管炎、肺炎引起，某些急性传染病如麻疹、菌痢等也会诱发。高热抽搐可有明显的家族史。

### (二) 急诊处理

急救原则：迅速控制抽搐，降低体温，防止抽搐性脑损伤，减少后遗症。

1. 急诊一般处置 ①抽搐发作时，立即将患者置于侧卧位或仰卧位，头偏向一侧防止呕吐物吸入。保持呼吸道通畅，及时吸去咽部分泌物，避免发生吸入性肺炎或窒息；②松解衣领、裤带，抢救时

减少不必要的刺激；③注意防止舌咬伤，如牙关紧闭者，不可强行撬开，以免损伤牙齿；④加强监护，注意观察患者体温、呼吸、血压、肤色、瞳孔，防止患者坠床、受伤。

2. 控制抽搐 首选地西泮，可用0.3~0.5mg/kg，缓慢静脉注射，速度<1ml/min，也可肌内注射(注意6个月以下婴儿慎用，用药不当会造成呼吸停顿)。无效者可间隔15~30分钟重复1次，或加用10%水合氯醛0.4~0.6ml/kg，保留灌肠或两者交替使用，为避免抽搐再次发作，可应用苯巴比妥作维持治疗，首次先给负荷量5mg/kg肌内注射，使其尽快达到有效血药浓度，然后口服3~7mg/(kg·d)维持治疗，以免抽搐再发。

3. 氧疗 应尽早吸氧，以迅速改善组织缺氧。

4. 降温 立即采取药物或物理降温。

5. 降低颅内压 对于频繁、持续抽搐出现脑水肿者，静脉注射20%甘露醇1~1.5g/kg，每6~8小时一次，和(或)静脉注射呋塞米1mg/kg。

6. 应用抗生素控制感染，治疗原发病。

7. 纠正水、电解质与酸碱平衡紊乱。

## 二、低钙性抽搐

低钙性抽搐是指各种原因造成的血钙降低，导致神经肌肉兴奋性增高，而引起的双侧肢体强直性痉挛。

### (一) 临床特点

1. 症状 可有口周麻木感、指尖麻木针刺感、喉喘鸣、肌肉痉挛、手足搐搦。

2. 体格检查 ①意识清醒；② Chvostek征阳性，即敲击耳屏前方2cm处的面神经，发生口角抽搐及眼鼻面肌抽搐；③ Trousseau征阳性，即将测血压袖套置于一侧上臂，膨胀至收缩压水平，可引起尺测神经和正中神经所支配的前臂和手腕肌痉挛性收缩，引起该侧手和腕部抽搐；④手足搐搦，即间歇性双侧上肢和手部肌肉强直性痉挛，手指伸直内收，拇指对掌，掌指关节和腕部弯曲，常伴有肘部关节伸直和外旋，呈典型"助产士手"，下肢受累时足趾和踝部屈曲，膝伸直。

3. 实验室检查 血清总钙<2.2mmol/L。

### (二) 急诊处理

一般出现抽搐症状表明血钙水平已降至很低，应加强补钙、积极治疗原发病。

1. 静脉补钙 10%的葡萄糖酸钙或5%的氯化钙静脉注射，静脉注射时间控制在10分钟以上，必要时可8~12小时重复注射。注意监测心率，防止心律失常。注射速度<1.25mmol/min (50mg/min)。

2. 口服补钙 乳酸钙、枸橼酸钙、碳酸钙口服并加用维生素D，以促进钙离子在肠道内的吸收。

3. 控制抽搐 反复抽搐者给予吸氧，可选用地西泮、苯巴比妥或10%水合氯醛等治疗。

## 三、癫痫

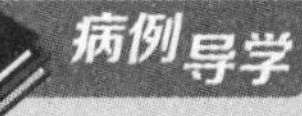


患者，男，27岁，2年来时有意识突然丧失，全身强直，呼吸暂停，瞳孔散大，咬舌，四肢痉挛性抽搐，大、小便失禁，发作约半分钟可自行停止或呈持续状态。

问题：1. 该患者最可能的初步诊断是什么？

2. 抽搐发作时急诊如何处理？

癫痫(epilepsy)是大脑神经元过度异常放电所致的短暂性脑功能障碍，具有突然发生，反复发作的特点。一次突然异常放电所致的中枢神经功能障碍称为痫性发作。以儿童及青少年居多，20岁以后发病率降低，老年人又有上升的趋势。

### (一) 临床特点

癫痫发作的临床类型繁多,常见类型的临床表现如下。

1. 强直–阵挛性发作(大发作)　突然意识丧失,伴尖叫,全身肌肉强直性收缩,伴呼吸暂停,面色青紫,两眼上翻,瞳孔扩大。随后很快出现全身肌肉节律性强力收缩(即阵挛),持续数分钟或更长时间后抽搐突然停止。发作过程常伴有牙关紧闭,大小便失禁,口鼻喷出白沫。一次发作可达数分钟,事后一般无记忆。

2. 失神性发作(小发作)　见于儿童,表现为突然意识短暂中断,停止原来的活动,呼之不应,双目凝视。持续30秒左右,意识迅速恢复,对发作无记忆。

3. 单纯部分性发作　不伴有意识障碍。部分运动性发作表现为一侧口角、手指或足趾、足部肌肉的发作性抽搐,也可扩至邻近部位;部分感觉性发作常表现为口角、舌部、手指或足趾的麻木感和针刺感,也可表现为简单的幻觉,精神性发作表现为恐惧、忧郁、各种错觉及复杂幻觉。

4. 复杂部分性发作(精神运动性发作)　发作起始有错觉、幻觉等精神症状及特殊感觉症状。发作时患者与外界环境失去接触,做一些无意识的动作(称自动症)如吸吮、舔唇、抚摸衣扣或机械地重复发作前的动作,甚至突然外出、大吵大闹、脱衣、跳楼等。

5. 癫痫持续状态　任何一类发作若连续或反复发作之间意识不完全恢复者,称为癫痫持续状态。发作连续30分钟以上不能自行停止,可引起不可逆性脑损伤,致残和致死率高。大发作的持续状态最严重,是内科常见的急症。

### (二) 急诊处理

1. 急诊一般处置

(1)将患者置于安全处,解开衣扣,让患者头转向一侧,以利于口腔分泌物流出,防止误吸。

(2)保持呼吸道通畅,吸氧。

(3)患者在张口状态下,可在上下臼齿垫以软物,以防止舌头咬伤。

(4)抽搐时轻按四肢固定,以防误伤及脱臼。

(5)监测呼吸、血压、脉搏、体温、氧饱和度等,有条件的可进行脑电监测。

2. 全身强直–阵挛性发作持续状态的处理　处理原则为迅速控制抽搐,立即终止发作。可选择下列药物控制抽搐:

(1)地西泮(安定):为首选药物。成人10~20mg/次,儿童0.25~0.5mg/kg,以2~5mg/min的速度静脉注射。地西泮100mg+5%葡萄糖液(或生理盐水)500ml,以40ml/h静脉滴注,直到发作停止。15~20分钟后可重复给药,24小时总量不得超过40~50mg。注意观察呼吸情况,地西泮有时可抑制呼吸。

(2)氯硝西泮(氯硝安定):起效快,一般首次用量0.5mg口服,每5天增加0.5~1mg,成人<20mg/d,静脉滴注或过渡至口服。副作用是对呼吸和心脏的抑制,应用时需严密观察。

(3)苯妥英钠:成人首次剂量150~250mg,儿童5~10mg/kg,以生理盐水做溶剂,静脉注射,速度不超过25mg/min,以免发生低血压、心律失常。

(4)利多卡因:如上述药物仍不能控制发作可选用利多卡因,先以50~100mg溶于10%葡萄糖10~20ml,静脉注射,速度<25~50mg/min;然后用2~4mg/(kg·h),静脉滴注1~3天,应用时行心脏监测。该药起效快,不降低意识水平,但偶尔可发生心脏停搏,有心脏传导阻滞及心动过缓者慎用。

(5)异戊巴比妥钠(阿米妥钠):应用地西泮、苯妥英钠静脉注射不能控制时,可采用此药,用灭菌注射用水或氯化钠注射液溶解成5%的溶液,肌内注射或缓慢静脉注射,成人用量0.1~0.25g/次,儿童<12岁用3~5mg/kg,>12岁用法同成人。

(6)其他药物:水合氯醛、苯巴比妥及丙戊酸钠均可酌情选择使用。

3. 治疗脑水肿　癫痫反复发作引起脑水肿,脑水肿又会加重癫痫发作,故需应用甘露醇、地塞米松等减轻脑水肿。

4. 其他　包括维持呼吸、循环功能,纠正水、电解质及酸碱平衡紊乱,控制高热,抗感染等。

## 本章小结

抽搐，是指全身或局部骨骼肌的非自主抽动或强烈收缩，是常见急症。抽搐的病因复杂，包括脑部疾病和全身性疾病，抽搐的临床表现主要有全身性抽搐、局部性抽搐及抽搐持续状态三种形式。临床常见抽搐急症主要有高热抽搐、低钙性抽搐、癫痫发作等。虽然抽搐的病因繁多，但急性发作期的处理原则相似，即立刻终止抽搐，常用药物包括地西泮（安定）、氯硝西泮（氯硝安定）、苯妥英钠、利多卡因、异戊巴比妥钠（阿米妥钠）等，同时监测生命体征，保持呼吸道通畅，积极查明病因，进行病因治疗和对症处理。

## 病例讨论

病例讨论

患儿，男，3岁，发热3小时伴抽搐1次。患儿近3小时来发热，体温39.3℃，半小时前发作抽搐1次，抽搐时意识不清，双眼上翻，吐白沫，四肢屈曲不动，持续约10分钟后缓解，抽搐缓解后活动正常，无呕吐，遂来急诊。1年前“感冒”后曾有类似发作1次，无头部外伤等病史，父母健康。查体温39.4℃，呼吸30次/分，脉搏140次/分，意识清，营养发育良好，精神好，双瞳孔等大等圆，光反应正常，无皮疹，咽部充血红肿，心肺未见异常，腹平软，肝脾未及，颈部抵抗（-），巴氏征（-），四肢温暖。入院后再次出现抽搐。

（岳淑英）

扫一扫，测一测

## 思考题

1. 抽搐持续状态指什么？
2. 抽搐急诊处理流程是什么？

# 第十章 出 血

**学习目标**

1. 掌握：消化道出血、咯血、血尿的定义及急诊处理。
2. 熟悉：消化道出血、咯血的急救措施；出血的常见原因；上消化道出血与下消化道出血鉴别。
3. 了解：出血严重程度分级，以及出血停止判断；急诊胃镜下止血适应证。
4. 具备与患者及家属进行良好的沟通能力；具有严谨的工作态度，正确开展健康教育。

出血（bleeding）的原因可能为某种病变或损伤导致局部血管破裂，或血液系统原发或继发性病变导致止血、凝血或纤溶系统功能障碍。根据损伤的血管类型分为动脉出血、静脉出血、毛细血管出血，大出血可导致失血性休克，重要器官出血可导致死亡。

## 第一节 消化道出血

**病例导学**

患者，男，56岁，1个月前自觉有上腹部不适症状，偶有嗳气，反酸，口服西咪替丁有好转，大便色黑，1~2次/天，仍成形，未予注意。1天前患者进食烤馒头后，觉上腹部不适，伴有恶心，并有便意，排出柏油便约300g，并呕鲜血约300ml。既往有乙肝病史10余年。

问题：1. 该患者的入院诊断是什么？
2. 对该患者如何处理？

消化道出血为临床常见的急症，出血量超过1000ml或血容量减少20%以上，可危及生命。消化道出血可以发生在任何年龄，但以40~70岁为多见。消化道出血以屈氏韧带（Treitz韧带）为界分为上消化道出血与下消化道出血。上消化道出血包括食管、胃及十二指肠等部位的出血，以呕血（hematemesis）为主要症状。下消化道出血包括小肠、结肠和直肠部位的出血，以黑便或便血（hematochezia）为主要症状。

### 一、上消化道出血

上消化道出血男性多于女性（约为2∶1），临床实践中上消化道出血较下消化道出血常见。

### （一）病因与分类

上消化道疾病及全身性疾病均可引起上消化道出血，见表 10-1。最常见的病因是消化性溃疡、食管胃静脉曲张、急性胃黏膜病变和胃癌。

表 10-1 上消化道出血病因分类

| 病变分类 | 常见病因或诱因 |
| --- | --- |
| 溃疡 | 消化性溃疡、胃泌素瘤 |
| 食管胃静脉曲张 | 肝硬化（门静脉高压） |
| 急性胃黏膜病变 | 非甾体抗炎药、肾上腺皮质激素、酗酒、机体应激状态 |
| 肿瘤 | 胃癌、食管癌、胃息肉、胃淋巴瘤、胃平滑肌肿瘤 |
| 炎症 | 胃、食管、十二指肠炎、憩室炎、胃空肠吻合术后 |
| 损伤 | 异物、器械检查、放射性损伤、化学损伤、创伤 |
| 血管异常 | 胃血管瘤、动静脉畸形、胃黏膜下恒径动脉破裂 |
| 邻近器官或组织疾病 | 胆道出血、胰腺疾病、主动脉瘤、纵隔肿瘤 |
| 全身疾病 | 出血性疾病、过敏性紫癜、白血病、风湿性疾病、尿毒症 |
| 其他 | 食管贲门黏膜撕裂综合征、胃黏膜脱垂症、胃扭转 |

### （二）临床表现

1. 呕血及便血　上消化道急性大量出血多数表现为呕血，多呈咖啡样胃内容物，如出血量大，出血速度快，呈暗红色，甚至鲜红色，可有血凝块。上消化道出血后均有黑便，即柏油样便。

2. 周围循环衰竭　上消化道急性大出血因循环血容量骤减而导致周围循环衰竭，患者表现为头昏、乏力、心悸、恶心、晕厥、肢体冷、面色苍白、脉速、血压降低；出现休克时，伴有烦躁不安、精神萎靡、四肢湿冷、呼吸急促、意识障碍、少尿或无尿。少数患者无明显出血表现，出现周围循环衰竭，应考虑消化道大出血。

3. 贫血　上消化道大量出血后均有失血性贫血，贫血出现的速度和程度主要取决于失血的程度。在出血的早期，外周血血红蛋白浓度、红细胞计数与血细胞比容可无明显变化。慢性消化道出血可能仅表现为贫血，可出现头晕、乏力、活动后气促、心悸等。

4. 发热　上消化道出血多数患者在 24 小时内出现低热，可持续数日。发热的原因可能与血容量减少、贫血、周围循环衰竭、消化道内血液分解和分解产物吸收等因素导致体温调节中枢功能障碍有关。

5. 氮质血症　上消化道出血后大量血液蛋白质的消化产物在肠道被吸收，使血尿素氮升高（肠源性氮质血症）。失血使肾血流量暂时性减少，导致氮质潴留（肾前性氮质血症）。一般在纠正低血压、休克后，血尿素氮可迅速降至正常。但严重休克可造成急性肾损伤。

### （三）实验室检查与辅助检查

1. 实验室检查

（1）隐血试验：大便或呕吐物隐血试验强阳性，是诊断消化道出血的重要依据。

（2）血常规：急性出血患者血红蛋白会有不同程度下降，多为正细胞正色素性贫血，血细胞比容降低。但急性出血因早期血液浓缩，血红蛋白及血细胞比容可正常，补液扩容治疗后会明显下降。

（3）血尿素氮：一般在出血数小时后血尿素氮开始上升，约 24~48 小时达高峰。大多不超出 14.3mmol/L，3~4 日后降至正常。

（4）其他：根据原发病及并发症的不同，可伴有血常规、凝血功能、肝功能或肾功能的变化。

2. 辅助检查

（1）胃镜检查：是目前诊断上消化道出血病因的首选方法。多主张在出血后 24~48 小时内进行。

（2）X 线钡剂检查：适用于慢性出血或出血已停止，病情已稳定的病例。对怀疑病变在十二指肠降段以下小肠段，有特殊诊断价值。

(3)选择性血管造影:适用于紧急内镜检查未能确诊的活动性出血。可用于确定消化道出血的部位和病因诊断以及介入治疗。一般每分钟至少要有 0.5ml 含有显影剂的血量自血管裂口溢出,才能显示出血部位。

(4)放射性核素显像:放射性核素 99mTc(锝)标记自身红细胞后扫描测定放射性核素从血管内溢到肠腔的情况,常用于下消化道出血的初筛定位,有助于上、下消化道出血的鉴别。

### (四) 鉴别诊断

1. 判断是否有消化道出血　根据消化系统疾病病史,呕血、黑便和失血性周围循环衰竭等临床表现,呕吐物或便隐血试验呈强阳性,血红蛋白浓度、红细胞计数及血细胞比容下降的实验室证据,可作出消化道出血的诊断。但必须排除消化道以外的出血因素:注意咯血与呕血的鉴别,排除口、鼻、咽喉部出血,排除是否进食引起的黑便(如动物血、炭粉、铁剂或铋剂等药物)。

2. 判断上消化道还是下消化道出血　呕血、黑便多提示上消化道出血,而血便大多来自下消化道出血。但上消化道短时间内大量出血亦可表现为暗红色甚至鲜红色的血便。上、下消化道出血的鉴别见表 10-2。

表 10-2　上、下消化道出血的鉴别

| 鉴别要点 | 上消化道出血 | 下消化道出血 |
|---|---|---|
| 病史 | 呕血史,曾有溃疡,肝、胆疾病史 | 常有下腹痛、排便异常、血便史 |
| 出血先兆 | 上腹痛、恶心、呕吐 | 中下腹不适、下坠感 |
| 出血方式 | 呕血伴柏油样便 | 便血,无呕血 |
| 便血特点 | 柏油样便,无血块 | 暗红或鲜红色,量多时可有血块 |

3. 出血量的估计　成人每日消化道出血量 >5~10ml,粪便隐血试验出现阳性;每日出血量 50~100ml 可出现黑便。胃内蓄积血量在 250~300ml 可引起呕血。一次出血量不超过 400ml 时,一般不会引起全身症状。出血量超过 400~500ml,可出现全身症状,如头昏、心慌、乏力等。短时间内出血量超过 1000ml,可出现周围循环衰竭的表现。

4. 病情程度评估　病情程度分级根据年龄、有无伴发病、失血量等指标,急性上消化道出血可分为轻、中、重度,见表 10-3。

表 10-3　急性上消化道出血病情程度分级

| 分级 | 年龄(岁) | 伴发病 | 失血量(ml) | 血压(mmhg) | 脉搏(次/分) | 血红蛋白(g/L) | 症状 |
|---|---|---|---|---|---|---|---|
| 轻度 | <60 | 无 | <500 | 基本正常 | 正常 | 无变化 | 头昏 |
| 中度 | <60 | 无 | 500~1000 | 下降 | >100 | 70~100 | 晕厥、口渴、少尿 |
| 重度 | >60 | 无 | >1500 | 收缩压 <80 | >120 | <70 | 肢冷、少尿、意识模糊 |

5. 判断是否继续出血　如出现下列表现,应认为有继续出血:

(1)反复呕血、黑便次数及量增多,或排出暗红甚至鲜红色的血便。

(2)胃管抽出物含有较多的鲜血。

(3)在 24 小时内经积极输液、输血等治疗后血压和脉搏仍不能稳定,一般状况未见改善;或经过迅速输液、输血后,中心静脉压仍在下降。

(4)血红蛋白、红细胞计数与血细胞比容持续下降,网织红细胞计数、血尿素氮持续增高。

### (五) 急诊处理

1. 处理原则

(1)监测出血征象和生命体征,评估出血量、是否有活动性出血、病情程度和预后。

(2)积极补充血容量,及时止血、预防并发症。

(3)治疗针对病因,防止再出血,及时专科会诊处置。

2. 一般急救处理 卧床休息,保持安静。立即建立静脉输液通道,严密监测出血情况与生命体征,必要时行中心静脉压测定。频繁呕血或疑有食管胃底静脉破裂出血者则需禁食,可留置鼻胃管监测出血情况。

3. 积极扩容 根据失血的多少在短时间内输入足量液体,以纠正血液循环量的不足。是治疗上消化道出血的最重要措施。常选用生理盐水、林格液、右旋糖酐或其他血浆代用品。出现下列情况应紧急输血:改变体位时出现晕厥或血压下降;血红蛋白浓度低于 70g/L;收缩压低于 90mmHg。

4. 控制活动性出血 根据出血病因和部位不同,进行相应的止血治疗。急性上消化道出血急诊救治流程见图 10-1。

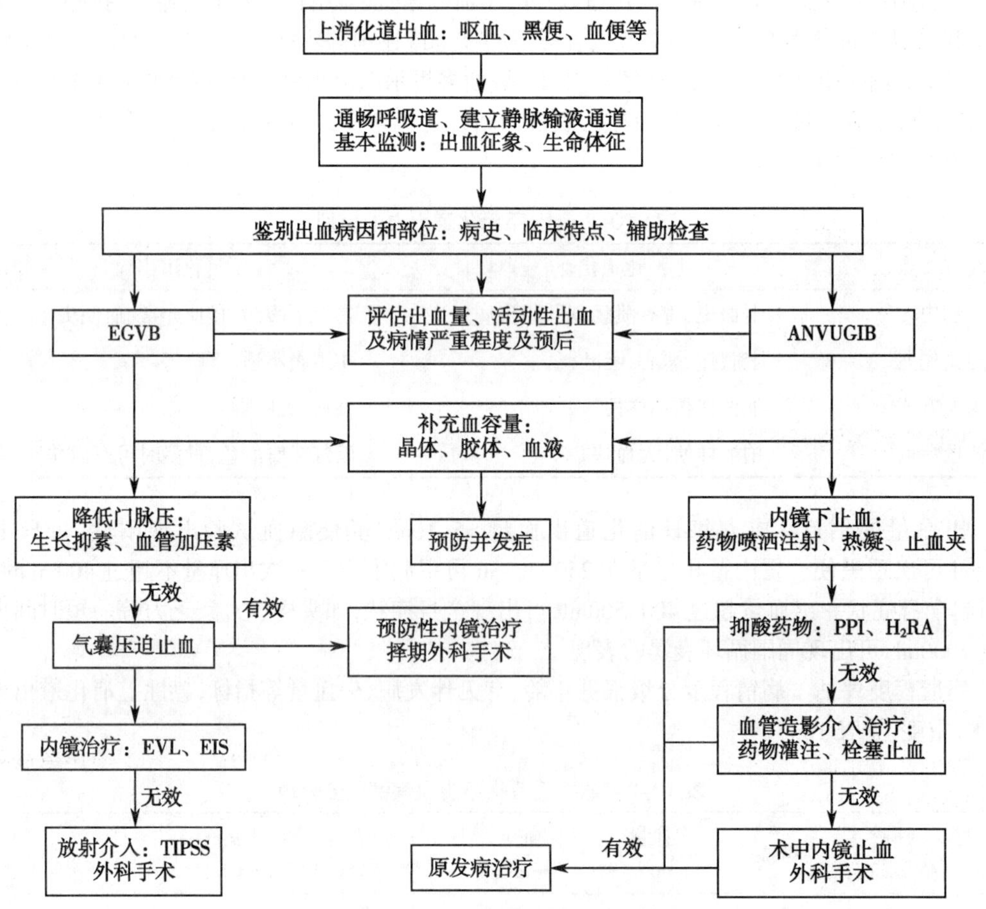

图 10-1 急性上消化道出血急诊救治流程图

5. 防治并发症 防止吸入性肺部感染,防止输液、输血量过快、过多导致急性肺水肿,保护肾脏等器官功能,防治水电解质和代谢紊乱。

### (六) 消化性溃疡出血的止血措施

1. 内镜下止血 内镜止血起效迅速、疗效确切,应作为消化性溃疡出血的首选止血措施。可根据病变的性质选用药物喷洒和注射、热凝和止血夹等介入治疗。

2. 药物止血

(1) 抑酸药物:通过抑制胃酸分泌,提高胃内 pH,对消化性溃场发挥治疗作用,促进血小板聚集和纤维蛋白凝块的形成,避免血凝块过早溶解,有利于止血和预防再出血,应常规使用。常用药物:①质子泵抑制剂(PPI):如奥美拉唑、兰索拉唑等。奥美拉唑用量为 40~80mg,每日 1~2 次静脉注射。② $H_2$ 受体拮抗剂($H_2RA$):如西咪替丁每次 200~400mg。每 6 小时 1 次;雷尼替丁每次 50mg,每 6 小时 1 次;或法莫替丁每次 20mg,每 12 小时 1 次,静脉滴注。

(2) 其他止血药物:对消化性溃疡出血的确切疗效仍有待证实,不作为首选措施。①对有凝血功能障碍者,可静脉注射维生素 $K_1$。②为防止继发性纤溶,可用氨甲苯酸等抗纤溶药。③经胃管灌注硫糖铝混悬液或冰冻去甲肾上腺素溶液(去甲肾上腺素 8mg 加入冰生理盐水 100~200ml)。④可酌情使用云南白药、血凝酶、凝血酶(口服或局部用)、生长抑素类。

3. 血管造影介入止血 选择胃左动脉、胃十二指肠动脉、脾动脉或胰十二指肠动脉血管造影,针对造影剂外溢或病变部位经血管导管超高度选择灌注血管加压素或去甲肾上腺素止血,或进行明胶海绵栓塞止血。

4. 手术止血 经药物和介入治疗无效者,病情紧急可考虑手术,并可结合术中内镜止血治疗。

### (七) 食管胃静脉曲张出血的止血措施

1. 药物止血

(1) 生长抑素:通过抑制胰高血糖素等扩血管激素的释放,间接收缩内脏血管,减少静脉血流和压力、奇静脉血流和曲张静脉内压力;目前用于临床的有:① 14 肽生长抑素,半衰期极短,首剂 250μg 静脉注射,继以 250μg/h 持续静脉滴注,维持 3~5 日,如仍有出血,可增加剂量至 500μg/h 维持。② 8 肽的生长激素同类物,如奥曲肽(octreotide),半衰期较长,首剂 50μg 缓慢静脉注射,继以 25~50μg/h 静脉滴注维持,持续应用 3~5 天。

(2) 血管加压素:血管加压素减少门脉血流量、门体侧支循环血流量和曲张静脉压力。但有明显的增加外周阻力、减少心排血量和冠状动脉血流量等副作用。临床常用的有:①血管加压素,一般首剂 0.4U/kg 静脉注射后,以每分钟 0.4~1.0U/kg 持续静脉滴注,联合硝酸甘油 10~50μg/min 静脉滴注。②三甘氨酰赖氨酸加压素,对门静脉药理效应较持久。一般首剂 2mg 缓慢静脉注射后,每 4 小时静脉注射 1mg,持续 24~36 小时或直至出血被控制。

2. 内镜下止血 经内镜注射硬化剂(如鱼肝油酸钠、乙醇胺),既可控制急性出血,又可以治疗食管静脉曲张。经内镜向胃曲张静脉内注入组织胶、纤维蛋白胶等,是用于胃曲张静脉出血的止血方法之一。

3. 三腔二囊管压迫止血 将三腔二囊管插入上消化道内,将胃气囊和食管气囊充气以压迫曲张静脉达到止血目的,用于控制急性出血。三腔管进入胃腔后先抽出胃内积血,然后注气入胃囊,向外加压牵引,用以压迫胃底。若未能止血,再注气入食管囊,压迫食管曲张静脉。持续压迫时间最长不应超过 24 小时,放气解除压迫一段时间后,必要时可重复充盈气囊恢复牵引。

4. 放射介入治疗 放射介入疗法如经颈静脉肝内门体分流术(TIPS)可有效地控制出血,适用于对药物和内镜治疗难以控制的曲张静脉出血和等待肝移植的患者,有增加肝性脑病的危险。

5. 外科手术止血 在药物和内镜治疗无效、无法施行放射介入治疗的情况下,可使用急诊外科手术控制曲张静脉出血和预防再出血,效果确实,但围术期病死率高,术后肝性脑病发生率高。

## 二、下消化道出血

下消化道出血包括小肠、结肠和直肠部位的出血,以黑便或便血为主。下消化道出血为各种下消化道疾病的最常见症状,也可能是全身性疾病在下消化道的表现之一。临床上最常见的病因是大肠癌、肠道息肉、炎症性病变、血管病变和憩室,其中小肠出血量比大肠出血少见,且诊断较为困难。

### (一) 病因及临床表现

1. 憩室出血 空肠憩室出血为下消化道出血的重要原因之一,可表现为急性发作的大量呕血或鲜血便,亦可呈慢性间歇性柏油便或呕吐咖啡样物。

2. 肠道血管畸形 肠道血管畸形包括动静脉畸形、血管扩张、血管瘤、血管发育不良等。

3. 肿瘤出血 为下消化道出血的第三大常见原因。10% 的结肠癌和 35% 的直肠癌可发生出血。

4. 炎症出血 急性出血性肠炎又称急性坏死性肠炎,病变主要在空肠或回肠,偶尔可累及结肠。诊断可根据突然的腹痛、腹泻、便血及呕吐,伴中等度发热,或突然腹痛后出现休克症状,特别是患者排有腥臭味洗肉水样便,而没有明显里急后重时,应考虑急性出血性坏死性肠炎的可能。

5. 良性的肛门直肠疾病 此类疾病主要见于肛裂和痔。

### (二) 急诊处理

1. 药物止血 可用抗纤溶药物,云南白药、凝血酶口服。可局部应用止血药物。

2. 内镜下止血 可在直肠镜、乙状结肠镜、纤维结肠镜下局部喷洒药物、电凝、激光等治疗。

3. 血管造影介入 经造影导管选择性动脉灌注血管加压素或栓塞物，可以有效止血，对出血原因不明或药物治疗无效的下消化道出血具有诊断和治疗的双重作用。

4. 外科手术止血 活动性出血量多，其他方法止血效果不佳，同时伴血流动力学不稳定者考虑急诊手术。如诊断明确为结肠癌，应尽可能行择期手术。

## 第二节 咯 血

患者，男，28 岁，慢性咳嗽、大量脓痰反复咯血 5 年，近一周来因感冒后症状加剧，昨晚咯血 300ml 入院，患者童年时曾患支气管炎，

查体：T 38.5℃，P 96 次 / 分，R 24 次 / 分，BP 90/60mmHg。消瘦贫血貌，右下胸部可闻及固定、持久的粗湿啰音，心律齐，未闻及病理性杂音，轻度杵状指。

问题：1. 该患者的入院诊断是什么？

2. 对该患者如何处理？

咯血（hemoptysis）是指喉腔、气管、支气管和肺组织出血，血液经咳嗽由口腔咯出的一种症状。患者常有喉部痒感，血呈弱碱性，色鲜红，泡沫状，多混有痰液。临床根据咯血量分为：痰中带血、少量咯血（24 小时咯血量少于 100ml）、中等量咯血（24 小时咯血量 100~500ml）和大咯血（一次咯血 >200ml 或 24 小时咯血量达 500ml 以上）。大量咯血可引起肺泡淹溺和（或）气道阻塞，因窒息、低氧血症而致死亡。

### 一、病因与分类

少量咯血多由于剧烈咳嗽或炎症导致气管支气管毛细血管破裂所致，而大咯血多由于支气管破裂引起。大咯血以内科疾病如肺结核、支气管扩张、肺癌和肺炎多见，约占大咯血的 90%，其中感染或恶性肿瘤占 70%。咯血的病因与分类见表 10-4。

表 10-4 咯血病因与分类

| 出血部位 | 疾病 |
|---|---|
| 较小支气管结构 | 支气管扩张症、结核、肿瘤、支气管炎症 |
| 气管和大支气管 | 原发性肿瘤、支气管囊肿、重症急性支气管炎 |
| 肺实质 | 原发或转移瘤、肺梗死、肺脓肿、急性肺炎 |
| 心血管 | 左心衰竭、二尖瓣狭窄、肺栓塞、原发性肺动脉高压 |
| 咽部和喉部 | 淋巴瘤、癌症、结核性溃疡 |
| 出凝血障碍 | 血小板减少、弥散性血管内凝血、维生素 K 依赖因子缺乏 |
| 全身性疾病 | 流行性出血热、钩端螺旋体病（肺出血型），白血病等 |

### 二、发病机制

肺动脉内压力较低仅为主动脉压力的 1/6 左右，但血管床丰富，血流量大。全身血液约 97% 流经肺动脉进行气体交换，因而肺动脉出血的机会较多。支气管动脉管径较细，但其动脉来自体循环胸主动脉发出，因此压力较高，破裂后可引起大出血，咯血的机制主要有下面几种：

1. 血管通透性增加 由于肺部的感染，中毒或血管栓塞，病原体及其代谢产物可对微血管产生直接损害或通过血管活性物质的作用使微血管壁通透性增加，红细胞自扩张的微血管内皮细胞间隙进入肺泡而引起小量咯血。

2. 血管壁侵蚀破裂 肺部慢性感染使血管壁弹性纤维受损，局部形成小动脉血管瘤，在剧烈咳嗽或动作时血管瘤破裂而大量出血，常造成窒息，突然死亡。此种血管瘤多见于空洞性肺结核。

3. 肺血管内压力增高 风湿性心脏病二尖瓣狭窄、肺动脉高压、高血压心脏病等情况下肺血管内压力增高，可造成血液外渗或小血管破裂而引起咯血。

4. 凝血功能障碍 常见于血小板减少性紫癜、白血病等血液病，由于凝血因子缺陷或凝血过程障碍以及血管收缩不良等因素，在全身性出血倾向的基础上也可能出现咯血。

5. 机械性损伤 外伤或肺结核钙化灶，支气管结石对血管的机械性损伤引起咯血。

## 三、临床表现

起病较急，初次咯血者常常精神高度紧张，恐惧。大多数患者咯血量为小至中等量，少数患者由于病变侵犯较大静脉或动脉可发生大咯血，甚至引起气道阻塞导致窒息。不同原因所致咯血可有不同的伴随症状，常见咯血的病因与临床特点见表 10–5。

表 10–5 常见咯血的病因与临床表现

| 病因 | 病史 | 体检 |
|---|---|---|
| 气管、肺部感染 | 有发热，咳嗽，咳痰，流行病学及接触史 | 肺部啰音或实变 |
| 心血管病 | 有心瓣膜病或高血压病史、肺动脉高压、肺水肿 | 心脏杂音、颈静脉扩张、肺部啰音、心衰表现 |
| 肺栓塞 | 起病急、胸痛、创伤或手术、深静脉炎史 | 心动过速、发绀、胸腔积液、静脉炎等肺部及转移征象 |
| 肺癌出血性疾病 | 注意年龄、吸烟史、呼吸道症状 | 肺部及转移征象 |
| | 贫血、血液病、血小板异常史 | 面色苍白、出血倾向 |

## 四、实验室检查与辅助检查

1. 痰检查 有助于发现结核杆菌、真菌、细菌、癌细胞、寄生虫卵、心力衰竭细胞等。

2. 血常规、出凝血功能检查 有助于出血性疾病诊断。

3. 影像学检查

(1) X 线检查：咯血患者均应做 X 线检查，可初步判断胸部病变的性质及出血部位。

(2) CT 检查：可显示次级肺小叶为基本单位的细微结构，可明确病变性质及范围，基本上已代替原有的支气管造影，高分辨 CT 及核素扫描可明确心肺血管病变及占位性病变。

(3) 纤维支气管镜检查：原因不明的咯血或支气管阻塞肺不张的患者应考虑支气管镜检查，可在直视下取活体组织病理检查或异物取出，血液和痰液吸出，同时可行局部灌洗。

(4) 放射性核素：有助于肺癌与肺部其他肿物的鉴别。

## 五、诊断及鉴别诊断

咯血是临床常见症状，很多疾病均可引起咯血，主要有下列几种进行鉴别诊断：

### （一）呼吸系统疾病

1. 肺结核 多见青壮年人。①呼吸症状：咳嗽，干咳或咳少量痰，出现空洞或伴有感染时痰液量增多，痰中带血或大咯血，胸痛常为一侧，随呼吸或咳嗽加重，大量胸腔积液可出现呼吸困难。②全身中毒症状：发热，常见午后低热，亦可见中、高热，可伴盗汗、乏力、食欲降低、体重减轻等。③体征：与病变的性质和范围有关，大量胸腔积液可有气管移位、叩诊浊音、听诊呼吸音消失、语音共振减弱或消失。干酪性肺炎除有肺实变体征外，还可能听到细小湿啰音。出现较大空洞可听到支气管呼吸音等。④病原学检查：痰液检查可发现结核分枝杆菌可明确诊断。⑤ X 线和 CT 检查在肺结核的诊断上有很高的价值，支气管镜检查直视下可见支气管结核病灶。

2. 支气管扩张 咯血的常见病因之一，临床特点：①病史：患者幼年常有麻疹，百日咳，支气管肺炎，肺结核等病史，以后常有反复发作的呼吸道感染。②症状：慢性咳嗽伴大量脓性痰、反复咯血，肺

部同一部位反复感染。大量脓痰与体位改变有关,如晨起或入夜卧床时咳嗽痰量增多。呼吸道感染急性发作时,每日可咳数百毫升黄绿色脓痰。多数患者有程度不等的反复咯血,从痰中带血至大量咯血,咯血量与病情严重程度、病变范围有时不一致。③体征:病变重或继发感染时常可闻及下胸部、背部固定而持久的局限性粗湿啰音,有时可闻及哮鸣音。结核引起的支气管扩张多见于肩胛间区,咳嗽时可闻及干湿啰音。部分慢性患者伴有杵状指(趾)、肺气肿征。④辅助检查:痰细菌学培养:常为铜绿假单胞菌、金黄色葡萄球菌、流感嗜血杆菌、肺炎链球菌、卡他莫拉菌等;胸部X线检查:轻症仅有一侧或双侧下肺纹理局部增多、增粗、排列紊乱现象。轨道征是支气管柱状扩张典型的X线表现,系增厚的支气管壁影,囊状扩张特征性改变为卷发样阴影,表现为粗乱肺纹理中有多个不规则的蜂窝状透亮阴影,感染时阴影内出现液平面;CT扫描:显示管壁增厚的柱状扩张或成串成簇的囊状改变;纤维支气管镜:可发现部分患者的出血部位或阻塞原因。

3. 肺癌 原发性支气管肺癌简称肺癌,也是咯血的常见病因之一。其临床表现与肺癌的部位、大小、类型、发展阶段、有无并发症或转移有密切关系。主要症状为:①原发肿瘤所致:咳嗽、咯血、喘憋、胸闷、消瘦、发热、体重下降等;②侵犯或压迫周围组织所致:胸痛、呼吸困难、吞咽困难、声音嘶哑、胸腔积液、Horner综合征等;③肺外转移或肺外表现(伴癌综合征)。肺癌患者近半数可发生咯血,多数为间断血痰或痰中带血,如侵蚀大的血管,可导致大咯血。X线、CT或磁共振检查可见占位性病变或阻塞性肺不张,痰液细胞学检查或肺活检病理学检查可确诊。

4. 肺炎 起病急骤,有寒战高热,咳嗽胸痛,痰中混有血液者多见,病期2~3天以后转为铁锈色痰。肺炎杆菌性肺炎痰液呈红色。

5. 先天性肺囊肿 表现为反复咳嗽、咳痰、咯血及肺部感染,影像学检查可见多个边界纤细的圆形或椭圆形阴影,壁较薄。

### (二) 心血管系统疾病

1. 风湿性心脏病二尖瓣狭窄 因为肺静脉及毛细管内压力明显增高,支气管黏膜及毛细血管破裂引起咯血,多为痰中带血或小量咯血。左心衰竭肺水肿时常咳出粉红色泡沫样痰。

2. 肺栓塞 患者有胸痛、咳嗽、咯血,查体可有急性右心功能不全的体征。

### (三) 全身性疾病

某些血液病如血小板减少性紫癜、白血病、血友病等患者,也可引起咯血。

### (四) 咯血与呕血的鉴别

见表10-6。

表10-6 咯血与呕血的鉴别

| | 咯血 | 呕血 |
|---|---|---|
| 原发病 | 呼吸道疾病(如肺结核、支气管扩张症等) | 消化道疾病(如胃溃疡、食管胃静脉曲张等) |
| 前驱症状 | 胸闷,喉痒,咳嗽等 | 上腹部不适,恶心、呕吐等 |
| 血液性状色 | 鲜血,泡沫状,伴痰液,呈碱性 | 色暗红咖啡色,凝块状,伴食物残渣,呈酸性 |
| 演变 | 大咯血后常持续血痰数天,咽入较多咯血时,可有少量黑便 | 呕血停止后数天仍有黑便 |

## 六、急诊处理

咯血急救最重要的原则是:迅速有效止血,保持呼吸道通畅,防治并发症,并针对基础病因采取相应的治疗。

### (一) 窒息的紧急处理

咯血窒息是导致患者死亡的主要原因,应及早识别和抢救。重点是保持呼吸道通畅和纠正缺氧。

1. 体位引流 立即使患者取头低脚高45°的俯卧位,用手轻拍患者的背部,鼓励咳嗽,以利于积血的排出。

2. 清除积血 将口咽鼻内积血清除,紧急气管插管,将有侧孔的吸痰管迅速插入气管内,边进边吸。

3. 高浓度吸氧 气道阻塞解除后，立即大量吸氧，氧气流量4~6L/min。

4. 如自主呼吸弱或消失，需外界辅助通气给氧行气管插管或机械通气。心脏骤停即行心肺复苏。

### （二）急诊处理

1. 绝对卧床 使身体与床呈40°~90°。大出血时使患者患侧卧位，保持健侧肺及气道通畅，维持供氧。

2. 镇静 患者常有精神紧张、恐惧，对无严重呼吸功能障碍者可适当给予镇静剂，口服或肌内注射地西泮，2~3次/日。严重者可用苯巴比妥口服或肌内注射，0.1g/次，必要时可重复。

3. 镇咳 原则上不用镇咳剂，但剧烈咳嗽可能诱发再次出血，因此必要时可口服镇咳剂，如喷托维林或盐酸可待因。年老体弱、呼吸功能不全者慎用镇咳药。

4. 输血 持续大咯血出现循环容量不足者，应及时输血和补充血容量。

### （三）止血治疗

止血除采用药物止血外，须针对不同病因采取相应的彻底止血措施。

1. 药物止血 ①垂体后叶素：作用迅速、疗效显著，降低肺循环压力而止血。用法：大咯血：垂体后叶素5~10U+25%葡萄糖液20~40ml缓慢静脉注射；持续少至中量咯血：垂体后叶素10~20U+5%葡萄糖液500ml，缓慢静脉滴注。②普鲁卡因：对垂体后叶素有禁忌者。用法：普鲁卡因150~300mg加入5%葡萄糖液500ml缓慢静脉滴注，用药前须做皮试，防止过敏反应。③酚妥拉明：能有效扩张血管平滑肌，降低肺循环阻力及心房压、肺毛细血管楔压和左心室充盈压，有较好的止血作用。酚妥拉明10~20mg加入5%葡萄糖液250~500ml中持续静脉滴注。使用时监测血压并保持有足够的血容量。④纠正凝血障碍药物：常用药物：氨基己酸（6-氨基己酸）6.0g加入葡萄糖液250ml静脉滴注；氨甲苯酸（对羧基苄氨）200mg加入5%葡萄糖液500ml静脉滴注。⑤其他止血药物：如卡巴克洛、酚磺乙胺、血凝酶也可选择应用。

2. 支气管镜下止血 边插管边吸血，至出血部位后，将聚乙烯导管由活检孔插入至病变部位，注入低温生理盐水（4℃）50ml，留置30~60秒后吸出，重复数次，通过冷刺激使血管收缩达到止血目的，或者注入凝血酶200~400U，或去甲肾上腺素液1~2mg局部使用。

3. 手术止血 对于出血部位明确而无手术禁忌者，经多种方法止血无效时，用急诊手术止血可挽救生命。

### （四）咯血的急诊诊治流程

咯血的急诊诊治流程见图10-2。

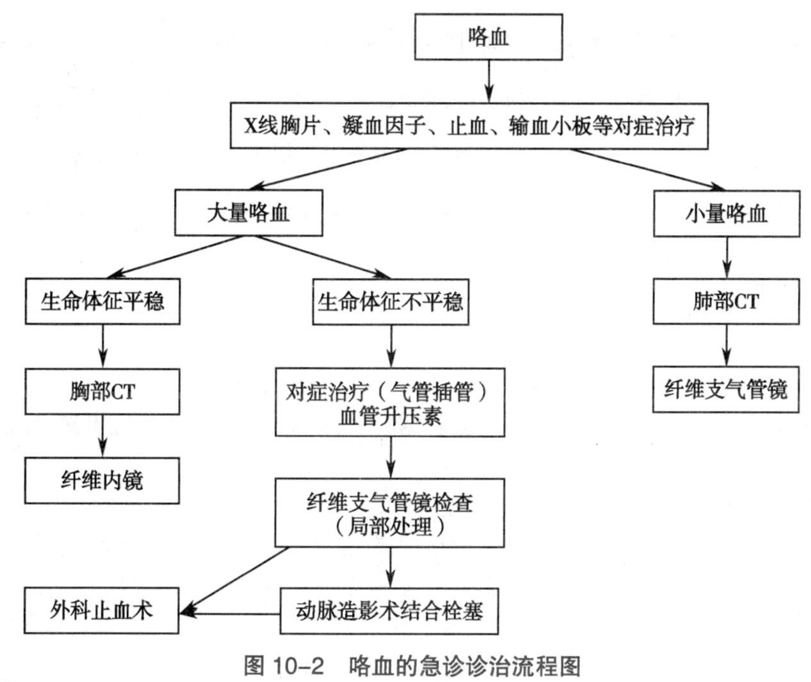


图10-2 咯血的急诊诊治流程图

## 第三节 血 尿

血尿(hematuria)是指尿中红细胞异常增多。在显微镜下红细胞数超过标准值称为镜下血尿(microscopic hematuria)。尿液呈血样或淡红色(洗肉水样),甚至有凝血块,此时即为肉眼血尿(gross hematuria)。血尿诊断标准有:①新鲜晨尿离心沉渣涂片镜检,每高倍镜视野红细胞 >3 个;②非离心尿液直接涂片镜检,每 2~3 个高倍视野中红细胞 >1 个;③尿红细胞排泄率 >10 万 / 小时或 Addis 计数尿红细胞 >50 万个 /12 小时。每升尿液中含有 1ml 血液时,即可呈现肉眼血尿。

### 一、病因与分类

大部分的血尿是泌尿系统疾病所致,也有部分血尿是全身性疾病或泌尿系统邻近器官病变所致。常见的病因见表 10-7。

表 10-7 血尿的病因分类

| 病变系统 | 病变分类 | 常见病因或诱因 |
|---|---|---|
| 泌尿系统疾病 | 炎症感染性 | 膀胱尿道炎、肾盂肾炎、肾及膀胱结核、前列腺炎 |
| | 免疫性 | 肾小球肾炎、间质性肾炎、IgA 肾病、肾移植排斥 |
| | 结石 | 肾、输尿管、膀胱、尿道、前列腺结石 |
| | 肿瘤 | 肾、输尿管、膀胱、尿道、前列腺肿瘤 |
| | 损伤 | 创伤,手术、器械检查、导尿、膀胱或尿道内异物 |
| 全身系统性疾病 | 血液病 | 血小板减少症、再生障碍性贫血、白血病、DIC、血友病 |
| | 感染 | 败血症、急性上呼吸道感染、腮腺炎、感染性心内膜炎、乙型肝炎、猩红热、钩端螺旋体病、丝虫病 |
| | 风湿性疾病 | 系统性红斑狼疮、血管炎、过敏反应 |
| | 心血管疾病 | 高血压、动脉硬化症、充血性心力衰竭 |
| | 代谢与内分泌疾病 | 痛风、糖尿病、甲状旁腺功能亢进症 |
| | 药物、中毒 | 抗生素、非甾体类抗炎镇痛药、环磷酰胺、抗凝剂、蛇毒、蝎毒、毒蕈 |
| 尿路邻近器官疾病 | | 急性阑尾炎、盆腔炎或脓肿、输卵管及附件炎或脓肿、子宫内膜异位症、直肠、子宫或卵巢等部位的肿瘤 |

### 二、临床表现

#### (一) 病史

1. 发病情况 可表现为一过性、间歇性、持续性,可以是初发或复发。

2. 发病前服药史、慢性病史 使用磺铵类、甘露醇、抗凝剂、氨基糖苷类抗生素、环磷酰胺、斑蝥等药物可致血尿。

3. 创伤、烧伤与泌尿系损伤相关的其他损伤。

4. 前驱感染病史 呼吸道感染 1 周内出现血尿者,常考虑慢性肾炎急性发作;数小时至 3 天内发病者,应想到 IgA 肾病;感染后 10~14 天血尿者,应多考虑急性链球菌感染后肾炎。

5. 运动、体位诱因 肉眼血尿前有剧烈运动,短期内血尿自行消失,可能为运动性血尿;瘦长体型的青少年在直立体位、活动后出现血尿常为胡桃夹现象(左肾静脉压迫综合征)。

### (二) 年龄和性别

1. 儿童和青少年 镜下血尿多见于急性肾炎、尿路畸形伴梗阻、急性上呼吸道感染、损伤、小儿特发性高钙尿症。

2. 青壮年 男性多见尿路结石、炎症、损伤、膀胱肿瘤;女性多见炎症、盆腔炎、尿路结石、月经期发生者可为子宫内膜异位症,一过性血尿可能为尿道及膀胱三角区炎症、尿道肉阜和脱垂。

3. 中年 男性多见尿路结石、膀胱肿瘤、炎症、损伤、上尿路肿瘤,女性多见炎症、结石、膀胱肿瘤、腹主动脉瘤或主动脉夹层。

4. 老年 男性多见前列腺肥大或癌、膀胱肿瘤、尿路感染、上尿路肿瘤和结石,女性多见膀胱或尿道肿瘤、尿路感染,老年患者无痛性肉眼血尿常为肿瘤。

### (三) 伴随症状及体征

1. 疼痛

(1)肾区绞痛:①肾区绞痛伴放射痛是肾、输尿管结石的特征;②伴有高血压,可能为肾动脉栓塞;③伴有休克,可能为肾动脉瘤破裂、肾破裂等;④腰部酸痛且伴有乏力多为肾小球肾炎;⑤持续钝痛或胀痛常为多囊肾或直径较大的单发肾囊肿;⑥钝痛或牵扯痛且平卧后缓解,可见于肾下垂、游走肾等。

(2)输尿管部位疼痛或绞痛,表现为腹部阵发性绞痛并会阴部放射,常为输尿管结石,血块或异物阻塞的特征。

(3)外伤后出现血尿伴绞痛,为泌尿系统损伤。

2. 膀胱刺激症状 常为膀胱、后尿道炎症或结石,可表现为排尿时疼痛及耻骨上、会阴部钝痛,结石时伴尿流中断、鲜血尿、排尿困难和自尿道排出小石。若排尿刺激症状反复发作,一般药物治疗无效时,可能是泌尿系结核和膀胱肿瘤。

3. 发热 有寒战、腰疼常为急性肾盂肾炎、肾脓肿、肾周脓肿或全身感染性疾病;持续低热可能为泌尿系统结核或肿瘤。

4. 水肿、高血压、少尿 常为肾小球肾炎、高血压肾损害;伴咯血、贫血、短期内肾功能进行性减退,可能为肺出血肾炎综合征。

5. 其他部位出血 常为血液病、全身感染性疾病。

6. 腹部触诊发现 ①触及双侧巨大肾脏常为多囊肾;单侧肾脏肿块,常为肾肿瘤、肾积水。②触及肾脏且位置较低、活动度较大常为游离肾,多数发生于右侧肾。③输尿管压痛点压痛、膀胱区压痛常为尿路感染、结石。④肋脊角压痛、肾区叩痛常为急性肾盂肾炎。

7. 肛门指诊发现 前列腺大常为前列腺肥大或前列腺癌。

### (四) 血尿特点

1. 血尿持续时间 ①肾小球肾炎:肉眼血尿间断出现,镜下血尿多持续存在;②尿路感染和结石:感染控制或结石排出后血尿消失;③泌尿系统肿瘤:常先表现为镜下血尿,后出现持续肉眼血尿;④肾穿刺活检术或肾挫伤:可为持续肉眼血尿。或镜下血尿和肉眼血尿交替出现。

2. 病变部位 ①肾性血尿:血尿呈暗红色及云雾状,尿中可见三角形和锥形或蠕虫状血块。尿液检查常有蛋白质、管型、肾小管上皮细胞或肾盂黏膜细胞;②膀胱性血尿:血尿颜色较鲜红,常有不规则血块,尿液检查有膀胱黏膜上皮细胞,蛋白质少,无管型。常伴有膀胱刺激症状;③尿道性血尿:血尿颜色鲜红,前尿道出血为初始血尿滴沥状出血,后尿道及前列腺出血多为终末血尿,常伴有膀胱刺激症状或排尿困难症状。

## 三、实验室检查与辅助检查

### (一) 常规检查

1. 尿常规 明确有无血尿,还可通过蛋白尿、管型等推测有无肾脏实质损害。

2. 血常规 了解有无贫血及有无感染。

3. 尿液红细胞形态与血液来源分析 根据尿液中红细胞形态检查可将血尿分为均一性红细胞血尿(非肾小球性血尿)、非均一性红细胞血尿(肾小球性血尿)和混合性血尿。肾小球性血尿指血尿来

源于原发性和继发性肾小球肾炎，非肾小球性血尿来源于泌尿系结石、肿瘤。感染、血管畸形等多种疾病。

4. 尿三杯试验 有助于大体确定血尿的来源。①初段血尿，来自尿道括约肌以下的前尿道。②第二杯血尿或第二杯明显加重，来自后尿道和膀胱出口处。③终末血尿，常为膀胱颈部、后尿道、前列腺和精囊出血。④全程血尿。来自肾脏、输尿管、膀胱。间歇性无痛性肉眼全程血尿，常为肾或膀胱肿瘤。

（二）辅助检查

1. 尿细胞学检查 疑有泌尿系肿瘤者，可做尿沉渣寻找病理细胞。

2. 尿病原学检查 细菌学检查有助于泌尿系统感染的诊断。

3. 影像学检查 B超对肾脏大小、肾盂积水及泌尿系结石的诊断有帮助，X线平片可发现泌尿系统结石、肾钙化，X线静脉肾盂造影对结石、结核、肿瘤、畸形及了解肾功能和肾外形有帮助，CT对肾脏占位性病变和钙化敏感性高，肾血管造影有助于肾血管疾病的诊断。

4. 膀胱镜检查 除对膀胱病变的诊断有相当重要的价值外，还可通过输尿管插管进行分侧肾功能测定及了解血尿的来源和做逆行肾盂造影，通过膀胱镜还可做病理活检。

5. 肾活检 肾小球源性血尿的病因鉴别很困难，肾活检可提示肾小球病理类型，具有确诊价值，对揭示预后和治疗亦有帮助。

## 四、诊断及鉴别诊断

（一）真性血尿与假性血尿

1. 排除以下能产生假性血尿的情况 摄入含大量人造色素（如苯胺）食品，食物（如蜂蜜、甜菜根）或药物（如大黄、利福平、苯妥因钠、氨基比林）等可引起的红色尿；血红蛋白尿或肌红蛋白尿；卟啉尿；初生新生儿尿内之尿酸盐可使尿布呈红色。

2. 排除阴道或直肠血污染。

（二）肾小球或非肾小球性血尿

1. 肾小球性血尿 尿中红细胞 >8000/ml，大部分（>70%）为2种以上变形红细胞。

2. 非肾小球性血尿 尿中红细胞 >8000/ml，但大部分（>70%）为正常红细胞或单一型红细胞，变形红细胞≤30%。

（三）血尿的病因诊断

1. 对肾小球性血尿，需要结合临床表现进一步做相关系统的检查：①肾功能检查；②鉴别肾炎综合征或肾病综合征；③鉴别原发性或继发性肾小球疾病；④如为原发性肾小球疾病，应确定临床分型，必要时做肾穿刺活检。

2. 对非肾小球性血尿，通过尿三杯试验，并结合临床特点选择尿液、影像学、膀胱镜等检查，基本上可明确血尿的部位及病因。

## 五、急诊处理

（一）处理原则

根据出血部位、出血量作对症处理，如应用止血药物，出血量多时予以补充血容量、纠正贫血；停用引起血尿的相关药物并积极治疗原发疾病。

（二）治疗要点

1. 肾脏原发疾病所导致的肾小球性血尿由专科治疗，多采用活血化淤、糖皮质激素及免疫抑制剂联合应用。

2. 全身性疾病所导致的血尿，在治疗原发病的基础上进行肾脏保护性治疗。

3. 尿路邻近器官疾病，如阑尾炎、盆腔炎、输卵管炎、直肠癌、结肠炎、卵巢恶性肿瘤引起的血尿，可通过抗感染、手术切除或放、化疗等病因治疗。

4. 对泌尿道结石、肿瘤、先天性疾病等外科因素所导致的血尿，经外科手术治疗方法而消除，如肾

结石的手术治疗及碎石术。多囊肾引起的血尿可通过肾动脉栓塞术而减轻等。

5. 泌尿系感染引起的血尿,可根据尿细菌培养学检查,采用针对性抗感染治疗。

6. 对症治疗:①应用止血药物,如卡巴克洛、酚磺乙胺、维生素 K,还可合用维生素 C;②止痛药物可酌情使用;③出血量较多时应及时予以补充血容量、输血纠正贫血;④药物引起的血尿,应立即停用相关的药物。

### (三) 血尿急诊处理流程

血尿急诊处理流程见图 10-3。

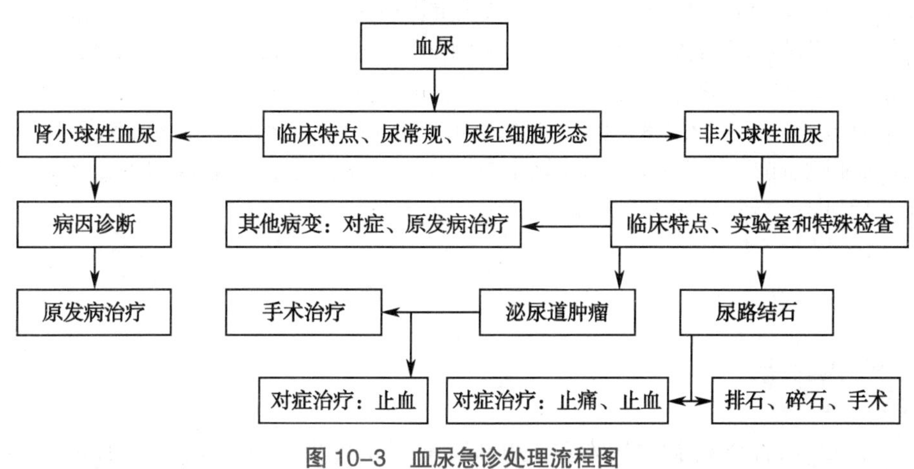


图 10-3 血尿急诊处理流程图

## 本章小结

消化道出血以屈氏韧带为界分为上消化道出血与下消化道出血。需尽早判断出血部位、量和出血原因,尽早治疗。咯血是指喉以下部位的呼吸道出血,喉部及心肺疾病均可引起咯血,咯血量多时可引起窒息,应及时给予紧急处理。血尿分为镜下血尿和肉眼血尿,诊断血尿时,应判别真假性血尿及出血部位,明确病因给予相应的治疗。

## 病例讨论 1

患者,男,43 岁,间断上腹痛 2 年,黑便 3 天。

患者自 2 年前开始间断出现上腹痛,常于秋冬季发病,空腹痛为主,进餐或服用“雷尼替丁”后症状可暂时缓解。近 3 天每日排黑便 2~3 次,每日量 200~400g,感头晕、乏力、心悸,活动后加重。发病以来尿量减少,近期体重无下降。既往史:饮酒 8 年余,白酒 2~3 两 / 日,父亲死于胃癌。

查体:T 36.8℃,P 105 次 / 分,R 18 次 / 分,BP 90/60mmHg。贫血貌,皮肤未见出血点及皮疹,浅表淋巴结未触及肿大。结膜苍白,巩膜无黄染。双肺未闻及干湿性啰音。心界不大,律齐,各瓣膜区未闻及杂音。腹平软,上腹部轻度压痛,无反跳痛,未触及包块,肝脾肋下未触及,移动性浊音(-),肠鸣音活跃。双下肢无水肿。

实验室检查:血常规:Hb 72g/L,RBC $2.5\times10^{12}$/L,WBC $9.5\times10^{9}$/L,N 0.60,L 0.25,PLT $300\times10^{9}$/L。大便常规:黑软便,镜检(-),隐血(+)。

病例讨论

## 病例讨论 2

病例讨论

患者，男，20 岁，学生。因乏力、咳嗽 1 个月，咯血 2 天入院

患者近 1 个月感到疲乏，轻度咳嗽，左上胸隐痛，无寒战及盗汗。认为期末考试复习功课紧张所致。2 天前感咽部不适，即之整口咯出鲜红色、泡沫状痰液，每日 100~200ml，在校医院输注止血药和抗生素治疗，效果不佳。

既往体健，无慢性咳、痰、喘与咯血史。家中无支气管及肺疾病患者，无肺结核密切接触史。

T 37.8℃，Bp 100/70mmHg，P 80 次 / 分。浅表淋巴结无肿大，皮肤黏膜无皮疹、出血点及瘀斑；鼻腔、咽部无血迹；肺部听诊左上肺闻及少许湿性啰音，心脏检查无异常发现。腹软，无压痛，无包块，肝脾无肿大，肠鸣音正常。

血常规：Hb 106g/L，WBC $7.8 \times 10^9$/L，N 0.70，L 0.30，PLT $194 \times 10^9$/L；血沉 35mm/1h。出、凝血时间正常，大便隐血试验阴性。肝、肾功能正常。胸片示：左上肺斑片状浸润阴影，侧位片示病灶位于左上叶后段。

## 病例讨论 3

1003

病例讨论

患者，男，52 岁，打羽毛球后，突发左上腹部绞痛，并向外阴部、大腿内侧放射，疼痛难忍，面色苍白，大汗淋漓；5 分钟后自行缓解，随后解洗肉水样小便 300ml。逐到医院就诊。

查体：T 36.8℃，R 18 次 / 分，P 80 次 / 分，Bp 120/80mmHg。全腹软，无压痛，无包块，肠鸣音正常，左肾区叩击痛阳性。

（凌 斌）

扫一扫，测一测

## 思考题

1. 简述上、下消化道出血的鉴别。
2. 大、中、少量咯血的分类原则是什么？
3. 咯血的临床特点及鉴别诊断是什么？
4. 咯血窒息如何进行急救处理？
5. 咯血与呕血的区别是什么？
6. 血尿的常见病因是什么？
7. 血尿如何进行鉴别诊断？

# 第十一章 少尿、无尿和尿潴留

学习目标

1. 掌握:少尿、无尿的定义和急救治疗措施。

2. 熟悉:少尿、无尿、急性肾损伤的常见病因、体格检查,诊治流程。

3. 了解:少尿、无尿缓解期治疗。

4. 能够进行急救技术操作,良好的问诊及沟通,能够开展健康教育;帮助和指导患者进行相应康复锻炼。

## 第一节 少尿与无尿

正常的成年人每24小时尿量为1000~2500ml,且日尿量多于夜尿量。如24小时尿量少于400ml或者每小时尿量少于17ml称为少尿(oliguria),如24小时尿量少于100ml或12小时完全无尿称为无尿(anuria)。

### 一、病因及发病机制

#### (一) 肾前性

1. 有效血容量减少 多种原因引起的休克、重度失水、大出血、肾病综合征和肝肾综合征,大量水分渗入组织间隙和浆膜腔,血容量减少,肾血流减少。

2. 心脏排血功能下降 各种原因所致的心功能不全,严重的心律失常,心肺复苏后体循环功能不稳定。血压下降所致肾血流减少。

3. 肾血管病变 肾血管狭窄或炎症,肾病综合征,狼疮性肾炎;肾动脉栓塞和血栓形成;高血压危象,妊娠期高血压疾病等引起肾动脉持续痉挛,引起肾缺血,可导致急性肾损伤。

#### (二) 肾性

1. 肾小球病变 重症急性肾炎,急进性肾炎和慢性肾炎因严重感染,血压持续增高或肾毒性药物作用引起肾功能急剧恶化。

2. 肾小管病变 急性间质性肾炎包括药物性和感染性间质性肾炎;生物毒或重金属及化学毒所致的急性肾小管坏死;严重的肾盂肾炎并发肾乳头坏死。

#### (三) 肾后性

1. 各种原因引起的机械性尿路梗阻 如结石,血凝块,坏死组织阻塞输尿管,膀胱进出口或后尿道。

2. 尿路的外部挤压 如肿瘤、腹膜后淋巴癌、特发性腹膜后纤维化、前列腺肥大。

3. 其他 输尿管手术后，结核或溃疡愈合后瘢痕挛缩，肾严重下垂或游走肾所致的肾扭转，神经源性膀胱等。

## 二、临床特点及诊断

### （一）临床表现

除尿量的改变以及不同原发病各自的临床表现外，可伴随各系统异常。

1. 先驱症状 如乏力、倦怠、水肿，大多数在先驱症状12~24小时后即开始出现少尿或无尿。

2. 消化系统 伴有恶心、呕吐、厌食、呃逆及腹泻等。

3. 呼吸系统 呼吸深而快，常有气促，甚至因酸中毒发生Kussmaul呼吸。易合并感染，尤以呼吸道感染常见。

4. 循环系统 血压不同程度升高，重者可发生高血压脑病。发生心包炎时，左胸剧烈疼痛，常伴有心包摩擦音、甚至发生心脏压塞。晚期可出现心脏扩大、各种心律失常和心力衰竭等。

5. 血液系统 绝大多数患者出现贫血，一般为正常形态、正色素性贫血，且随着肾功能减退而加剧。发生贫血的原因主要与肾脏分泌促红细胞生成素（EPO）减少，血中存在抑制红细胞生成的物质、红细胞寿命缩短、造血物质（铁和叶酸）缺乏、继发感染等有关。

6. 神经系统 头昏、烦躁不安，严重者可出现意识障碍、抽搐、扑翼样震颤及肌阵挛等，思维不集中、失眠或嗜睡、周围神经病变，自主神经症状等亦较多见。

7. 皮肤表现 患者面色萎黄、水肿，皮肤干燥，脱屑，无光泽，有色素沉着。顽固性皮肤瘙痒常见，与尿素及钙盐沉着等有关。

8. 内分泌功能障碍 慢性肾衰竭的患者肾素血管紧张素、泌乳素及胃泌素分泌过多，促甲状腺素、睾丸素、皮质醇较正常偏低。可出现甲状腺、性腺功能低下，男性可出现性欲缺乏和阳痿，女性可出现闭经、不孕。胰岛素、高血糖素及甲状旁腺素等激素的作用时间可延长。

9. 代谢异常 慢性肾衰竭的患者呈负氮平衡。必需氨基酸水平较低，空腹血糖正常或偏低，糖耐量常有减退。甘油三酯水平常有升高，极低及低密度脂蛋白增多等。

### （二）实验室检查

1. 尿液检查 尿比重、尿细胞学检查对肾前性与肾性少尿或无尿有鉴别诊断意义，肾性少尿尿比重低、尿液有形成分多。

2. 肾功能检查 血尿素氮（BUN）和肌酐（Cr）升高。血尿素氮/血肌酐≤10是重要的诊断指标。此外，尿液中尿素/血尿素<15（正常尿中尿素200~600mmol/24h，尿/血尿素之比>20）、尿肌酐/血肌酐≤10也有诊断意义。尿及血生化检查对肾前性与肾性少尿或无尿有鉴别诊断意义。

3. 血液 红细胞及血红蛋白均下降，白细胞增多，血小板减少。可有高血钾、低血钠、高血镁、高血磷、低血钙等，二氧化碳结合力亦降低。

4. 滤过钠排泄分数（FENa）测定 该法对病因诊断有一定意义。其值>1者为急性肾小管坏死，见于非少尿型急性肾小管坏死及尿路梗阻。其值<1者，为肾前性氮质血症及急性肾小球肾炎。

5. 中心静脉压（CVP）测定 对鉴别肾前性与急性肾小管坏死有意义，并可指导治疗，肾前性CVP降低。

6. 影像学检查 选择尿路X线（如腹部平片）、超声、CT、肾动脉造影及膀胱镜等检查有助于病因诊断，如对肾动脉狭窄、血栓、肾盂积水、肾囊肿、多囊肾、肾肿瘤、肾结石等疾病患者，影像学检查多可明确病因。

7. 肾图 肾图对评价尿路梗阻引起的肾功能受损程度比静脉肾盂造影灵敏，对下尿路梗阻等肾后性少尿是一种简便而且检出率较高的方法。

### （三）诊断

应根据病史、体格检查和必要的实验室及辅助检查做出病因诊断。

1. 病史 病史询问要点包括：①有无导致血容量不足的原因；②有无严重的肝脏和心脏疾病；③有无肾脏病史，慢性肾病应特别注意既往肾毒性药物的用药史；④有无尿路梗阻史；⑤少尿或无尿的发展过程及持续时间等。

2. 体格检查 尤其关注有无颜面水肿，心力衰竭体征及浆膜腔积液等体液潴留体征和腹部检查，

包括膀胱尿潴留、包块、腹水、肾区叩击痛等检查，必要时可进行直肠检查。系统检查主要是生命体征、循环状态和皮肤黏膜弹性等检查。

3. 实验室及辅助检查　精确记录尿量，尿常规，血常规、血液及尿液生化等检测有助于判定少尿或无尿的病因，并有利于对病情程度和预后的判定。根据初步诊断，对进一步检查做出不同的选择，如疑似肾实质性或肾后性少尿应选择 B 超或 CT 检查，必要时可进行肾活检病理检查。中心静脉压测定对于判定血容量不足和心力衰竭引起的肾前性少尿有重要的价值。相关疾病的检查如怀疑有糖尿病应进行血糖检测，怀疑溶血性疾病应进行免疫学检查，怀疑中毒应进行毒物分析，怀疑感染性疾病应进行病原学检查，怀疑肾血管病变可进行肾血管造影等。

## 三、急诊处理

### (一) 紧急处置

应优先处理危及生命的严重液体过量或水不足、高血钾。

1. 监护收入 ICU 或透析室，监测生命体征和中心静脉压，评估血容量是否充足。

2. 维持尿量　如果血容量不足，应进行补液治疗。当血容量补足后（CVP>10cm$H_2O$ 时）仍少尿或无尿，可给予呋塞米（速尿）或依他尼酸。如果血压仍持续较低，应开始应用血管活性药物。

3. 血液滤过或透析　如果血容量过多，应考虑紧急血液滤过或透析，并给予吸氧和呋塞米、硝酸酯类药物。

4. 积极处理高血钾　可给予 10% 葡萄糖酸钙 10~20ml 静脉注射，根据需要可在 1 小时后重复使用；50% 葡萄糖 50ml 加入胰岛素 10U，15~30 分钟内静脉注射；必要时可行血液透析治疗。

### (二) 进一步治疗

在上述治疗基础上，应进一步处理酸中毒、低钠血症、高磷血症、营养不良、脓毒症等。

### (三) 病因治疗

积极治疗原发病，尽快完成相关检查以明确引起少尿或无尿的病因，并采取相应措施，处理原则是标本兼治，急则治其标，缓则治其本。

1. 肾前性少尿或无尿，针对病因予以治疗，如补充血容量，纠正脱水及休克，改善循环等。

2. 肾实质性疾病引起的少尿或无尿根据其原发病给予不同处理。

3. 肾后性少尿或无尿有明确引起梗阻原因者，及时解除梗阻，有手术指征者，应尽早手术治疗。

### (四) 对症治疗

如有尿潴留，应及时导尿治疗，必要时放置导尿管，及时处理病程中出现的高钾血症。少尿与无尿诊治流程见图 11-1。

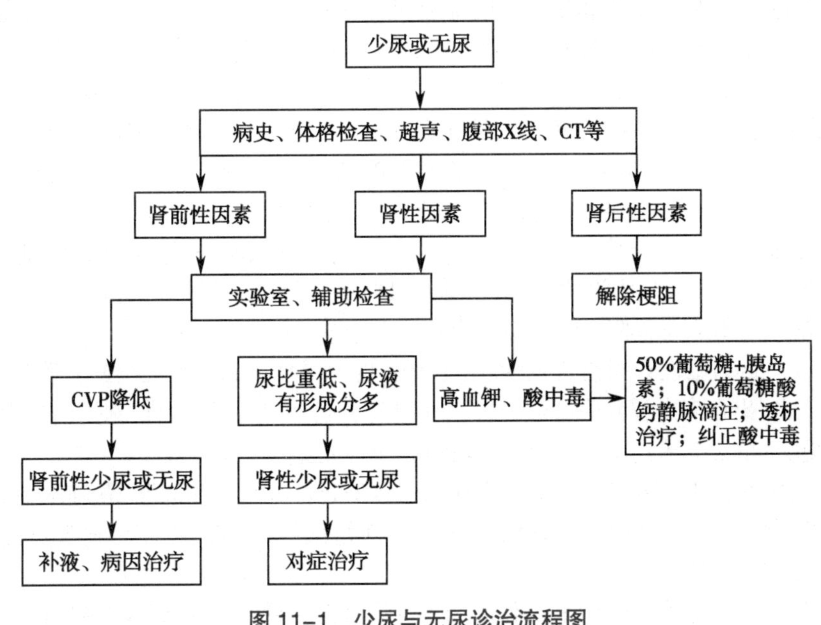


图 11-1　少尿与无尿诊治流程图

## 第二节　急性肾损伤

急性肾损伤(acute kidney injury,AKI)是指突发性但通常可逆的肾小球滤过率降低,导致血清血尿素氮及血肌酐迅速增高,并引起水、电解质紊乱和酸碱平衡失调的综合征。在肾脏病学界AKI这一术语已很大程度上取代了急性肾衰竭(acute renal failure,ARF)的说法,表明人们已经认识到那些不导致明显器官衰竭的肾功能小幅下降具有重大临床意义。

### 一、病因

#### (一) 肾前性因素导致的急性肾损伤

任何原因导致的血管内有效循环血容量减少,肾血灌注量减少,进而肾小球滤过率减低,肾小管内原尿减少、压力下降,流速减慢,同时肾小管对尿素氮、水、电解质的重吸收相对增加,结果导致血尿素氮升高、尿量减少,但尿比重增加的现象,也称为肾前性氮质血症。

#### (二) 肾实质或肾血管疾病相关性急性肾损伤

由于各种原发性或继发性肾实质损害病变而引起,也可由肾前性氮质血症未及时处理转变而来,见于肾小球、肾小管、肾血管病变等。

#### (三) 尿路梗阻导致的急性肾损伤

由于尿路急性梗阻而引起AKI,结果引起肾实质受压,有效滤过压下降,见于结石,肿瘤,前列腺肥大等。

### 二、临床表现

1. 尿量减少　通常发病后数小时或数日出现少尿(尿量 <400ml/d)或无尿(尿量 <100ml/d)。无尿,通常提示完全性尿路梗阻,但也可见于严重的肾前性或肾性急性肾损伤(如肾动脉阻塞、血管炎)。但非少尿型急性肾损伤患者,尿量可正常甚至偏多。

2. 氮质血症　急性肾损伤时,摄入蛋白质的代谢产物不能经肾脏排泄而潴留在体内,可产生中毒症状,即尿毒症。BUN每天上升 >8.93mmol/L(25mg/dl)者,称为高分解代谢。少尿型急性肾损伤患者通常有高分解代谢。此外,BUN升高并非都是高分解代谢,胃肠道大出血、血肿等积血被吸收后,也会加重氮质血症。

3. 液体平衡紊乱　由于盐和水排出减少致水、钠潴留,常常导致全身水肿、脑水肿、肺水肿及心力衰竭、血压增高和低钠血症。大量输液,特别是输注低张液体,以及未限制水摄入,也是容量负荷过重、低钠血症的原因。患者可表现为嗜睡,进行性反应迟钝,甚至癫痫发作(因脑水肿所致)。

4. 电解质紊乱

(1) 高钾血症:是急性肾损伤最严重的并发症之一,也是少尿期的首位死因。

(2) 低钠血症:主要是由于水过多所致的稀释性低钠血症。

(3) 高磷血症和低钙血症:是急性肾损伤常见的并发症。

(4) 高镁血症:急性肾损伤时常常出现高镁血症,可引起心律失常,ECG示P-R间期延长。

5. 代谢性酸中毒　床表现为深大呼吸(Kussmaul呼吸),血pH、碳酸氢根和二氧化碳结合力降低,由于硫酸根和磷酸根潴留,常伴阴离子间隙升高。

6. 消化系统　常为急性肾损伤首发症状,主要表现为厌食、恶心、呕吐、腹泻、呃逆,约25%的患者并发消化道出血,出血多由胃黏膜糜烂或应激性溃疡引起。因为肾脏淀粉酶排出减少,血淀粉酶升高,一般不超过正常值的2倍。反之,提示急性胰腺炎的可能。

7. 呼吸系统　可有呼吸困难、咳嗽、咳粉红色泡沫痰、胸闷等,与体液潴留、肺水肿和心力衰竭有关。急性肾损伤往往并发难治性肺部感染,偶见急性呼吸窘迫综合征。

8. 循环系统　可有充血性心力衰竭、心律失常、心包炎和高血压等。

9. 神经系统　可有昏睡、精神错乱、木僵、激动、精神病等精神症状,以及肌阵挛、反射亢进、不安

腿综合征，癫痫发作等。

10. 血液系统　可表现为贫血、白细胞升高、血小板功能缺陷和出血倾向。

11. 营养和代谢异常　急性肾损伤患者常处于高分解代谢状态，蛋白质分解代谢加快，肌肉分解率增加，重者每天丢失肌肉 1kg 或 1kg 以上。

12. 感染　是急性肾损伤患者常见和严重并发症之一。

急性肾损伤早期症状隐匿，可被原发疾病所掩盖，即使尿量开始减少，也容易被忽视。典型急性肾损伤一般经过为少尿期、移行期、多尿期和恢复期。

## 三、诊断

### （一）病史

1. 有无严重感染史　如败血症、感染性休克、感染性心内膜炎、化脓性胆管炎、急性胰腺炎、流行性出血热、中毒性菌痢、休克型肺炎等。

2. 有无血容量不足　如严重脱水、电解质紊乱及酸碱平衡失调史；有无各种休克史。

3. 有无泌尿系统表现　如水肿、高血压、尿路刺激症状。排尿困难或尿流不畅等肾小球肾炎、肾盂肾炎和尿路梗阻史。

4. 其他　如毒性物质接触史，服药史，补液情况，输血情况等。

### （二）体格检查

测量血压，并观察患者是否有脱水、贫血、水肿及颈静脉充盈。全面体格检查结合病史基本可以初步确定急性肾损伤的性质和类型，有利于采取紧急的治疗措施和进一步的实验室检查。

### （三）实验室检查

1. 血液检查　①可有轻度贫血；②血尿素氮（BUN）和肌酐（Cr）进行性上升。③血清钾浓度升高，常大于 5.5mmol/L；④酸碱失衡及电解质紊乱血 pH 常低于 7.35，碳酸氢根离子浓度多低于 20mmol/L。血清钠浓度正常或偏低。血钙降低，血磷升高。

2. 尿液检查　尿蛋白多为 +~++。尿沉渣检查可见肾小管上皮细胞、上皮细胞管型和颗粒管型及少许红、白细胞等；尿比重降低且较固定，多在 1.015 以下。

### （四）影像学检查

1. 尿路超声显像　对排除尿路梗阻很有帮助，可观察肾脏大小。

2. 尿路造影　可发现梗阻所致，并可大致检查肾脏功能。

3. CT 血管造影、MRI 或放射性核素检查　对检查血管有无阻塞有帮助。

**知识拓展**

改善全球预后组织（Kidney Disease：Improving Global Outcomes，KDIGO）指南定义的 AKI 如下：48 小时内血清肌酐升高 ≥ 0.3mg/dl（≥ 26.5μmol/L）或者血清肌酐升高至基线值的 1.5 倍及以上，并且这种升高已知或推测发生在之前 7 日内，或者尿量 <0.5ml/（kg·h）持续 6 小时。KDIGO 标准允许在分期前纠正容量状态和 AKI 梗阻性病因。在 AKI 诊断和分期前，临床医生应评估并优化容量状态和排除梗阻。

采用 KDIGO 标准，AKI 分期如下：

1 期　血清肌酐升高至基线值的 1.5~1.9 倍，或血清肌酐升高 ≥ 0.3mg/dl（≥ 26.5μmol/L），或尿量减少至 <0.5ml/（kg·h），持续 6~12 小时。

2 期　血清肌酐升高至基线值的 2.0~2.9 倍，或尿量减少至 <0.5ml/（kg·h），持续 12 小时及以上。

3 期　血清肌酐升高至基线值的 3.0 倍，或血清肌酐升高至 ≥ 4.0mg/dl（≥ 353.6μmol/L），或尿量减少至 <0.3ml/（kg·h），持续 24 小时及以上，或无尿持续 12 小时及以上，或开始肾脏替代治疗；或者对于小于 18 岁的患者，eGFR 下降到 <35ml/（min·1.73m$^2$）。

## 四、急诊处理

### （一）紧急处置

1. 纠正血容量　急性肾缺血多由体液及电解质大量丢失、失血及各种类型休克所致。应当对血容量不足或丢失的程度做出正确判断，并及时补充。CVP<5cm $H_2O$，且伴有低血压，表明有效血容量不足。如果患者心功能基本正常，可立即在30~60分钟内补液500~1000ml，补液后尿量增多，一般情况好转，应继续补液。若补液后尿量不增多或CVP增至8~10cm$H_2O$，减慢补液后不下降，应考虑停止补液。

2. 感染与创伤的处理　急性肾小管坏死主要由感染与创伤引起。除注意补充有效的血容量之外，还应及时地应用有效的抗生素以控制感染和创面，控制继续失液。

3. 避免使用肾毒性药物　肾毒性物质很多，误服毒物者应立即进行洗胃或导泻，使毒物尽快排泄，并采用有效的解毒剂，充分补液促使已吸收的毒物排泄。在使用肾毒性药物的过程中应密切注意患者的有效血容量及肾功能。

4. 呋塞米的应用　呋塞米有强大的利尿作用，肾小球滤过率极度降低时大剂量使用，仍有利尿的效果。

### （二）病因及支持治疗

1. 针对不同的病因而采取的一些治疗　如对于各种外伤，心力衰竭，急性失血等进行相应的治疗，输血、补充体液、纠正休克、抗感染等，以及对原发症进行治疗。

2. 饮食和营养　应选择高糖、低蛋白、富含维生素的食物，尽可能供给足够的能量。供给热量210~250J/（kg·d），蛋白质0.5g/（kg·d），应选择优质动物蛋白，脂肪占总热量的30%~40%。

3. 少尿期的治疗

（1）控制水和钠摄入：坚持"量出为入"的原则，严格限制水、钠摄入，有透析支持则可适当放宽液体入量，每日液体量：尿量＋显性失水（呕吐、大便、引流量）＋不显性失水－内生水。无发热患儿每日不显性失水为300ml/$m^2$，体温每升高1℃，不显性失水增加75ml/$m^2$，内生水在非高分解代谢状态为250~350ml/$m^2$，所用液体均为非电解质液，髓袢利尿剂（呋塞米）对少尿型ARF可短期试用。

（2）高钾血症：当血钾>6.0mmol/L应检测心率和心电图，并紧急处理：①10%葡萄糖酸钙10~20ml，缓慢静脉注射，可快速拮抗高钾血症对心肌的作用；②11.2%乳酸钠40~200ml静脉注射，伴代谢性酸中毒者可给5%碳酸氢钠100~200ml静脉滴注，提高pH同时促进钾离子向细胞内流；③葡萄糖加胰岛素可促进糖原合成，也可使钾离子向细胞内移动；④以上各种方法仅能维持2~6小时，应争取时间尽早进行血液透析，是降低血钾快而最有效的措施，另外要限制高钾食物（如香蕉、蘑菇、榨菜等）。

（3）纠正代谢性酸中毒：轻、中度代谢性酸中毒一般无需处理。当血浆$HCO^{3-}$<12mmol/L或动脉血pH<7.2，可补充5%碳酸氢钠5ml/kg，提高$CO_2CP$ 5mmol/L，纠酸时宜注意防治低钙性抽搐。

（4）透析治疗：凡上述保守治疗无效者，均应尽早进行透析。透析可以纠正尿毒症，纠正水电解质酸碱平衡，保证足够的营养支持以防营养不良的损害。透析的指征：①严重水潴留，有肺水肿、脑水肿的倾向；②血钾≥6.5mmol/L；③血浆尿素氮>28.6mmol/L，或血浆肌酐>707.2μmol/L；④严重酸中毒，血浆$HCO^{3-}$<12mmol/L或动脉血pH<7.2；⑤药物或毒物中毒。透析的方法包括腹膜透析，血液透析和连续动静脉血液滤过三种技术，儿童尤其是婴幼儿以腹膜透析为常用。

4. 多尿期的治疗　多尿期早期，肾小管功能和GFR尚未恢复，血肌酐、血钾和酸中毒仍继续升高，伴随着多尿，还可出现低钾和低钠血症等电解质紊乱，故应注意监测尿量、电解质和血压变化，及时纠正水、电解质紊乱。当血浆肌酐接近正常水平时，应增加饮食中蛋白质的摄入量。

5. 恢复期的治疗　一般无需特殊治疗，肾功能的完全恢复需半年到一年的时间，在此之前要定期复查肾功能，避免使用肾毒性药物，少数患者可能遗留永久性损害。

6. 抗感染　感染是急性肾损伤的常见并发症，也是死亡的主要原因之一。临床一旦出现感染的症状（特别常见于肺部、尿路、血液、胆道部位的感染），则应尽早使用有效的抗生素治疗。可根据细菌培养和药敏试验选用对肾无毒性或毒性低的药物，并按肌酐清除率调整剂量，应强调感染的预防。

7. 心力衰竭 急性心力衰竭常是由于体内水钠潴留，心脏负荷过重的结果，临床表现与一般心力衰竭相仿，处理措施也基本相同，但急性肾损伤的患者对利尿药的反应很差，同时心脏泵功能损害不严重，故洋地黄制剂疗效欠佳，且易发生中毒。药物治疗以扩血管为主，应用减轻前负荷的药物。急性肾损伤时心力衰竭的最有效治疗措施是尽早进行透析治疗。

# 第三节 急性尿潴留

患者，男性，70岁，3年前开始无明显原因及诱因出现排尿费力，进行性加重，晚上要排尿3~4次，伴小便困难，排尿不尽感，3小时前排尿不出，伴下腹憋胀，来急诊。查体：下腹部耻骨上稍隆起，未见肠型，无腹肌紧张，下腹部轻压痛，无反跳痛，未扪及包块，耻骨上可叩及半圆形实音区，余未见异常。

问题：1. 该患者最可能的诊断和诊断依据是什么？

2. 如何治疗？

尿潴留（urinary retention）是指尿液在膀胱内不能排出。如尿液完全潴留于膀胱，称为完全性尿潴留。急性发作者为突然发生的尿闭伴膀胱胀痛，称为急性尿潴留（acute urinary retention，AUR），多发于男性，65%AUR是由前列腺增生引起，老年人发生率高。

## 一、病因

### （一）尿道梗阻性因素

1. 前列腺 良性前列腺增生、肿瘤、重症前列腺炎、前列腺梗死、膀胱颈挛缩。

2. 尿道 肿瘤、结石、重症尿道炎、尿道狭窄、血凝块梗阻、外部压迫（粪团、女性妇科肿瘤及子宫脱垂等），男性包茎或嵌顿包茎等。

### （二）神经源性

膀胱运动或感觉神经受损

1. 运动性麻痹 脊髓休克、脊索综合征（spinal cord syndrome）等。

2. 感觉性麻痹 脊柱结核、糖尿病、多发性硬化、脊髓空洞症、脊索综合征、带状疱疹等。

### （三）药物

抗组胺药物、解痉药、α 肾上腺能激动剂、β 受体拮抗剂、麻醉性药物制剂（包括成瘾性药物）、其他抗胆碱药物、肌肉松弛剂等。

### （四）昏迷

### （五）精神心理因素

如惊恐。

## 二、临床表现

下腹部胀满、自觉排尿困难、尿流中断，排空感不明显或无尿意。体格检查：耻骨上部视诊膨隆、叩诊浊音及扪及巨大包块，压之有疼痛及尿意感。

## 三、诊断及鉴别诊断

### （一）病史

1. 急性尿潴留发病突然，患者膀胱内尿液胀满不能排出，以男性前列腺增生多见，既往常有排尿无力、尿流变细，夜尿增加或失禁、排尿淋漓不尽感。

2. 50岁以上的男性除良性前列腺增生引起的尿潴留外，还要考虑到前列腺肿瘤、继发性感染或外伤、膀胱弛缓症或神经性原因。

3. 女性尿潴留最常见的原因是由于常年憋尿导致的膀胱逼尿肌弛缓并失代偿。

4. 年轻人出现的尿潴留常是神经系统病变的早期表现。

5. 对于有轻、中度膀胱颈梗阻的老年人，某些药物可直接或间接引起尿潴留。

### (二) 体格检查

耻骨上部视诊膨隆、叩诊浊音及扪及巨大包块，压之有疼痛及尿意感。

### (三) 实验室检查及其他辅助检查

1. 尿常规　尿常规可以了解患者是否有血尿、脓尿、蛋白尿及尿糖等，AUR解除后即可进行。

2. 超声检查　经腹部超声检查可以了解泌尿系统有无积水或扩张、结石、占位性病变等，男性患者的前列腺形态、大小、有无异常回声、突入膀胱的程度等。同时还可以了解泌尿系统以外其他病变如子宫肌瘤、卵巢囊肿等。此外，在急性尿潴留解除，患者能自行排尿后，可行剩余尿量测定。

### (四) 急性尿潴留并发症

1. 继发尿路感染。

2. 继发反流性肾病。

3. 膀胱破裂。

## 四、急诊处理

### (一) 紧急处置

1. 经尿道插管导尿　方便、快捷，应首选，一般留置导尿管1~3天。其并发症包括尿路感染(最常见)、包皮嵌顿、尿道损伤、尿道狭窄等。可疑尿道损伤(如骨盆外伤)、严重尿道狭窄应禁忌经尿道插管导尿。

2. 耻骨上膀胱穿刺造瘘　耻骨上膀胱穿刺造瘘的适应证包括对经尿道导尿有禁忌或经尿道插管失败的AUR患者。禁忌证包括：①膀胱空虚；②既往有下腹部手术史或盆腔放疗史等伴严重瘢痕粘连；③明显的全身出血性疾病是相对禁忌证。耻骨上膀胱穿刺造瘘感染概率小，且不通过尿道狭窄的部位，另外可以在不拔管(夹管)的同时允许自行排尿，可避免排尿失败后再次置管。

3. 膀胱穿刺抽尿法　在无法插入导尿管，无条件穿刺造瘘情况下，为暂时缓解患者痛苦，可在无菌条件下，于耻骨联合上缘二指正中线处，行膀胱穿刺，抽出尿液暂时缓解患者症状后转诊。

任何情况下注意排空膀胱的速度，以防止减压后血尿及解阻综合征，记录排出尿液的速度及尿量，留取尿液送检。尤其在置管后的第一个10~15分钟内引流的尿量要在患者病历中准确记录，这有助于鉴别是急性尿潴留，还是慢性尿潴留急性发作，并且有助于预测以后试行拔管自主排尿的成功率以及需要手术处理的机会。

4. 针灸　采用中医针灸对解除产后或术后麻醉所致逼尿肌收缩乏力的急性尿潴留有一定治疗效果。针刺部位可取合谷、三阴交、足三里等穴位，也可以采用新斯的明穴位注射，效果更明显。

### (二) 转入泌尿专科

进行并发症治疗及病因学检查和治疗。

### 本章小结

正常的成年人每24小时尿量为1000~2500ml，且日尿量多于夜尿量。一旦出现少尿无尿，应优先处理危及生命的严重液体过量或水不足、高血钾，再进一步处理酸中毒、低钠血症、高磷血症、营养不良、脓毒症等。要根据不同的病因给予相应的治疗，当给予药物保守治疗后患者症状不能改善时，应尽早选择透析治疗。急性尿潴留为突然发生的尿闭伴膀胱胀痛，常见于老年男性，多为前列腺增生导致尿道梗阻性，导尿为最常用的紧急处理措施。

患者，女性，40 岁。近 1 个月来感疲乏、胸闷、食欲下降、面部水肿，3 小时前活动时，突然昏倒在地，意识丧失伴“抽搐”，持续数分钟后好转，遂来急诊。患者约在 10 年前曾有一过性眼睑轻度水肿，未经注意，亦未诊治，一周前患“感冒”，自服退热及感冒药（具体不详）好转，否认有肾毒物接触史和高血压等病，否认有阳性家族史。

查体：T 36.5℃，P 86 次 / 分，R 25 次 / 分，较深大，BP 180/120mmHg。神志不清，发育中等，营养差，贫血貌，面色萎黄，面部及眼睑水肿，浅表淋巴结未及。颈部无抵抗，气管居中、甲状腺不大。胸双侧对称，呼吸运动稍深大，双肺呼吸音清，叩诊清音。心界向左下增大，心律齐，A2 亢进，肺动脉瓣区闻及 2 级 /6 收缩期杂音，心尖部闻及心包摩擦音，腹平软，肝 / 脾未触及，腹水征（-），脊柱四肢无明显异常，肾区叩痛（-），脑神经未见异常，双侧巴宾斯基征可疑阳性。

实验室检查：血常规：WBC $6.4 \times 10^9$/L，Hb 58g/L，RBC $2.1 \times 10^{12}$/L，平均红细胞体积 85.8fl，平均红细胞血红蛋白量 28.65pg，平均红细胞血红蛋白浓度 352g/L，血小板 $238 \times 10^9$/L。血肌酐（Cr）2130μmol/ L，尿素氮（BUN）95.6mol/ L，$K^+$ 6.4mmol/L。

病例讨论

（岳淑英）

扫一扫，测一测

## 思考题

1. 少尿与无尿的常见原因是什么？
2. 耻骨上膀胱穿刺造瘘的适应证及禁忌证有哪些？

# 第十二章 创伤急救

1. 掌握：创伤的初步评估、持续评估和进一步评估流程；颅脑外伤、胸部外伤、脊柱和脊髓损伤、腹部外伤和四肢外伤的特点及进行相应初步评估中的阳性表现，并作出适当的处理；多发伤、复合伤和孕妇外伤在评估和急救处理中的注意事项；区别神经源性休克和失血性休克的临床特点。

2. 熟悉：各种创伤的分类及各类创伤的特点；脑疝综合征、张力性气胸、心脏压塞、筋膜间隔综合征的表现和处理；四肢损伤处理使用夹板固定的原则。

3. 了解：各类常见损伤机制，以及各类损伤因损伤机制的不同与损伤类型和损伤程度的关系。

4. 具备快速进行现场评估和关键性处理的能力；对伤者在现场和院内进行快速评估和管理的能力。

5. 能够初步胜任指导或协作完成现场急救、转运监护和院内急救处置全过程角色。

随着科技和医学的进步，很多疾病得到了有效的控制，但是创伤伤者却有增无减。目前全世界每年创伤患者数量超过千万，2012 年因创伤导致死亡人数有 500 余万，约占全球总死亡人数的 8.8%。在我国，严重创伤成为主要死亡原因之一，在城市和农村地区一直稳居死亡原因的前五位，每年伤者达到百万人，2012 年因创伤而致死人数为 60 余万。快速和有效的救治对挽救伤者的生命、减少残疾、恢复工作与生活能力是至关重要的。

针对严重创伤，通常意义认为伤者在伤后 1 小时内能够进入手术室，便能够达到最高成活率，由此产生了“黄金 1 小时”的概念。但是现在发现对于某些严重的开放性创伤，处理应该规范在以分钟为计时的更短的时间内，对于许多闭合性损伤者，所谓黄金段可能允许超过 1 小时，创伤的“黄金时段”可能长于或短于 1 小时。在院前环境中，“黄金时段”是指施救人员到达现场后的 10 分钟，在 10 分钟以内施救人员必须识别伤者的伤情、做出正确的决定和实施相应的处理，并开始将伤者转运到相应的医疗机构。本章重点介绍在 10 分钟之内如何针对不同创伤进行有侧重、有步骤、无遗漏的评估和管理。

## 第一节 概　　述

### 一、创伤的概念

创伤(trauma)是特定形式物理能量作用于人体，造成个体组织结构的破坏和功能障碍的有害事件。

致伤能量主要有五种物理形式:机械能、化学能、热能、放射能和电能。这些能量作用于人体,超过组织的承受能力从而造成人体损伤。个体的正常运作,需要氧气和能量等基本元素维持个体组织细胞的功能,如果组织细胞正常使用这些基本元素受阻,同样也会导致创伤发生,窒息和低体温也会造成个体创伤。

## 二、创伤的分类

### (一) 按受伤部位、组织器官分类

按人体损伤部位分为颅脑损伤、胸部损伤、腹部损伤、脊柱和四肢损伤。胸部损伤易于引起患者肺部通气和换气障碍,同时心脏和大血管破裂出血易于引起患者休克死亡;腹部损伤的实质性脏器破裂出血同样易于引起低血容量性休克,空腔脏器破裂引起感染性急性腹膜炎也是危重情况;颅脑损伤要监控颅内压的变化,预防和监测并发脑疝;脊柱损伤会引起脊髓损伤,同时并发神经源性休克和致残;四肢部分骨折,如骨盆骨折和股骨干骨折易于造成大出血,严重者可引起低血容量性休克。

### (二) 按伤后皮肤是否完整分类

皮肤或黏膜尚保持完整无缺者,称闭合性创伤。凡有皮肤或黏膜破损者,称开放性创伤。开放性损伤创口有细菌污染创面,易于造成开放性创面的感染。

### (三) 按致伤原因与创伤病理分类

致伤原因与创伤病理改变密切相关,故常按此分类。

1. 挫伤 皮肤或黏膜完整,但皮下有较多的软组织或肌肉挫灭坏死,小血管破裂,创伤处可见皮下出血点或瘀斑等。

2. 扭伤 因肢体失去失衡,关节部位的某一侧受到过大的牵张暴力所致。关节可能发生一时性半脱位,周围的韧带、肌腱或肌肉撕裂,较重的扭伤还可伴有关节软骨损伤、骨片撕脱等。关节疼痛,周围红肿、瘀斑和功能障碍,损伤处可有明显的压痛。

3. 挤压伤 为机体软组织受到双向力的同时作用所造成的严重损伤。受致伤物与机体接触面积大、力量强、时间长的影响,解除挤压后皮下当即出现广泛的出血、血栓形成、组织坏死以及严重的炎症反应。严重的易于造成低血容量性休克、高钾血症和急性肾功能衰竭,从而危及生命。

4. 撞击伤 撞击既可以是运动物体撞击人体的加速损伤,也可以是运动的人体撞击相对静止的物体引起的减速性损伤。减速性损伤常见在车祸过程中的行人倒地之后的二次损伤。

5. 擦伤 由致伤物与受伤部位表面发生切线运动接触所致。特点是表皮细胞剥脱,创面有少量血液成分渗出,伴轻度炎症反应。

6. 切割伤 切割伤为锐利边缘切割组织所致。切口边缘整齐、污染相对较轻,但是易于造成下方神经、肌腱和血管的断裂。

7. 裂伤 裂伤为钝器或较为厚重的刃器撞击所致。伤口边缘比较粗糙,不整齐,周围软组织挫灭坏死严重,伤后炎症反应较明显。

8. 刺伤 为尖锐而细长的致伤物穿入组织所致。伤口直径小而深,刺伤深度和方向需要判断,深处可能损伤多层组织或内脏器官。伤口条件容易并发感染,尤其厌氧菌感染,破伤风感染的概率加大。

9. 撕脱伤 因人体某部位被运转的物体牵拉撕扯所致,为开放性损伤,伤口多呈瓣状,甚至皮肤成片撕脱,也可以造成韧带或肌肉的撕脱。创面往往污染严重,组织挫灭坏死严重。

10. 高坠伤 高空坠落时人体加速运动,碰撞静止的物体。损伤的严重程度取决于患者跌落的高度、受撞击的解剖部位、跌落后被撞击物的特征。

11. 枪弹伤 按枪弹出入口情况和致伤形态可分为四种:①贯通伤,既有入口又有出口,入口的孔径小于出口的孔径;②非贯通伤,仅有入口而无出口;③切线伤,沿体表切线方向通过,伤道呈沟槽状。枪弹伤造成组织损伤影像因素包括:子弹型号,子弹越大,创道越大;子弹变形程度,空心尖头和软头子弹撞击后会变成扁平状,会造成更大的创面;子弹旋转,旋转和翻滚的子弹产生更为广泛的伤害;子弹速度,高速度的子弹能造成更大冲击波,更大的暂时性空腔和周围组织更为严重的震荡。同时损伤

程度与组织密度呈正相关，与低密度器官如肺脏相比，高密度器官如骨骼、肌肉和肝脏会造成更多的伤害。

12. 爆震伤 可引起钝性和锐性损伤。第一次损伤是直接由爆炸时的冲击波造成，含气组织最易损伤，肺损伤可能包括气胸、肺实质出血、肺泡破裂和由此产生的空气栓塞。第二次损伤发生于飞溅物体的击伤，可能是穿透伤或钝性损伤，取决于飞溅物体的速度和质量。第三次损伤发生于人体被抛掷于坚硬物体或地面时，主要产生钝性伤，等同于高坠伤。第四次损伤发生于爆炸的火球产生的热烧伤或吸入有毒的灰尘或烟雾造成的气道损伤；第五次损伤发生于爆炸（脏弹）引起的化学、生物或放射性物质的扩散污染。

## 三、现场评估

出创伤现场是院前急救人员和医务人员工作中的一部分，从被派遣之时现场评估（scene size-up）就已经开始，需要预估现场可能出现的情况，根据获取的信息考虑需要携带的设备，以及判断是否需要额外支援。

### （一）标准防护措施

在创伤现场的血液或其他潜在的可传染物质最容易污染救援人员，在气道管理的过程中，气道内的物质同样也可能造成污染。个人防护措施（personal protective equipment，PPE）在创伤现场是非常重要的，是指在创伤现场，急救医疗人员使用用于保护自己免受各种危险的设备，至少要佩戴防护手套，救援人员在最为严重的情况下甚至需要穿上防化隔离服并佩戴呼吸装置。

1. 防护手套是创伤现场必备设备。
2. 许多场合需要佩戴口罩和护目镜、或面罩，在救援人员进行气道管理时尤为重要。
3. 高污染环境需要穿上防水隔离衣，同时戴上防护面具或面罩。
4. 在有毒环境，需要防化隔离衣和防毒面罩。
5. 伤者之间的检查，救援人员要更换手套避免伤者体液交叉污染。

### （二）现场安全

到达事故现场，首先需要选择最近的安全地点来停泊救护车或者是交通工具，车头不要针对现场停放，并尽可能选择在上风口和可以快速撤离的位置。在危险情况下，需要拆弹专家或者危险品处理专家清理后才进入现场。

1. 事故营救现场 判断是否有火或有毒物质，电击的危险，不稳定的冰、水和斜坡，以及建筑物倒塌风险，除非佩戴适当的防护设备和呼吸器，否则不要进入低氧和有毒化学气体浓度高的地区。

2. 犯罪现场 犯罪现场要在执法人员确定现场安全的前提下才能进入。

3. 爆炸现场 在我国工业事故和生活事故发生率较高。在现场环境安全不确定的情况下，把交通工具至少停在爆炸范围之外（飞溅物散布的区域以外）。现场安全后进入爆炸现场，需要快速识别和分拣患者，根据紧急情况，采取不同等级的稳妥的方式快速把患者撤离现场，进行转运，详见“灾难现场紧急处理”。

4. 旁观者 旁观者可能造成医疗急救人员的危险。判断旁观者的情绪变化，以及是否有武器，是否服用酒精或违禁药物的证据，是否有暴力倾向，是否不理解急救施救行为，造成对施救者的进攻，是否有危险动物等。

### （三）损伤机制

能量的转移是创伤的基础因素，高能事故存在着严重的风险。不管在初步评估中生命体征是否正常且没有明显的身体损伤证据，仍有 5%~15% 的伤者可能在重复检查中发现严重损伤。

对于判断损伤机制（mechanism of injury，MOI）是全身损伤（机动车碰撞事故、高坠伤等），抑或是局部损伤（腹部刺伤、足部离断伤）是非常重要的。局部损伤局限于一个独立的区域，可以仅做局部区域或相关系统的检查，也就是重点检查。而全身性损伤需要进行一次快速而全面创伤评估，同时还需要持续检查评估，甚至进一步全身详细评估。

高速的机动车碰撞是常见全身损伤机制之一，全身性损伤机制还包括车辆交通事故中车辆内部人员和被撞的行人、高坠伤的伤者、胸部或腹部的穿透伤；弹道创伤和爆炸伤。

## 第二节　创伤的评估和管理

在现场评估安全、携带好必要的急救设备和完备的个人防护措施后，急救人员到达现场。需要进行伤者评估（patient assessment），伤者评估是急救人员对受伤者进行的评估，目的是判断伤情和伤者的病情过程，包括初步评估（primary assessment）、持续评估（ongoing examination）和进一步评估（secondary survey）（图 12-1）。初步评估的目的是在现场快速寻找出危及生命的伤情，并及时判断哪些伤者需要立刻送往医院。

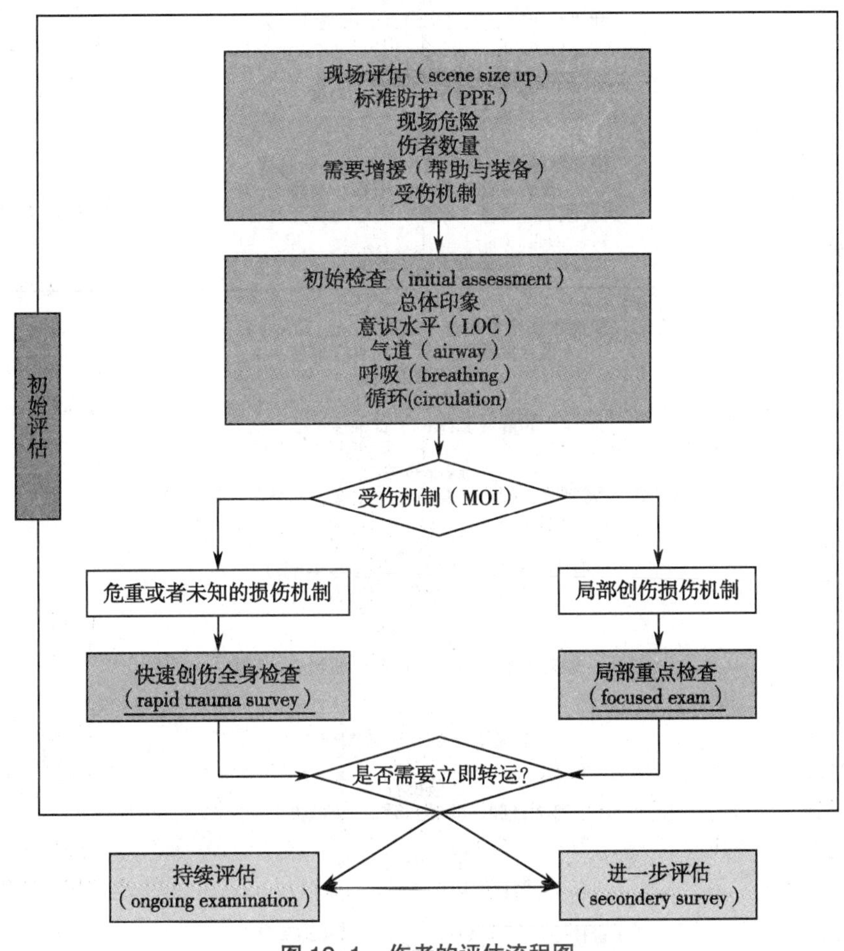


图 12-1　伤者的评估流程图

### 一、初步评估

初步评估（primary assessment）通过主要的检查，快速发现危及生命的情况。由现场评估、初始检查（initial assessment）以及重点查体（focused exam）或快速创伤检查（rapid trauma survey）构成（图 12-2）。

#### （一）现场评估

现场评估指施救者前往伤者之间采取的一系列措施。现场评估非常重要，不充分的评估往往会让施救者和伤者都陷入危险，危及生命。需要进行标准防护措施，携带好个人防护设备和急救所需设备；判断现场是否安全；判断伤者的数量是否需要额外支持（包括人员和设备）；初步预判伤者的受伤机制。

#### （二）初始检查

初始检查是初步评估的第一阶段，目的是判断伤者的一般情况，找出存在的致命损伤，通过检查获得一系列的信息来决定伤者是否需要进行紧急处理和紧急转运。初步评估的第一阶段初始检查和

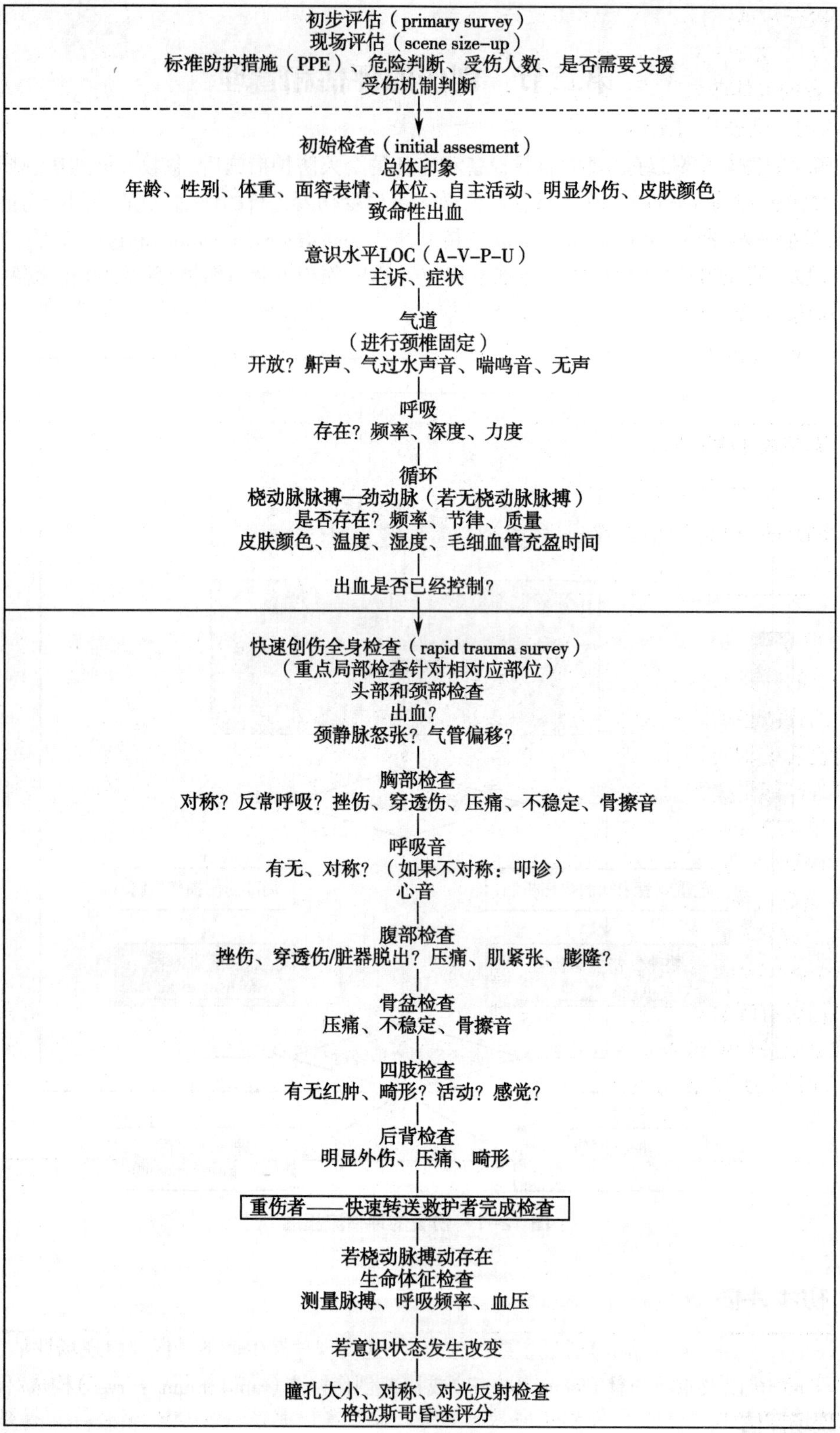

初步评估（primary survey）
现场评估（scene size-up）
标准防护措施（PPE）、危险判断、受伤人数、是否需要支援
受伤机制判断

↓

初始检查（initial assesment）
总体印象
年龄、性别、体重、面容表情、体位、自主活动、明显外伤、皮肤颜色
致命性出血

意识水平LOC（A-V-P-U）
主诉、症状

气道
（进行颈椎固定）
开放？鼾声、气过水声音、喘鸣音、无声

呼吸
存在？频率、深度、力度

循环
桡动脉脉搏—劲动脉（若无桡动脉脉搏）
是否存在？频率、节律、质量
皮肤颜色、温度、湿度、毛细血管充盈时间

出血是否已经控制？

↓

快速创伤全身检查（rapid trauma survey）
（重点局部检查针对相对应部位）
头部和颈部检查
出血？
颈静脉怒张？气管偏移？

胸部检查
对称？反常呼吸？挫伤、穿透伤、压痛、不稳定、骨擦音

呼吸音
有无、对称？（如果不对称：叩诊）
心音

腹部检查
挫伤、穿透伤/脏器脱出？压痛、肌紧张、膨隆？

骨盆检查
压痛、不稳定、骨擦音

四肢检查
有无红肿、畸形？活动？感觉？

后背检查
明显外伤、压痛、畸形

重伤者——快速转送救护者完成检查

若桡动脉搏动存在
生命体征检查
测量脉搏、呼吸频率、血压

若意识状态发生改变

瞳孔大小、对称、对光反射检查
格拉斯哥昏迷评分

图 12-2　伤者的初步评估流程图

快速创伤检查不能超过 2 分钟。现场急救团队最佳为 3 人，第 1 名救援者为领导者，第 2 名救援者负责固定颈部和气道管理，第 3 名救援者负责放置脊柱固定板。到达现场可以先检查是否有明显外伤出血，如果有活动性出血，可以先让 1 名施救者进行压迫止血处理。一旦开始进行初步评估，只有 3 种情况才可以终止评估，团队领导和团队成员一起进行生命抢救或躲避危险：①现场环境变得不再安全；②呼吸道梗阻；③心脏停搏。

初始检查包括：对伤者的整体印象、对伤者意识水平（level of consciousness，LOC）的评估、徒手进行颈椎固定（必要时）、对伤者气道、呼吸、循环评估（airway、breathing and circulation，ABCs）。

1. 伤者的整体印象 靠近伤者时，从面向伤者的方向靠近，避免伤者转颈或抬头，伤者如有颈椎损伤，这一动作会造成进一步损伤。快速判断伤者的年龄、性别、体重和整体印象。老年人和年幼的伤者风险高，女性伤者注意有无怀孕。观察伤者的位置，包括体位、伤者身体和周边的关系。留意伤者的动作，判断伤者是否有严重的外伤和出血，如有出血需要先让助手止血。

2. 意识水平的评估 损伤机制如果是高能量损伤怀疑有脊柱损伤，救援者需要快速、轻柔、牢固地固定伤者头部于正中位。团队领导需要判断患者的意识水平，可以对伤者进行询问，初步获得信息，伤者如果能够正确回应表明气道和意识水平均正常，如果伤者意识不清或意识模糊则需要用 AVPU 方法（alert、verb、pain and unresponsive）对伤者的意识状态进行评估，详见表 12-1。

表 12-1 意识状态分级（AVPU）

| |
|---|
| A——警醒（清醒、位置感明确且服从指令） |
| V——对声音刺激有反应（意识模糊或意识不清，但对声音刺激有反应） |
| P——对疼痛有反应（意识不清但对疼痛刺激或抚摸有反应） |
| U——无反应（无呕吐和无咳嗽反射） |

3. 气道评估 若伤者无法说话或意识不清，则需要进一步评估伤者气道。使用看、听、感觉的方法判读伤者的呼吸。如果伤者存在气道梗阻（窒息、鼾声、气过水声、哮鸣音），需要立即尝试开放气道。开放气道的方法包括调整头部位置，使用改良托颌法（modified jaw thrust）：双手的大拇指推开下颌角，同时保持伤者的轴向稳定。当颈椎是否有损伤无法判断时，不可以用仰颌提颏法（详见第二章内容）。损伤机制是高能量损伤的，应怀疑伤者有脊柱损伤，救援者需要快速、轻柔、牢固地固定伤者头部于正中位。同时清理口腔和吸引、清除口腔内异物。

4. 呼吸评估 通过看、听、感觉来判断伤者的呼吸，如果伤者意识不清：

（1）耳朵靠近伤者的口部来判断伤者的呼吸深度和频率——听。

（2）同时观察伤者的胸、腹部的呼吸运动——看。

（3）用面部感知气流同时将手放在伤者胸部感知呼吸运动——感。

如果伤者有呼吸运动但是没有感受到口鼻处粗的气流，说明伤者存在通气不足。需要管理气道的施救者立刻进行辅助通气。辅助通气时，需要确保给予伤者足够的通气频率（6~8 秒一次）及 500ml 每次的潮气量。所有呼吸过快的伤者都应该给予高流量吸氧（表 12-2）。

表 12-2 正常或异常呼吸频率（次 / 分）

| | 正常 | 异常 |
|---|---|---|
| 成年人 | 10~20 | <8 或 >24 |
| 儿童 | 15~30 | <5 或 >35 |
| 婴儿 | 25~30 | <25 或 >60 |

5. 循环评估 外出血是否得到控制？绝大多数的出血可以使用敷料直接压迫止血，对于直接压迫止血效果无效的伤者应立即使用止血带。如果止血敷料已经被血液浸透，应重新更换敷料并确认伤口位置加压止血。

（1）检查桡动脉的脉搏频率和质量，脉搏是否过慢（<60 次 / 分）或者过快（>120 次 / 分）；判断搏动是否细弱和节律。

（2）判断皮肤的颜色、温度、毛细血管充盈情况。皮肤颜色苍白、湿冷、意识水平减退都是休克早期有效的评估线索。

（3）如无法触及桡动脉应该检测颈动脉。如无法触及颈动脉搏动应立即开始 CPR，并应该尽快转运。

6. 选择局部重点检查或快速全身检查 对于伤者进行局部重点检查还是快速全身检查，主要是

根据患者受伤机制和初步检查的结果来选择。如果是常见高能量转移造成的损伤，必须进行快速全身创伤检查；对于意识不清或受伤机制不明确的伤者也应该进行快速全身检查。如果受伤机制非常明确且与伤者的外伤存在直接联系（如明确手部离断伤等），可以对伤者的受伤部位进行局部重点检查。

一般把以下伤者列为高危伤者，则需要寻找致伤原因判断伤者是否为危重伤者，然后立即转运。可以在救护车的行进过程中进行重点检查或快速全身检查。

（1）严重受伤机制（如车祸、高坠伤、枪弹伤和爆炸伤等）。

（2）高危人群（年幼、年老、并发慢性疾病的伤者）。

（3）存在下列情况：

1）意识不清。

2）呼吸困难。

3）严重的头部、颈部、躯干疼痛。

（4）初步检查发现以下问题：

1）意识状态改变。

2）呼吸异常。

3）循环异常（休克或无法控制的出血）。

7. 快速全身创伤检查的流程　快速创伤检查是一个快速寻找各种致命威胁的简要查体，快速寻找头、颈部、胸部、腹部、骨盆、脊柱和四肢明显损伤，同时可以完善初始检查，获得简要和明确的病史。如果时间允许需要补充进行更为细致的查体——进一步评估。

1201

组图：院前急救设备——固定装置

（1）头颈部评估：评估头部和颈部是否有出血；评估颈静脉状况，颈静脉怒张提示是胸膜腔内压增高（张力性气胸或心脏压塞），如果颈静脉怒张则需要观察并触诊胸骨上凹判断是否存在气管移位。如无异常发现可以给伤者带上颈托。

（2）胸部评估：暴露伤者胸部，观察胸壁是否有挫伤、擦伤和穿透伤，判断呼吸是否正常，有无反常呼吸，简单触诊判断胸壁是否有压痛、稳定异常、有无骨擦音，用听诊器在腋中线第四肋间，听诊双侧肺部呼吸音，判断是否有呼吸音和是否对称，如果不对称需要叩诊进一步判断是否有血胸或者气胸。胸壁有进入胸腔的创口需要现场封闭；连枷胸需要现场固定胸壁；张力性气胸需要进行现场穿刺处理。同时需要听诊心脏。

1202

组图：院前急救设备——AED

（3）腹部评估：暴露腹部，观察有无擦伤、穿透伤或异物刺入。触诊腹部，判断有无腹膜炎刺激征。意识不清或颈椎受伤的伤者可能在腹部出现假阳性结果。

（4）快速触诊骨盆：通过骨盆挤压分离实验检查是否疼痛和稳定，如果不稳定提示骨盆环塌陷，需要用骨盆带，或者大的床单等加压包扎固定，增加骨盆的稳定性。

（5）快速检查上下肢：判断有无畸形和水肿；用双手进行触诊，检查是否有压痛，上下肢远端需要判断有无活动和感觉异常。

1203

组图：院前急救设备——担架

（6）脊柱和背部评估：固定颈部后，整体翻转患者，用手检查患者后背是否有明显压痛，然后固定在长脊柱板上。如果伤者存在着髋关节骨折或双侧股骨骨折，应该使用铲式担架避免进一步损伤。

（7）意识再评估：如果伤者意识状态改变应立刻进行简要神经系统检查，判断患者是否存在颅内压升高。检查内容主要为瞳孔和格拉斯哥昏迷量表（Glasgow coma scale，GCS）（表 12-3）的评分，具体见

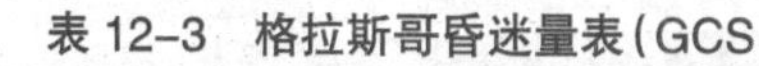
表 12-3　格拉斯哥昏迷量表（GCS）

| 睁眼反应 | 记分 | 言语反应 | 记分 | 运动反应 | 记分 |
|---|---|---|---|---|---|
| 自发睁眼 | 4 | 回答正确 | 5 | 遵嘱动作 | 6 |
| 呼唤睁眼 | 3 | 回答错误 | 4 | 刺痛定位 | 5 |
| 刺痛睁眼 | 2 | 含混不清 | 3 | 刺痛逃避 | 4 |
| 无反应 | 1 | 直发声音 | 2 | 刺痛过屈 | 3 |
| | | 无反应 | 1 | 刺痛过伸 | 2 |
| | | | | 无反应 | 1 |

颅脑损伤。针对昏迷需要考虑复杂的因素,不仅仅是头部外伤、休克和低氧血症会导致伤者意识的改变,检查者同样需要注意非创伤因素,如低血糖、药物或者酒精中毒等。所有存在意识改变的伤者,一旦被转运到救护车,都应该尽快进行指血糖监测。

### (三) SAMPLE 病史询问

SAMPLE 病史是处置外伤时所需最为基本信息,可以在初始检查的过程中及早询问,或者边检查边询问。SAMPLE 是症状(symptoms)、过敏史(allergies)、用药史(medications)、既往史(past medical history)、上次进食史(last oral intake)和本次事件(events preceding the incident)经过英文的首字母缩写(表 12-4)。病史询问对象为伤者本人最为可靠,如果伤者意识不清,需要从旁观者处获得相关信息。

表 12-4 SAMPLE 病史

| |
|---|
| S——症状 |
| A——过敏史 |
| M——用药史 |
| P——既往史 |
| L——上次进食史(最近一次进食的食物) |
| E——本次事件的经过:为什么发生?怎么发生?事件的变化? |

如果针对于 SAMPLE 病史询问清楚,局部损伤清楚,可以进行重点局部检查,以省略快速全身检查的部分内容。

### (四) 转运决定

如果伤者存在以下严重外伤或情况,应该立即转运。

1. 严重受伤机制(如车祸、高坠伤、枪弹伤和爆炸伤等)。
2. 初始检查发现以下问题

(1) 意识状态改变。

(2) 呼吸异常。

(3) 循环异常(休克或无法控制的出血)。

3. 在快速创伤检查中发现能快速导致休克的情况

(1) 胸部异常(连枷胸、开放性气胸、张力性气胸、血胸)。

(2) 腹肌紧张,膨隆。

(3) 骨盆不稳定性损伤。

(4) 双侧股骨骨折。

## 二、持续评估

持续评估(ongoing examination)是评估伤者病情变化的简化评估,可以在长途转运途中反复进行,同样也可以在短距离转运的重症病例进行评估,因短距离转运过程中没有时间在进行全身系统的进一步评估。

对于重症患者,应该 5 分钟进行一次;对于稳定伤者,则应该每 15 分钟评估一次。评估同时也应该在下述情况发生时进行:①伤者每次的移动。②每次对伤者进行治疗时。③伤者病情恶化时。

持续评估流程如下(图 12-3):

1. 询问伤者感觉变化,完成或完善 SAMPLE 病史的询问。
2. 重新评估伤者的意识状态(LOC),如果伤者意识状态改变,应该进行指血糖检查,重新进行格拉斯哥昏迷量表评分。

3. 生命体征检测 测量脉搏、呼吸频率、血压、脉搏氧饱和度、心电监护、二氧化碳检测、体温。

4. 重新评估 ABCs。

5. 复查头颈部、胸部、腹部。

6. 复查伤情 进一步复查损伤变化,特别出血情况、四肢脉搏、感觉和运动、连枷胸、张力性气胸、胸部开放性损伤等。

7. 检查治疗措施

(1)检查气管插管的位置和开放性。

(2)检查氧流量。

(3)检查静脉通道是否通畅、补液速度。

(4)检查封闭伤口的敷料。

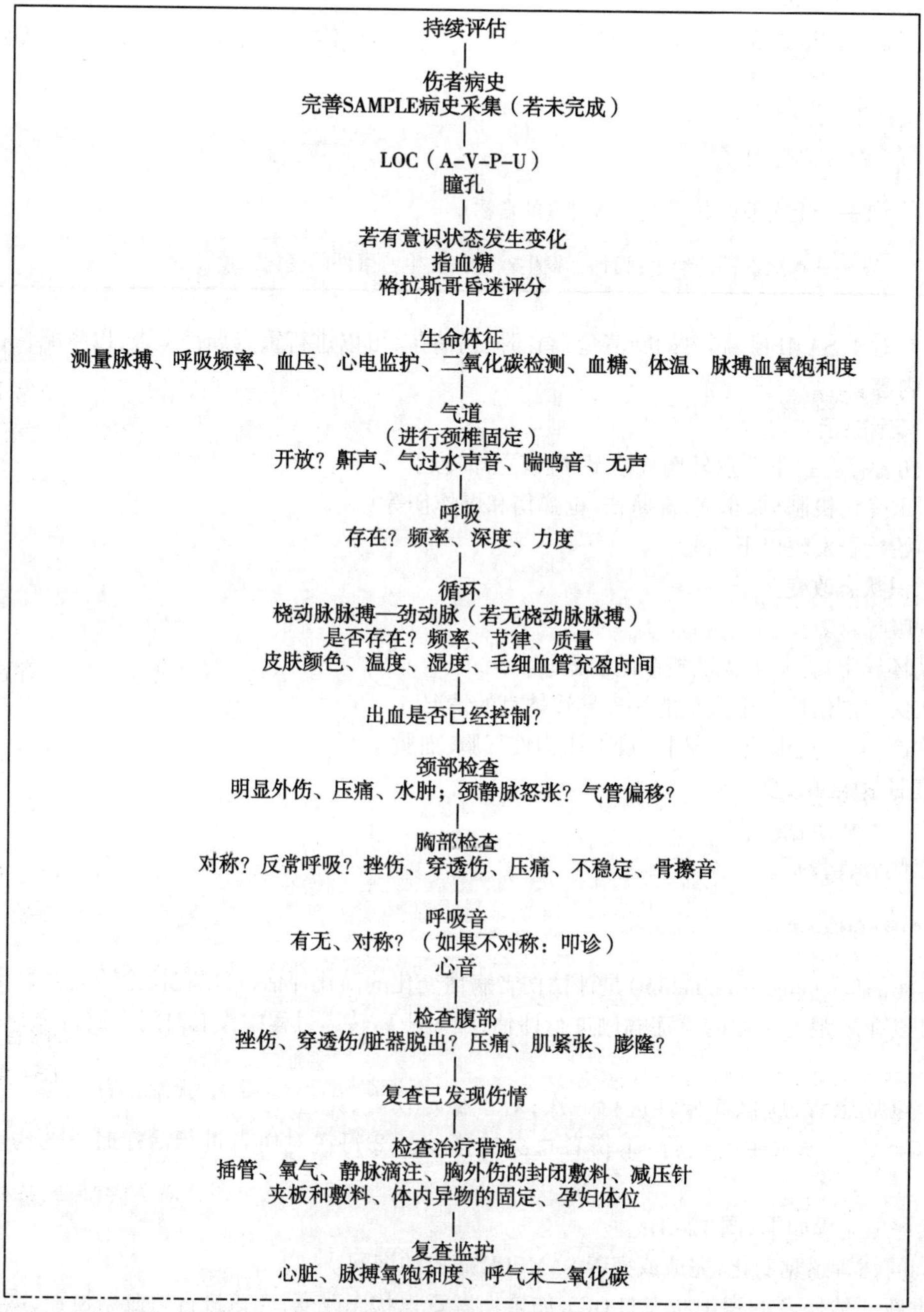

持续评估

伤者病史
完善SAMPLE病史采集(若未完成)

LOC(A-V-P-U)
瞳孔

若有意识状态发生变化
指血糖
格拉斯哥昏迷评分

生命体征
测量脉搏、呼吸频率、血压、心电监护、二氧化碳检测、血糖、体温、脉搏血氧饱和度

气道
(进行颈椎固定)
开放?鼾声、气过水声音、喘鸣音、无声

呼吸
存在?频率、深度、力度

循环
桡动脉脉搏—劲动脉(若无桡动脉脉搏)
是否存在?频率、节律、质量
皮肤颜色、温度、湿度、毛细血管充盈时间

出血是否已经控制?

颈部检查
明显外伤、压痛、水肿;颈静脉怒张?气管偏移?

胸部检查
对称?反常呼吸?挫伤、穿透伤、压痛、不稳定、骨擦音

呼吸音
有无、对称?(如果不对称:叩诊)
心音

检查腹部
挫伤、穿透伤/脏器脱出?压痛、肌紧张、膨隆?

复查已发现伤情

检查治疗措施
插管、氧气、静脉滴注、胸外伤的封闭敷料、减压针
夹板和敷料、体内异物的固定、孕妇体位

复查监护
心脏、脉搏氧饱和度、呼气末二氧化碳

图 12-3 伤者的继续评估流程图

(5)检查张力性气胸穿刺针是否通畅。

(6)检查夹板和敷料。

(7)检查刺入身体的异物是否被妥善固定。

(8)检查孕妇伤者的体位。

(9)检查心电监护、脉搏氧饱和度等。

## 三、进一步评估

进一步评估(secondary survey)的目的是发现在初步评估中可能遗漏的其他损伤,该检查评估可以在长途转运的急救车或者在急诊室中进行实施。是否需要进行进一步评估及何时开始进一步评估,取决于以下情况:

①重症伤者,应该在转运途中实施进一步评估。

②如果转运路途较短而有需要对患者进行治疗,可以作进一步评估。

③如果初步检查发现严重问题,可以在现场进行进一步评估。而无危险受伤机制,并且病情相对稳定的伤者不需要进一步评估。

进一步评估流程(图 12-4):

1. 重复初始检查。

2. 考虑使用监护(心率、脉搏氧饱和度、呼气末二氧化碳),经常使用于转运途中。

**知识拓展**

呼气末二氧化碳分压(end tidal $CO_2$,$ETCO_2$)的监测可反映肺通气情况,还可反映肺血流情况,在无明显心肺疾患且 V/Q 比值正常时。$ETCO_2$ 可反映 $PaCO_2$(动脉血二氧化碳分压),正常 $ETCO_2$ 为 5kPa(38mmHg)。定量的 $ETCO_2$ 监测仪可以在急救过程中辅助确定气管导管位置是否有效,还可以检测通气量是否充足。如通气的波形显示为"方波形"样式证实气管导管位置放置正确,同时 $ETCO_2$ 也有助于判断心肺复苏的有效性。

3. 再次记录生命体征(脉搏、呼吸、血压)。

4. 进行简要的神经系统检查

(1)意识水平:若伤者意识清楚,应该描述定向力、情感状态、是否听从指示。如果伤者存在意识状态改变,应使用格拉斯哥缓慢评分量表评估,同时检查指血糖、氧饱和度水平。

(2)瞳孔:注意大小、双侧是否等大、有无对光反射。

(3)活动:伤者是否能够移动手指或足趾。

(4)感觉:手指、足趾是否有感觉,意识不清的伤者对手指、足趾的刺激是否有反应。

5. 进行细致的全身检查 需要从头到脚进行检查伤者,不能遗漏。特别是注意患者主诉和前面检查出来损伤的部位进行更为详细复查。使用的诊疗方法包括视诊、听诊、触诊,有时还需要叩诊。

(1)DCAP-BLS:是畸形(deformities)、挫伤(contusions)、擦伤(abrasions)、穿透伤(penetrations)、烧伤(burns)、撕裂伤(lacerations)、肿胀(swelling)首字母英文缩写,作为视诊主要检查内容。

(2)TIC:压痛(tenderness)、不稳定(instability)、骨擦音(crepitus),作为触诊检查的主要内容。

1)头部检查:头部是否存在畸形、挫伤、擦伤、穿透伤、烧伤、撕裂伤、水肿(DCAP-BLS),触诊是否存在压痛、不稳定、骨擦音(TIC)。

2)颈部检查:DCAP-BLS,TIC,颈静脉怒张,支气管移位。

3)胸部检查:DCAP-BLS,TIC。判断呼吸是否对称,有无反常呼吸;听诊有无呼吸音、哮鸣音或异常呼吸音;复查胸部开放性损伤的封闭敷料,确定连枷胸是否已经妥善固定。

4)腹部检查:检查是否有穿透伤或钝挫伤,判断腹部有无压痛或肌紧张。

5)骨盆和四肢评估:应该检查 DCAP-BLS 和 TIC,在尝试对任何骨折进行复位时,一定要对所检查并记录所有骨折部位的脉搏、运动和感觉。

进一步评估（secondary survey）
↓
初步检查（initial assesment）
↓
总体印象
伤者较前好转、恶化还是无变化？
↓
LOC（A–V–P–U）
↓
气道
（进行颈椎固定）
鼾声、气过水声音、喘鸣音、无声
↓
呼吸
存在？频率、深度、力度
↓
桡动脉脉搏—劲动脉（若无桡动脉脉搏）
是否存在？频率、节律、质量
皮肤颜色、温度、湿度、毛细血管充盈时间
↓
出血是否已经控制？

---

详细检查（detail exam）
伤者病史
完成SAMPLE病史采集（如果没有完成）
↓
生命体征
测量脉搏、呼吸频率、血压、心电监护、二氧化碳检测、血糖、体温、脉搏血氧饱和度
↓
格拉斯哥昏迷评分量表
（眼睛、声音、运动），情感状态
↓
头部检查
DCAP–BLS，TIC
（瞳孔、Battle征、Raccoon眼、脑脊液鼻漏、耳漏）
↓
颈部检查
DCAP–BLS，TIC，颈静脉怒张？气管偏移？
↓
胸部检查
对称、反常呼吸、DCAP–BLS，TIC
↓
呼吸音
有无、对称？（如果不对称；叩诊）、呼吸音不正常？

---

心音
↓
腹部检查
挫伤、穿透伤/脏器脱出？压痛、肌紧张、膨隆？
↓
骨盆检查
DCAP–BLS，TIC
↓
上下肢检查
DCAP–BLS，TIC，远端PMS
↓
背部检查
只在初步评估未检查背部时进行
DCAP–BLS，TIC

图 12–4 伤者的进一步评估流程图

## 第三节 一般创伤的急救

**病例导学**

急救中心接到电话，一年轻男性骑车不慎摔倒在马路上，因未戴头盔侧脑着地撞击在马路旁边的花坛上，左侧颞部流血，马上出现了意识丧失。目前伤者恢复了意识，但是忘记了刚才发生的事情，并且自觉头痛、恶心和颈部疼痛。

问题：1. 伤者的受伤机制是什么？

2. 作为急救人员如何处理上述情况？

## 一、颅脑创伤

### （一）概述

颅脑外伤是复合性外伤伤者致残和死亡的主要原因。在世界范围内，由颅脑外伤造成的死亡，伤残以及治疗费用导致的经济损失是巨大的。对于多系统外伤者，40% 合并中枢神经系统损伤，这些伤者的死亡率（35%）是不合并中枢神经系统损伤者的 2 倍（17%）。急救人员在处理颅脑外伤者时，应考虑到合并颈椎及脊柱损伤，初期要限制脊柱运动。

### （二）颅脑损伤的病理生理机制

1. 原发性及继发性颅脑损伤　原发性颅脑损伤是指受伤即刻发生的直接损伤，损伤的结果不可逆。原发性颅脑损伤可以通过一些措施预防，如汽车的约束系统和工作中的头盔等。

继发性颅脑损伤是由于脑缺氧或脑灌注不足导致的脑损伤。主要是由原发性颅脑损伤引起的脑水肿等原因引起颅内高压，从而造成脑部灌注不足，进一步加重脑水肿，最后可以引起脑组织缺氧坏死。

2. 颅内压升高和 Cushing 反应（Cushing's response）　颅脑及内容物压力成为颅内压（intracranial pressure，ICP），正常情况下较低，当颅内压高于 15mmHg 时较为危险，当超过 25mmHg 时可出现脑疝。

当脑水肿或颅内出血时，引起颅内压升高及脑灌注压下降，最终可以导致脑细胞缺氧坏死。当颅内压等于平均动脉压，脑血流急剧减少，机体将通过保护机制来试图维持恒定脑灌注的病理生理学变化称为 Cushing 反应：颅内压增高后，全身动脉收缩压升高代偿性增加脑供血，收缩压升高后机体通过减慢心率来降低血压。严重脑损伤或脑缺氧，颅内压持续增高直到接近平均动脉压，脑部灌注持续下降直至消失，此时所有生命体征恶化到消失，伤者死亡。

对于严重颅脑损伤者，需要维持有效脑灌注压高于 60mmHg，即收缩压至少维持在 110~120mmHg。

3. 脑疝综合征（cerebral herniation syndrome）　颅脑外伤引起脑水肿，颅内压急剧升高，脑组织受压移位，最为常见的为小脑幕裂孔疝，挤压脑干和周围的脑神经，引起一系列症状。脑疝综合征的典型表现为：意识水平下降至昏迷、瞳孔扩大、对侧肢体偏瘫或去大脑强直。脑疝发生早期，伤者血压升高、心率减慢，随后生命体征停止、伤者死亡。

当颅脑损伤出现上述临床表现时，脑疝即将发生，此时应立即急性临床干预。尽管过度通气能够收缩脑血管，降低颅内压，但脑血管的收缩加重了脑缺氧，但此种情况下，脑疝风险高于因过度通气引起脑缺氧风险，过度通气是脑疝综合征推荐的急救处理方式。纠正脑缺氧及低血压后，伤者出现以下一种或多种临床表现时，可进行过度通气治疗（表 12-5）。

（1）颅脑损伤者 GCS<9 分，去大脑强直。

（2）颅脑损伤者 GCS<9 分，瞳孔不对称、扩大、对光反射消失。

（3）颅脑损伤者 GCS<9 分，且评分持续下降≥ 2 分。

瞳孔不对称（unequal pupils）是指双侧瞳孔相差 1mm 或以上，瞳孔固定（unreactive pupils）是指瞳孔（<1mm）对光反射消失。双侧瞳孔扩大是脑干损伤的指征，且死亡率高达 91%；约 54% 的单侧瞳孔扩大且固定伤者预后较好。迟缓性偏瘫通常表明脊髓损伤。当伤者出现脑疝缓解症状，应该马上停止过度通气抢救。

表 12-5　正常通气频率及过度通气频率（次 / 分）

| 年龄分组 | 正常通气频率（次 / 分） | 过度通气频率（次 / 分） |
|---|---|---|
| 成年人 | 8~10 | 20 |
| 儿童 | 15 | 25 |
| 婴儿 | 20 | 30 |

### （三）常见颅脑损伤特点

1. 颜面部损伤　颜面部软组织血供丰富，损伤既可以出现擦伤或挫裂伤等轻伤，也可以出现致命伤，如合并呼吸道损伤和失血性休克可危及生命。大多数出血采用直接压迫止血法，但是鼻咽部出血

难于在院前控制,可能危及生命。颜面部鼻骨骨折常见,但不引起大出血。面部合并颌部骨折也常见,此种情况下如出现呼吸道水肿或出血较为危险。眼部损伤一般不会导致生命危险,但可能致残,在现场如要处理眼部损伤,可以用大量生理盐水冲洗,然后选用合适的材料覆盖保护,须保证眼球不受压。

2. 头皮损伤　根据损伤程度分为头皮血肿、头皮裂伤和头皮撕脱伤。头皮血肿按血肿的位置可分为皮下血肿、帽状腱膜下血肿和骨膜下血肿三种。巨大的血肿可局部适当加压包扎,为避免感染,一般不采用穿刺抽吸。头皮裂伤及早进行清创术,其清创缝合的时限可放宽至24小时。头皮撕脱伤应在压迫止血、建立静脉通道快速补液防治休克的同时,转入神经外科进一步处理。

3. 颅骨骨折　按骨折部位分为颅盖骨与颅底骨骨折;按骨折形态分为线形与凹陷性骨折;按骨折与外界是否相通,分为开放性与闭合性骨折。怀疑颅骨骨折的患者,应及时拍摄颅脑X线片或CT片。线形颅骨骨折多不需急诊处理,凹陷性颅骨骨折有颅内压增高表现者,给20%甘露醇或加呋塞米降颅压,同时转入神经外科考虑手术。颅底骨折合并脑脊液漏时,不可堵塞或冲洗,不做腰穿,取头高位卧床休息,避免用力咳嗽、打喷嚏和擤涕,给予抗生素。如超过1个月仍未停止漏液,可考虑行手术。

4. 脑震荡　脑震荡无肉眼可见的颅脑损伤,典型脑震荡患者在伤后即刻出现时间长短不等的意识丧失或障碍,数分钟可恢复意识,伤者可出现近事遗忘。

5. 脑挫伤　脑挫伤者出现较长时间的意识丧失或严重意识水平改变(意识障碍、持续性失忆和异常行为)。脑水肿会加重损伤。伤者可出现局灶性神经功能缺损(肢体无力、失语)症状或貌似脑卒中症状。由于损伤特殊部位,伤者可出现性格改变,如突然发脾气或暴躁等。

6. 蛛网膜下腔出血　可以分为自发性或创伤性蛛网膜下腔出血,出血可能加重脑水肿,引起脑膜刺激征,如剧烈的头痛及呕吐。

7. 脑缺氧性损伤　缺氧引起的严重脑损伤。脑血管痉挛导致脑皮质缺氧,缺氧状态持续4~6分钟,重新给氧或升高血压后,脑皮质灌注不会改善,同时脑细胞发生持续性损伤。脑组织缺氧时间大于4~6分钟,出现不可逆的损伤。

8. 急性硬脑膜外血肿　常见于脑膜中动脉破裂。颞骨或顶骨线性骨折易引起脑膜中动脉损伤。表现为有中间清醒期的意识障碍,急进行颅高压表现,易于造成小脑幕裂孔疝,造成对侧肢体偏瘫,伤侧瞳孔散大固定,对光反射消失,随后死亡。

9. 急性硬脑膜下血肿　常合并脑组织损伤,出血原因多为静脉源性,颅内高压升高相对缓慢,症状在受伤早期不明显。临床表现包括头痛、意识水平改变、局灶性神经系统功能缺损。因有脑组织损伤,预后较差。当患者出现昏迷时,死亡率高达60%~90%。

10. 脑内出血　创伤性脑内出血常见于钝器伤或穿透伤,手术常不能改善预后。临床类似脑卒中。

### (四) 颅脑外伤的评估

1. 初步评估　现场评估针对损伤机制预判以及SAMPLE病史直接询问可以针对是否有脑部损伤给出初步预判;初步检查中注意意识水平的评估和变化,保持呼吸道畅通和维持呼吸;在保持呼吸道通畅及维持循环系统稳定的同时,应限制颈椎的活动。

2. 快速创伤检查

(1)头:有无血肿、裂伤或开放性颅骨骨折,如骨折稳定对出血可以压迫止血;鼻或耳出血、鼻腔或外耳道流出澄清或血性液体、耳后瘀斑(Battle征)、眶周淤肿(熊猫眼征)等,为颅底骨折的征象。熊猫眼征是经鼻胃管或者经鼻气管插管的禁忌证,导管可能从破裂的筛板进入颅腔。

(2)瞳孔:双侧瞳孔是否对称,是否扩大,对光反射是否消失。双侧瞳孔散大和对光反射消失,提示伤者可能存在脑干损伤且预后差。如果双侧瞳孔散大和对光反射存在,提示颅脑损伤可逆,应及时转运伤者去有条件的医院救治。单侧瞳孔散大和对光反射存在,提示颅内高压早期信号。

(3)肢体:评估肢体感觉及运动功能。伤者能否感觉检查者触碰肢体,伤者的手指和组织能否活动。如果昏迷,则评估其对疼痛刺激的反应。可见以下2种体位变化:去皮质强直(decerebrat posturing)表现为上肢屈曲、下肢伸直。去大脑强直(decorticate posturing)表现为四肢伸直。这两种体位变化提示大脑半球深部或脑干上部损伤。去大脑强直提示脑疝,是过度通气治疗的指征。迟缓性偏瘫提示脊髓损伤。

(4)神经系统功能检查:使用格拉斯哥昏迷评分表进行评分,如果患者GCS评分低于8分,提示颅

脑损伤严重。

(5)生命体征：在进行神经系统评估时，应有其他检查者同时进行生命体征评估。颅脑外伤与休克的生命体征变化需要进行区别(表 12-6)：

表 12-6　休克和颅脑外伤生命体征变化区别

| | 休克 | 伴有颅内压增高的颅脑外伤 |
|---|---|---|
| 意识水平 | 降低 | 降低 |
| 呼吸 | 增加 | 不规则但是经常降低 |
| 脉搏 | 增加 | 降低 |
| 血压 | 降低 | 增加 |
| 脉压 | 变小 | 变大 |

3. 进一步评估　意识状态改变的颅脑外伤者应紧急转运至医院，在转运途中可进行进一步评估。

4. 持续评估　每次进行持续评估时应及时记录意识水平、瞳孔大小及对光反射、GCS 评分、肢体运动和感觉障碍的变化，这些记录是动态评估颅脑外伤进展和变化的基线。

**(五) 颅脑外伤的急救处理**

1. 保持呼吸道通畅、提供充足的氧气。给 100% 氧气，通过指示脉搏血氧仪监测血氧饱和度，维持动脉血氧不低于 90%，最佳状态为 95%。高流量供氧，维持呼吸频率在 6~8 秒一次呼吸。

2. 将伤者固定在脊柱固定板上，严格限制颈部或头部活动。

3. 情绪焦虑易怒的伤者不耐受绑缚及通气设备，可以根据情况给予合适的镇静药。

4. 详细记录生命体征的变化、意识水平、瞳孔(大小和对光反射)、GCS 评分和肢体障碍的变化情况，在转运途中为 5 分钟记录一次。

5. 开通 2 根大管径输液通路。

6. 如果出现脑疝征象，如果可以监测 $ETCO_2$，需要维持 $ETCO_2$ 在 30~35mmHg 的水平，进行过度透气。

## 二、胸部创伤

一辆 120 急救中心的救护车被派往一餐厅，这里有一名顾客被刺伤。现场评估显示警察已经清理了餐厅现场，并在询问旁观者。现场有一名男性伤者，目前躺在地上，双手捂着中腹部，未见明显流血，患者神志清楚。由于现场安全而且受伤机制不明，急救小组采取了个人防护设备，他们接近伤者并开展基础救治。

问题：1. 你将如何接近伤者？采取何种评估？

2. 首先做什么？是否需要转运？

**(一) 概述**

胸廓能保护胸部的重要器官，如肺脏、心脏、大血管、脊髓、肝脏、脾脏、胃、胰腺、肾脏和横结肠等，这些脏器的损伤可能造成伤者早期死亡，如果胸部创伤的伤者能够得到早期诊断和快速的急救处理，大部分伤者可以存活。胸部外伤常见的原因包括：汽车或摩托车事故、高坠伤、锐器伤、挤压伤和枪弹伤。多发伤中常包含胸部创伤，创伤死亡伤者的 20%~25% 与胸部创伤有关。面对胸部创伤伤者时，必须尽快评估威胁生命的伤情(否则易于导致低氧和缺血)，立即进行挽救生命的急救，并尽快转运到有救治条件的临床急救中心。

**(二) 胸部损伤的病理生理机制**

胸部创伤常导致大多数伤者在现场死亡(即刻死亡)、或在数小时内死亡(早期死亡)。现场的即刻死

亡通常由于心脏和大血管的破裂,第二死亡高峰通常由于气道阻塞、张力性气胸、大量血胸或心脏压塞。胸部创伤者仅仅有 10%~15% 的伤者需要手术治疗,表明胸部创伤患者在院前处理的重要性和必要性。

损伤机制:胸部的钝性损伤见于急剧的减速、剪切力和挤压损伤导致。一般主动脉、肺脏、肋骨可能在钝性暴力中损伤,心脏和食管损伤以隐匿形式存在,发生概率相对较小;相反穿透伤更难以预测,单纯从体表检查很难依据刺伤和枪弹伤的伤口判断创伤方向和深度。

胸部创伤的严重后果为:

1. 气道阻塞引起的组织供氧不足。
2. 失血造成低血容量。
3. 肺实质受损造成的通气灌注比例失调。
4. 张力性气胸导致呼吸和循环功能损害。
5. 严重心肌损伤或心脏压塞造成的泵血功能衰竭。

**(三) 胸部损伤的紧急处理**

胸部外伤主要症状是:呼吸困难和胸痛。

胸部外伤主要体征是:

(1) 视诊:胸壁的瘀伤、开放性伤口、皮下气肿;咯血;颈静脉怒张、气管位置偏移、不对称的呼吸;发绀和休克。

(2) 触诊:压痛、胸壁不稳定和骨擦音。

(3) 听诊:双侧呼吸音的有无和对称与否。

(4) 叩诊:如果听诊有问题,可以在现场叩诊证实。

胸部损伤威胁生命的常见 6 种情况:①气道阻塞;②连枷胸;③开放性气胸;④张力性气胸;⑤大量血胸;⑥心脏压塞。

1. 气道阻塞　气道阻塞为多发性创伤处理的一个挑战,继发于气道阻塞的缺氧是常见的创伤致死原因。需要使用及时和有效的方法开放气道,并保持呼吸通畅。

2. 连枷胸(fail chest)　发生于 2 根或 2 根以上相邻肋骨的骨折,导致有自主呼吸的伤者胸壁不稳定和连枷节段的胸壁出现反常呼吸(或称为矛盾呼吸),不稳定的胸壁在伤者吸气时向内凹陷,在呼气时向外突出,严重影响呼吸和循环(图 12-5)。

连枷胸的处理步骤

(1) 保持气道通畅。

(2) 辅助呼吸给予高流量吸氧。

(3) 首先应徒手检查和按压连枷胸区域使其稳定,然后用加厚辅料包裹胸壁。

(4) 立即转运至适当的医院。

(5) 气管插管和正压通气是稳定连枷胸呼吸的最佳手段。

3. 开放性气胸(open pneumothorax)　气体积聚于壁层胸膜和脏层胸膜间的胸膜腔,并且继发于胸部有开放伤口。持续开放性的胸部伤口会使胸膜腔内压力等于大气压,从而导致部分甚至全部肺脏萎缩,严重影响呼吸和循环功能。气胸及其症状的严重程度一般与胸壁伤口的直径成正比(图 12-6)。

开放性气胸的处理步骤:

(1) 保持气道通畅。

(2) 辅助呼吸给予高流量吸氧。

(3) 首先用戴手套的手封闭伤口。然后在胸壁缺损位置进行敷料封闭,利用消毒的不透气辅料封闭伤口的 3 个边,形成一个活瓣。

(4) 立即转运至适当的医院。

(5) 开放静脉通道,监测心脏情况。

4. 大量血胸(massive hemothorax)　胸前内积血成为血胸,大量血胸是指胸膜腔内积血超过 1500ml。每侧胸腔可容纳 3000ml 血液。穿透伤发生大量血胸的概率高于钝性伤。大量血胸的症状和体征由低血容量性休克和呼吸功能损害共同导致。症状:出现焦虑和意识模糊,或者明显的休克。体征:颈静脉不充盈;伤侧呼吸音减弱并双侧不对称;伤侧叩诊为浊音。

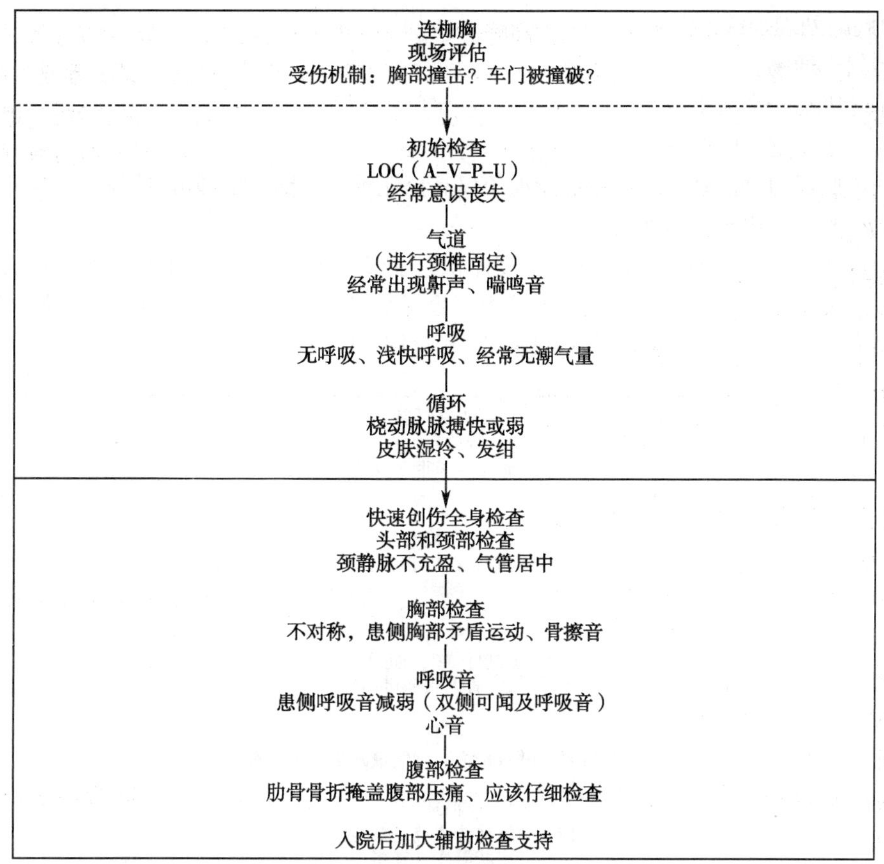


图 12-5 连枷胸的初步评估流程图

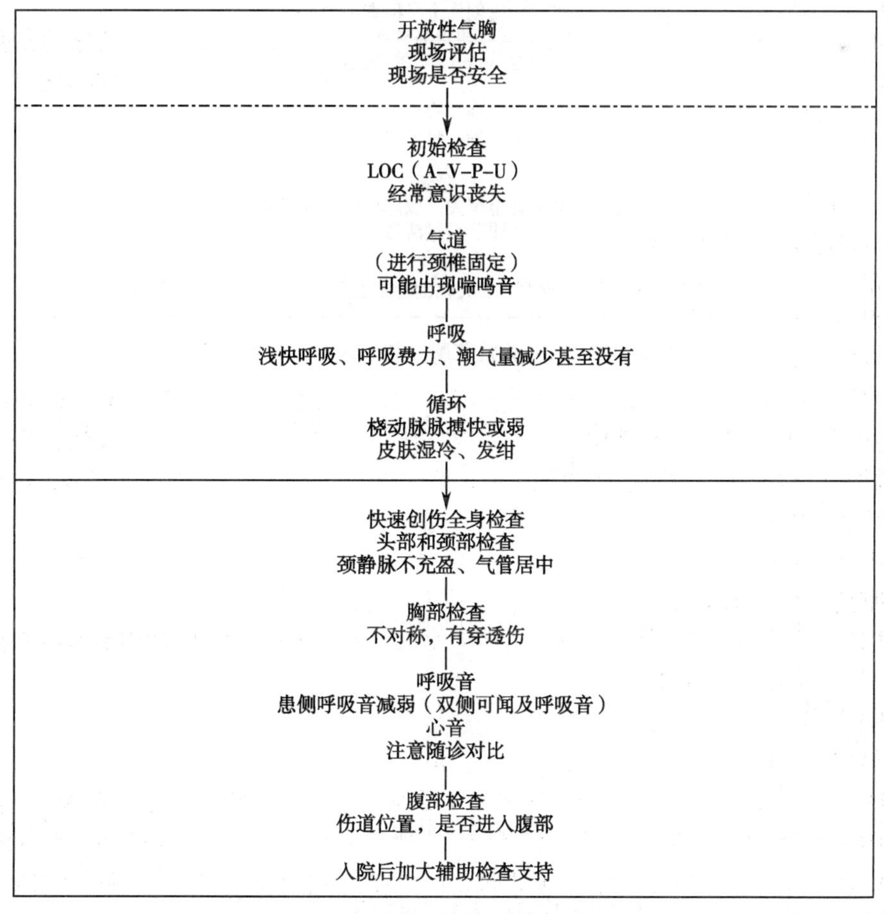


图 12-6 开放性气胸的初步评估流程图

大量血胸的处理步骤：

(1)保持气道通畅。

(2)辅助呼吸给予高流量吸氧。

(3)立即转运至适当的医院。

(4)开放静脉通道，处理休克，尽量保持血压仅高至能维持周围脉搏即可(收缩压 80~90mmHg)。

(5)仔细观察防止出现张力性气胸。

5. 张力性气胸(tension pneumothorax) 气体积聚于壁层胸膜和脏层胸膜间的胸膜腔，造成患侧肺的完全萎陷。张力性气胸气体持续在胸膜腔内集聚无法排除，胸膜腔内压持续上升导致心脏和气管受压向对侧移位，并压迫上下腔静脉使静脉回流受阻(图 12-7)。

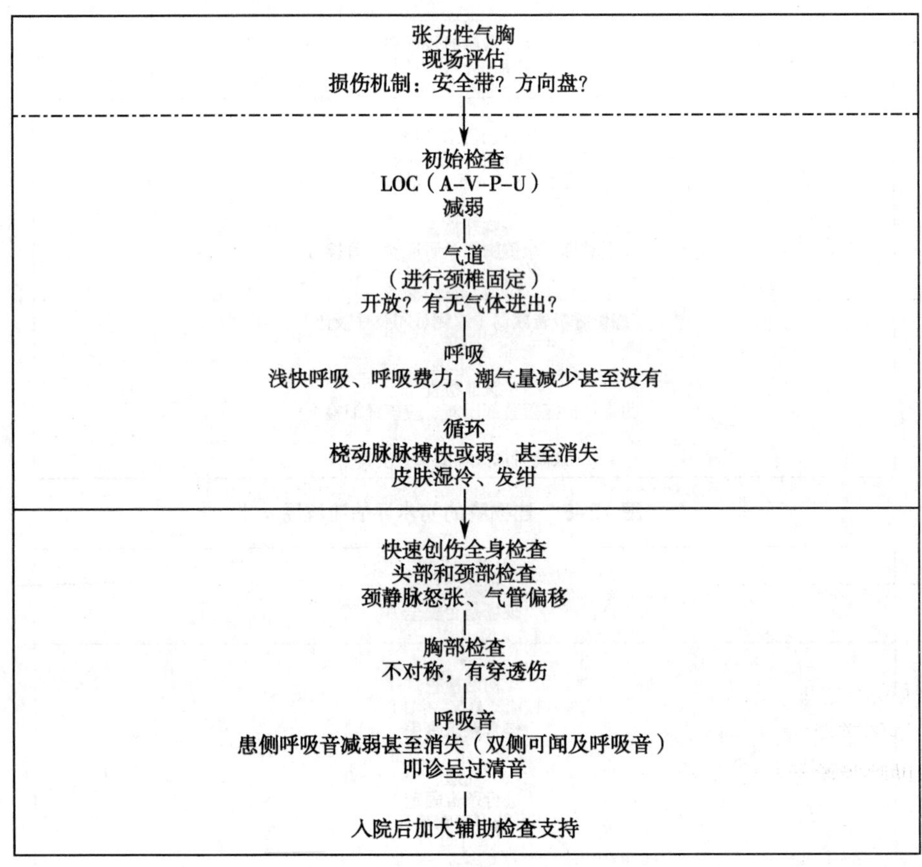


图 12-7 张力性气胸的初步评估流程图

张力性气胸的临床特点：呼吸困难、焦虑；颈静脉怒张，气管偏向对侧。听诊伤侧呼吸音减弱和不对称，同时叩诊呈过清音或鼓音；心动过速。

张力性气胸的处理步骤：

(1)保持气道通畅。

(2)辅助呼吸给予高流量吸氧。

(3)如果需要进行患侧胸腔减压，张力性气胸出现以下 1 条或 1 条以上变化表明失代偿，需要立即减压。

1)呼吸困难和发绀。

2)桡动脉搏动消失。

3)意识水平下降

(4)立即转运至适当的医院，入院后行胸腔闭式引流。

6. 心脏压塞(cardiac tamponade) 心包膜是围绕在心脏周围缺乏弹性的膜，如果心脏损伤造成血液迅速集聚在心包和心脏之间，心脏可以被压缩导致心脏充盈受阻和心排血量下降。心包积血在

75~100ml 即可影响心脏充盈并出现心脏压塞的各种临床表现。

心脏压塞的临床特点：呼吸困难；出现典型的脉压变小和 Beck 三联征（Beck triad）。Beck 三联征是指颈静脉怒张、心音低钝和奇脉（paradoxical pulse）（血压随呼吸周期性改变，吸气时降低，呼气时升高；如果伤者在吸气时脉搏消失奇脉明显，提示心脏压塞）。心音低钝在院前很难察觉，可以通过前后检查心音的变化察觉。心脏压塞可以出现休克，现场和张力性气胸相似都有颈静脉怒张，鉴别主要集中在双侧呼吸音是否对称存在，气管有无偏移（图 12-8）。

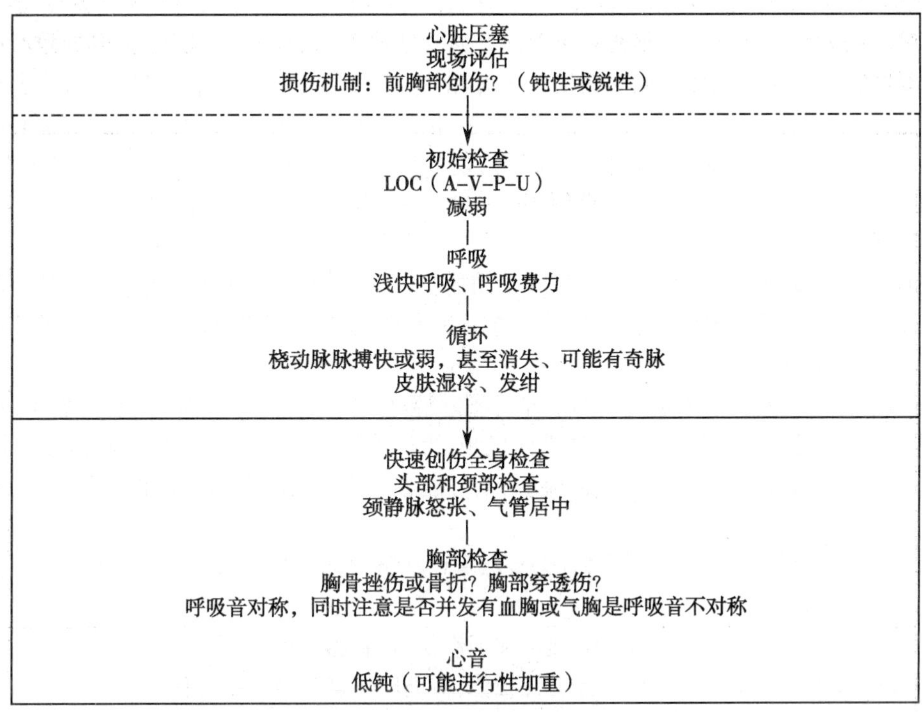


图 12-8 心脏压塞的初步评估流程图

心脏压塞的处理步骤：

(1) 保持气道通畅。

(2) 辅助呼吸给予高流量吸氧。

(3) 立即转运、迅速转运至合适的医院。

(4) 尽早监测心脏，特别是出现胸痛或心律失常。

(5) 处理休克。开放静脉输注电解质液可以提高心脏灌注和心排血量。考虑到可能合并胸腔内出血，维持收缩压在 80~90mmHg 即可。

(6) 监测其他并发症，包括血胸和气胸。

(7) 诊断明确的心脏压塞，可以在上级医生的指导下进行心包穿刺。

## 三、腹部创伤

### (一) 概述

腹部创伤的评估非常困难，难于在短时间内给出不遗漏的全面评估。由于腹部创伤是引起创伤性死亡的主要原因之一，对于此类伤者，需要尽快进行评估和处理。对于腹部穿透伤而言，需要急诊手术。钝性的腹部损伤（如车祸、打架和身体接触性体育运动等）看似较锐器损伤轻，但仍有较高的死亡率。

无论穿透伤及钝性损伤最终结果如何，危及生命的主要病理学变化为出血性休克和感染。腹部创伤后出血可以很快出现，需要高度警惕观察是否有失血性休克的症状和体征。感染出现的较晚，虽也会引起伤者死亡，但多数不需要现场即刻处理。

### (二) 腹部创伤的类型

腹部的损伤按照病因来分通常分为钝性损伤和锐性穿透伤，有时也会出现上述两者的联合。钝

性损伤是最为常见的损伤机制，其死亡率高达10%~30%，原因可能为此类损伤多伴有头部、胸腔、盆腔或四肢的多发损伤。车祸伤的70%为多发伤。

钝性暴力损伤多由固定的物体直接撞击腹部所致，从而导致腹腔内实质性脏器（肝脏、脾脏）完全破裂或包膜下破裂。减速性损伤主要包括剪切力作用（如车祸中保险带造成的减速损伤），主要导致腹腔脏器或血管的撕裂，尤其是肝或肾动脉。钝性暴力腹部损伤的患者，可以不表现出腹部疼痛和损伤的外部征象；多发低位的肋骨骨折可以造成腹腔脏器损伤，肋骨骨折的疼痛可以掩盖腹部的疼痛，易于造成漏诊。

锐性腹部穿透伤主要是由刀刺或枪击引起。通常情况下刀刺伤不会很快出现失血性休克，损伤到腹腔重要器官或血管可以快速出现较快的出血和休克。如果仅为刀刺伤空腔脏器，伤者在伤后数小时或数天后，才会进展危及生命。腹部枪击伤中，枪击伤中的子弹、碎片可以导致腹部脏器及血管的直接损伤，同时由于子弹能量的转移，造成相应的软组织损伤，被称为"爆炸效应"。通常情况下腹部枪击伤需要进行急诊手术，急诊手术需要关注子弹有可能累及多个腔室和脏器复合伤。

**（三）初始评估**

1. 现场评估和受伤机制　仔细勘查伤者受伤的场景和周围环境，可为伤者病情评估提供重要信息，预测可能存在的腹腔内损伤，例如：车祸现场、高坠伤现场、爆炸伤现场、安全带放置的位置等都可以提供重要的诊断线索。

在车祸现场，可通过观察车辆受损的情况，气囊是否打开，车窗是否受损、方向盘或操纵杆有无弯曲、安全带的放置和固定方式等综合评估受伤机制，为评估提供重要线索。刀刺伤或枪击伤时，注意凶器的大小或子弹轨迹，当伤者被送到医院时，最好能够分析出可能导致腹部损伤的机制，指导诊断和治疗。

2. 伤者评估　现场针对腹部的评估检查要点集中在胸腹部的视诊和触诊。

(1)胸腹部的视诊

1）观察胸腹部是否有畸形、突出物、挫伤和创伤伤口、脏器突出、膨隆。

2）胸部乳头连线以下胸部钝性或穿透性损伤，应高度怀疑胸腹部联合伤。

3）肋骨骨折可导致肝脏、脾脏和膈肌的损伤。

4）脾脏损伤可以表现左肩部后方牵涉痛，肝脏损伤可以表现右肩部后方牵涉痛。

5）出现安全带征及腹部大片擦伤或瘀肿时，其中25%伤者有腹部损伤。

6）脐周瘀肿（Cullen征）通常提示后腹膜出血，一般出现在损伤数小时后。

(2)胸腹部的触诊

1）腹部的压痛、肌紧张，腹部膨隆提示严重的腹内损伤，多伴有出血，进一步发展为休克。

2）双侧髂嵴和耻骨的压痛或出现骨擦音，提示骨盆骨折，常伴有大出血，导致休克。

**（四）腹部损伤的处理步骤**

1. 保持气道通畅。

2. 辅助呼吸给予高流量吸氧。

3. 立即转运、迅速转运至合适的医院。

4. 条件如果允许至少开放2条静脉通路，输注生理盐水。尽早心电监护，特别是出现胸痛或心律失常。维持收缩压在80~90mmHg。

5. 如果有腹腔脏器的脱出，用生理盐水或清水浸湿无菌纱布覆盖突出腹腔的脏器表面，如果转运时间较长，可以用塑料袋或铝箔在无菌纱布上再行覆盖，防止水分丢失。脏器不能强行推入腹腔。

6. 插入腹腔的异物，不要试图拔出，小心固定在原来的位置，确保异物不移动。

## 四、脊柱和脊髓创伤

**（一）概述**

脊髓损伤是一种严重危及生命的损伤。常见的脊髓损伤44%为交通事故，暴力伤害24%，高坠伤22%，运动伤8%。如果脊髓损伤的患者能够存活，可能会丧失独立生活能力，所以在针对创伤者的处理中要时刻警惕对椎管和脊髓造成损伤。

脊柱活动限制(spinal motion restriction,SMR),SMR是指急救人员借助必要的限制脊柱运动设备,采取必要固定方法最大程度减少脊柱活动,并尝试防止脊柱和脊髓进一步损伤的技术。

### (二)脊髓损伤的创伤机制和病理

正常健康脊柱可承受较大的各个方向的应力并保持自身的完整,且不伤害脊髓。但是在某些创伤机制下可以破坏脊柱的防御,损伤脊柱和脊髓。最为常见的受伤机制是过伸、过曲、压缩、旋转、横向压力或牵拉。按照损伤病因排序依次为:交通事故、高坠伤、运动损伤。8岁以下儿童,头部相对较大,最为常见的是颈椎上端损伤,可能是致命的。

1. 脊柱损伤 钝性暴力可以造成脊柱的骨性组织或结缔组织的损伤,疼痛是最为常见的症状,伴有周围局部肌肉的痉挛。个别神经根损伤可能源于骨性脊柱受损,从而引发局部疼痛、麻痹或感觉缺失。故脊柱损伤的体征包括:背部疼痛、沿着脊柱压痛、背部活动疼痛、背部明显的畸形或伤口、肢体瘫痪、无力或感觉异常(皮肤感觉刺痛或烧灼感)。

2. 脊髓损伤 脊柱损伤可以不造成脊髓损伤。但是在急救过程面对意识障碍的伤者有较高的脊柱损伤风险(15%~20%),针对无意识的创伤者应该立即实行SMR。脊髓损伤可以造成运动功能和反射功能丧失、感觉的丧失或改变、或神经源性休克,特别是颈或胸髓损伤可以导致高颈段脊髓损伤的神经源性休克(即分布性休克)。

### (三)评估可能存在的脊髓损伤

所有的伤者都需要在现场进行初步评估,脊髓功能的评价是其中的一部分。下表为伤者评估过程中可能造成脊髓损伤的线索(表12-7)。

表12-7 伤者评估过程中可能造成脊髓损伤的线索

| 受伤机制 |
|---|
| ■ 锁骨以上的钝性损伤<br>■ 跳水意外<br>■ 机动车或自行车事故<br>■ 高坠伤<br>■ 在脊柱附近的穿透伤<br>■ 躯干部的枪伤或爆炸伤<br>■ 任何可能作用在脊柱或脊髓的暴力损伤 |
| 伤者主诉 |
| ■ 颈部或背部疼痛<br>■ 感觉麻木或刺痛<br>■ 无法活动或力量减弱 |
| 评估过程中可能出现的阳性体征 |
| ■ 活动背部或脊柱时引起疼痛<br>■ 明显的背部或脊柱畸形<br>■ 背部活动受限<br>■ 感觉功能丧失<br>■ 肌肉无力或松弛<br>■ 二便失禁<br>■ 阴茎异常勃起<br>■ 神经源性休克 |

初步评估一定要节约时间。如果有意识的伤者能够活动手指和足趾,说明运动神经功能完好。任何异常感觉(刺痛或感觉减退)都提示有脊髓损伤。如果掐昏迷伤者的手指或足趾,有回缩动作,说明运动和感觉功能完好,因此脊髓功能完好。但是并不意味着可以不实行SMR。

### (四)SMR的实施

脊柱活动限制(SMR)要求最大限度地减少脊柱的活动。基于伤者的受伤机制,在第一次评估伤者时,应该将伤者的头部和颈部摆放在中立位。最容易和方便的方法是用双手或者双膝跪姿固定伤者的颈部,以中立位(neutral alignment)对齐脊柱纵轴,不施加牵引(牵引不是院前急救的内容),牵引常导致脊柱损伤的进一步不稳定。

在初始评估完成气道评估后，开放气道，支持呼吸后，可以给伤者戴上一个尺寸合适的解救颈托，急救颈托仅能预防颈部有大的活动，颈托戴好后施救者的双手仍不能离开固定位置。在快速全身检查结束后，采取整体翻身技术将伤者转移至长脊柱板，捆绑伤者头和身体在长脊柱板上，只有在附带脊柱固定完成时，救援人员的手才可以移开。

紧急救援（emergency rescue）和快速急救（rapid extrication）的情况下需救援人员决定对SMR进行适当的改良。紧急救援应用在受伤者和（或）急救人员的生命面临即时（数秒）环境威胁的情况下，以对救援人员危险最小的方式将伤者转移到安全区域。快速急救要考虑应用在伤者健康状况或处境需要快速干预（1分钟或2分钟内）以防其死亡的情况下，救援人员用手沿伤者身体纵轴移动伤者，以最大程度减少伤者脊柱活动。

## 五、四肢创伤

### （一）概述

在对伤者进行评估的时候不要对明显畸形及受伤的肢体给予过多关注，关注的重点应该放在更加致命的损伤。评估过程的气道、呼吸、循环的维持、休克的正确处理才是需要优先考虑的。

失血性休克是四肢损伤潜在的危重并发症，通常只有在直接动脉的破裂、骨盆骨折、股骨干骨折的大量失血才会导致休克。但骨折的出血多为内出血，直到大量血液丢失引发其他临床表现才被发觉。支配手足的神经和血管损伤同样也是常见的并发症，因此需要对骨折远端进行脉搏（pulses）、运动（motor function）和感觉（sensation）进行检查，即PMS的检查。

### （二）肢体损伤特点

1. 骨折　四肢骨折的断端可以直接损伤神经血管，也可能因肢体肿胀或血肿压迫导致间接性损伤，常见的神经损伤见于：肱骨中段骨折、肱骨髁上骨折和腓骨小头骨折。开放性骨折较闭合性骨折，增加了软组织感染或者化脓性骨髓炎概率。一侧股骨闭合性骨折出血量在1~2L，双侧股骨干骨折可能导致危及生命的出血。骨盆骨折会导致大量出血流向腹腔或腹膜后间隙，不稳定的骨盆骨折至少出现2处骨折，会导致超过1L的出血量，同时骨盆骨折会并发尿道、膀胱或肠道损伤。多发性骨折即使没有外出血，本身也可能导致危及生命的出血。

2. 脱位　关节脱位比较容易识别，大部分脱位不危及生命。但有些脱位急症，因为伴随血管神经损伤，如未及时诊断及处理，会导致肢体严重的功能障碍甚至截肢。因此评估关节脱位肢体远端PMS非常重要。

3. 开放性伤口　一般直接压迫或加压包扎能够止血。及时控制出血是现场处理开放伤口的首要处理措施，在控制出血后，要以无菌敷料及绑带包扎。如有可能采取冲洗或直接去除异物，尽可能维护创口的清洁。

4. 离断伤　离断伤会导致肢体功能丧失，有时危及生命。离断处的大出血一般可以使用无菌敷料或弹力绷带对残端加压包扎的方法止血。如果控制不住出血，使用止血带。小的离断部分可以冲洗干净，包在无菌纱布中，放入塑料袋，袋子上标注伤者姓名、日期、离断时间、肢体包装时间及冷藏时间。封闭的塑料袋放入有冰的大袋子里面，不要直接把离断部分放在冰上。

5. 神经血管损伤　造成神经血管损伤的原因多为外物直接离断、骨折段离断、肿胀和血肿压迫、外界硬质固定物挤压等。所以在应用夹板或牵引的前后都要对固定肢体远端进行PMS检查。

6. 扭伤与拉伤　扭伤是由关节的急性扭曲引起韧带过度伸展或撕裂所致，导致关节疼痛和肿胀。现场很难区别骨折和扭伤，所以要像骨折初步处理一样固定。

7. 异物穿刺伤　不要轻易拔除肢体的刺入物，用大的辅料稳定异物并及时转移伤者。对于颈部阻塞气道的刺入物要及时拔除，否则伤者会因缺氧窒息死亡。

8. 筋膜间隔综合征（compartment syndrome）　肢体的肌肉和其他组织，被无伸展性的筋膜包裹，形成很多封闭的空间成为筋膜间隔。常见的损伤机制有重物挤压、包扎过紧、肢体长时间受压，这些挤压伤和（或）闭合性骨折引起出血和肿胀，造成密闭空间内压力增加，引起血流减少、组织缺氧，进而造成骨骼肌、神经、血管损伤，若持续存在缺氧则会引起细胞死亡，最终造成不可逆损伤。

筋膜室综合征在前臂、小腿、大腿、手、足均可发生，而小腿骨折发生筋膜间隔综合征概率最高。

其晚期症状和并发症为“5P”：疼痛（pain）、苍白（pallor）、无脉（pulselessness）、感觉异常（paresthesia）、麻痹瘫痪（paralysis）。早期症状为疼痛，典型的表现是和损伤程度不匹配的剧痛和感觉异常。急救处理需要紧急切开筋膜减压。

9. 挤压伤　由肢体受到重物长时间压迫而阻断血流，继而发生组织无氧代谢。松绑后，受压部分组织的血液进入循环，细胞崩解坏死物质进入机体过多可引起一系列严重并发症：低血容量性休克、高钾血症、急性肾损伤。

**（三）评估与处理**

1. 现场评估和了解病史　评估肢体损伤的程度，特别是获取病史，这样可以帮助判断损伤机制。高坠伤引起足部创伤并常伴有脊柱损伤。髋关节和膝关节的损伤往往同时发生，髋关节的疼痛有时会投射到膝关节。腕关节和肘关节也易于同时受伤；小腿外侧腓骨骨折需要同时考虑踝关节骨折；肩关节疼痛可能源于肩关节本身，也可能源自颈部、胸部，甚至腹部。怀疑骨盆骨折，需高度警惕休克发生。

2. 初步评估　快速全面对每个肢体进行评估，寻找有无畸形、挫伤、擦伤、穿透伤、烧伤、撕裂伤和肿胀（DCAP-BLS）。探寻肢体压痛、不稳定和骨擦音（TIC）。检查关节是否疼痛或反常活动。检查并记录末梢循环、运动和感觉情况（PMS）。

3. 四肢损伤的处理　使用夹板的目的：防止骨折断端移位，以较少疼痛和防止断端对肌肉、神经和血管的破坏。

夹板固定的时机：不同伤者使用夹板的次序并无统一规定。一般来说，伤情严重的伤者在转运之前只需脊柱固定。对于需要迅速转运的伤者，骨折的肢体可束缚在长脊柱板上临时固定，在转运的过程中优先处理休克后，再适当对肢体进行固定。抢救伤者的生命是首要需要处理的。

使用夹板的规则和步骤：

（1）用剪刀剪开去除衣物，以推测受伤的部位。

（2）使用夹板前后，应该记录肢体 PMS 情况。

（3）若肢体有严重的成角畸形、脉搏消失且转运距离较远，可对肢体施加轻微的牵拉使其变直。若遇到的阻力较强，将肢体以发现时的样子固定。

（4）开放性损伤在使用夹板固定前最好用湿润的而无菌辅料覆盖伤口，夹板应该放在开放性伤口的对侧。

（5）夹板需要把损伤的上下两个关节同时固定。

（6）夹板固定需要有足够的衬垫，尤其在皮肤损伤处、骨性突起处，否则会加剧疼痛和引起压疮。

（7）不在现场进行骨折断端复位。

（8）若伤者有生命危险，可以在转运途中进行夹板固定。如果伤者伤情稳定，骨折或畸形的固定可以在转运之前进行。

（9）对于怀疑骨折情况，也要进行固定。

## 第四节　特殊创伤的急救

### 一、多发伤

**（一）多发伤的概念**

多发伤通常是指在同一机械致伤因素（直接、间接暴力，混合性暴力）作用下机体同时或相继遭受两种以上解剖部位或器官的较严重的损伤，至少一处损伤危及生命或并发创伤性休克。多发伤的死亡率较高，对患者生命构成威胁，需要紧急处理，同时防止遗漏伤情。

**（二）多发伤的特点**

多发伤的伤情严重，可在短期内致机体内生理失衡、微循环紊乱及严重缺氧等一系列影响组织细胞功能的循环和氧代谢障碍，处理不当可能迅速危及伤员的生命。

1. 创伤机制复杂 同一伤者可能有不同机制所致损伤的同时存在,如交通事故患者可由撞击、挤压等多种机制致伤;高处坠落者可同时发生多个部位的多种损伤。

2. 伤情重、变化快 多发伤具有叠加加重效应,总伤情重于各脏器伤相加。伤情发展迅速、变化快,需及时准确地评估与处理。

3. 生理紊乱严重 由于多发伤的伤情复杂,常累及多个重要脏器,可直接造成组织器官及功能损害。同时由于急性血容量减少,组织低灌注状态与缺氧等病理生理变化,多伴发一系列复杂的全身应激反应,以及脓毒症等引起组织器官的继发性损害,并互相影响,易发生休克、低氧血症、代谢性酸中毒、颅内压增高等,如果这些病理改变不能得到有效的控制,可导致多器官功能障碍综合征。

4. 评估困难,易漏诊和误诊 因多发伤患者损伤部位多、伤情复杂、伤势重、病史收集困难,很容易造成漏诊与误诊。患者可同时有开放性伤和闭合性伤,明显创伤和隐匿创伤;在处理中易于只注意发现主要的或显而易见的创伤,而容易忽视深在的和隐蔽部位的创伤。

5. 处理顺序与原则的矛盾 严重多发伤常需要手术治疗,由于创伤的严重程度、部位和累及脏器不同,对危及生命的创伤处理重点和先后次序也不一样。有时几个部位的创伤都很严重,多个损伤都需要处理,其先后顺序可能发生矛盾。不同性质的损伤处理原则不同,如颅脑伤合并内脏伤大出血,休克治疗与脱水治疗的矛盾;腹部创伤大出血合并休克,既要迅速扩容,恢复有效循环血量和组织灌注,又要立即手术控制出血,而且在手术控制大出血以前不能过快地输血,以防引起或加重出血和凝血功能障碍。

6. 容易发生并发症 多发伤由于组织器官广泛损伤及破坏,失血量大,全身生理紊乱严重,容易发生各种并发症。同时因机体免疫、防御系统功能下降,容易导致严重的感染和脓毒症。

#### (三) 评估和处理的原则

遵循创伤处理的基本评估和处理原则,以快速初始评估为引导,注重严格遵循评估的顺序流程,及时要求团队成员处理危及生命的因素。并在生命体征基本维持稳定的基础上,进行持续评估,有条件情况下增加详细的进一步评估,以避免多发伤在评估中的遗漏。

### 二、复合伤

#### (一) 复合伤的概念

复合伤(combined trauma injuries)是指两种或两种以上致伤因素同时或相继作用于人体所造成的损伤,所致机体病理生理紊乱常较多发伤和多部位伤更加严重而复杂,是引起死亡的重要原因。常见的原因是工矿事故、交通事故、爆炸事故、严重核事故等各种意外事故。临床上多依其主要损伤的特征来命名,如创伤复合伤、烧伤复合伤等。

#### (二) 复合伤的特点

创伤复合伤的基本特点是有两种致伤因素,其中一种主要致伤因素在伤害的发生、发展中起着主导作用。在机体遭受两种或两种以上致伤因素的作用后,创伤不是单处伤的简单相加,而是相互影响,使伤情评估更为困难,伤情进展快和创伤造成的损伤多。

主要致死原因:大出血;休克(失血性休克、感染性休克、创伤性休克和烧伤引起的休克)。有害气体急性中毒或窒息;急性肺水肿、肺出血;急性心力衰竭。多器官功能障碍等。

#### (三) 评估和处理的原则

遵循创伤处理的基本评估和处理原则,详细的现场评估和病史询问,发现造成复合伤的创伤机制。同样以快速初始评估为引导,注重严格遵循评估的顺序流程和步骤,及时要求团队成员处理危及生命的因素。并在生命体征基本维持稳定的基础上,强化持续评估和增加进一步评估。

### 三、孕妇创伤

#### (一) 概述

妊娠外伤者面临着自身的情况脆弱性以及未出生胎儿的潜在伤害,急救处理中需考虑到孕妇和胎儿两方面的情况。在孕期间孕妇容易发生晕厥、过度换气、过度劳累、由妊娠期生理的变化影响伤者的平衡和协调能力,增加了孕妇的受伤概率。

### (二) 妊娠期的特点

1. 胎儿发育 创伤对妊娠的影响取决于孕龄、创伤的类型和严重程度及对正常子宫和胎儿生理功能的破坏程度。孕 3 个月,胎儿成型;孕 5 个月,子宫平脐;孕 7 个月,子宫达上腹部(表 12-8)。

表 12-8 妊娠评估

| | 妊娠早期(1~12 周) | 妊娠中期(13~24 周) | 妊娠晚期(25~40 周) |
|---|---|---|---|
| 存活力 | 胎儿不能存活 | 可能存活 | 能存活 |
| 阴道出血 | 可能流产 | 可能流产 | 可能早产 |
| 胎心 | 听不到 | 120~170 次 / 分 | 120~160 次 / 分 |
| 耻骨联合 - 子宫底高度 | 不能触及 | 孕 16 周约脐耻之间,孕 20 周约平脐 | 孕 37 周为止,每周增高 1cm,随后胎儿入盆,宫底下降 |

2. 妊娠生理学变化 孕期妇女发生显著的生理学变化,主要变化有血容量增加、心排血量增加、血压降低。由于子宫底不断地抬升使膈肌同时抬高,减少了胸腔的总容积,呼吸的频率增加,有可能造成过度通气和呼吸性碱中毒(表 12-9)。另外孕妇血浆总量的增加超过了红细胞增加量,孕妇可以出现贫血(妊娠生理性贫血)。兼有部分孕妇的妊娠反应强烈,营养摄入不足,以及胎儿从母体摄取储备铁,孕妇可能最终发展成绝对性贫血。孕妇的胃动力降低,总觉得胃胀气,需要警惕呕吐和误吸引起的窒息情况。

表 12-9 妊娠生理学变化

| 监测参数 | 女性正常值 | 变化 |
|---|---|---|
| 血容量 | 4000ml | 增加 40%~50% |
| 心率 | 70 次 / 分 | 增加 10%~15% |
| 血压 | 110/70mmHg | 降低 5~15mmHg |
| 心排血量 | 4~5L/min | 增加 20%~30% |
| 血红蛋白 / 血细胞比容 | 130/40 | 降低 |
| $PCO_2$ | 38mmHg | 降低 |
| 胃动力 | 正常 | 降低 |

3. 低血容量反应 急性失血引起循环血量的减少,心排血量随静脉血液回流减少而降低。低血容量导致动脉血压下降,迷走神经张力下降和儿茶酚胺的释放,心率加快和非重要器官的血管收缩。子宫血管的收缩可导致子宫的血流量减少 20%~30%。因为孕妇血容量的增加,在检测到孕妇血压变化之时,预计失血最少在 1500ml 以上。胎儿针对血流灌注不足的反应是动脉血压下降和心率降低,子宫灌流的下降引起胎儿的血氧浓度下降。因此,为给胎儿提供充足氧气需要给母亲吸入 100% 的氧气,尽管如此此时胎儿的血液供应和氧气供给仍不足。休克状态的母亲大概有 80% 胎儿发生死亡。

### (三) 孕妇创伤的评估和处理

1. 特别注意事项 对妊娠伤者进行评估和维持生命体征的稳定是处理孕妇创伤的首要目标。针对妊娠伤者的评估与其他伤者评估一样,但其实是在紧急处理孕妇和胎儿两名伤者,有效地救治孕妇就是对胎儿最好的照顾。需要采取 100% 面罩给氧或气管插管给氧,快速给氧,同时快速建立静脉通道输液。

因为孕妇的解剖和生理的变化造成创伤评估的困难,需要立即并持续对伤者进行监测(表 12-10)。当孕 20 周以上时,孕妇仰卧位造成子宫压迫下腔静脉引起低血压和回心血量减少 30% 的现象称为仰卧位低血压综合征(supine hypotension syndrome)。可造成孕妇低血压、晕厥和胎儿心动过缓。此时孕妇取左侧卧位是可以增加心排血量 30%,并恢复血液循环。故在孕妇复苏、转运及非产科手术的围术期,都应该一直保持子宫左倾的位置。如果没有禁忌证存在,对于孕妇创伤,可以采取以下 2

种方法来减轻下腔静脉受压。

(1)将床板向伤者左侧倾斜或旋转 15°~30°。

(2)用毛巾或手将伤者的右髋关节抬高 10~15cm,使子宫转向左侧。

表 12-10 创伤评估——初步评估子宫大小

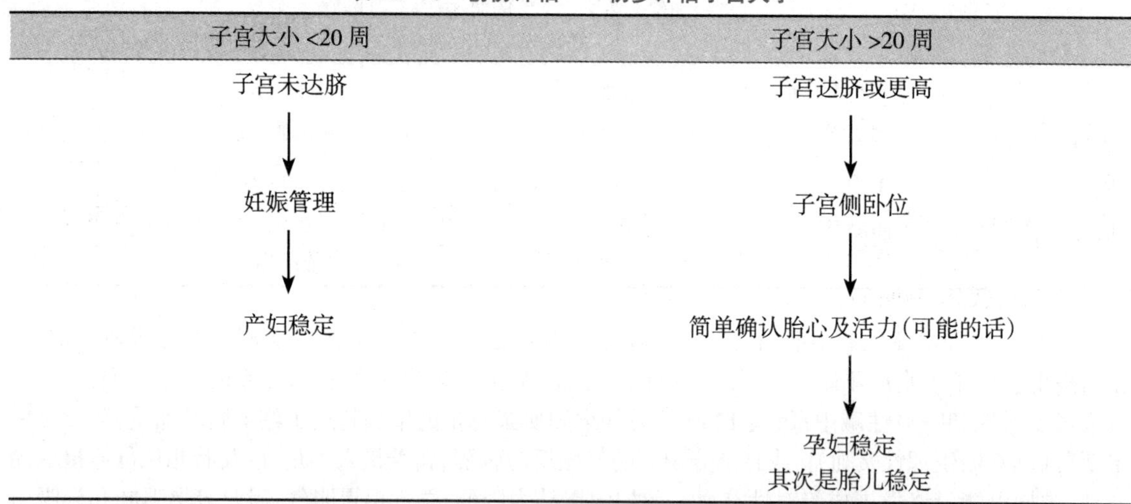


2. 低血容量 孕妇的正常生命体征不能误认为是休克征象。孕妇正常安静时的脉搏比平时快 10~15 次 / 分,血压比平时降低 10~15mmHg。当孕妇血压发生明显变化之前,伤者的失血可达 30%~35%。因此,要特别注意所有的休克征象,需频发监测生命体征。孕妇的心脏停搏与其他伤者一样,除颤仪和药物剂量相同。低血容量心搏骤停需要增加液体,在转运中需尽可能地输注 4L 生理盐水。

### (四) 孕妇创伤常见原因

1. 机动车事故 即使轻微的腹部外伤也可能导致胎儿死亡,胎儿死亡最为常见的原因是母亲死亡,机动车事故占妊娠相关创伤的 65%~75%。在机动车碰撞的事故中,妊娠伤者经常会出现胎儿宫内窘迫、胎死宫内、胎盘早剥、子宫破裂及早产。有关文献显示,在有轻微车辆损坏的事故中有不到 1% 的孕妇伤者受伤。妊娠伤者致死的常见损伤为颅脑外伤,骨盆骨折造成的腹膜后间隙隐匿性出血。

2. 摔伤 摔伤的发生率随妊娠的进展增加,部分原因是由于孕妇重心改变引起。损伤的严重程度与创伤发生时冲击力和具体受伤部位呈正相关。建议轻微的腹部外伤也需要到急诊科评估和检测。

## 本章小结

评估是创伤救治的重要环节,在创伤现场需要完成现场评估和需要快速的初始评估,在转运期间需要根据伤情和转运时间进行继续评估和(或)进一步评估,初始评估需要在 2 分钟内完成,非危及生命的状况不得停止,并需给出是否立即转运的决定。团队协作,快速有序和全面地遵循评估流程创伤检查,及时地协作紧急处理是现场、转运期间和院中急救高效和安全的保证。

胸部创伤中连枷胸、开放性气胸、张力性气胸、大量血胸和心脏压塞等多为致命性损伤,多需要快速评估、紧急处理和快速转运。颅脑创伤评估需要熟悉各种创伤机制下的临床表现,重要措施是快速评估、维持呼吸道通畅、避免低血压和快速转运。脊柱和脊髓的不稳定或不全损害是无法预测的,需要根据要求实施 SMR 技术。腹部创伤急救需要快速评估腹部是否存在出血、急救效果取决于受伤后及时有效转运。多发伤和复合伤对快速评估的要求较高,在遵循快速初始评估的基础上,需进行详细的进一步检查以防止诊疗遗漏。

(秦啸龙)

病例讨论

## 病例讨论 1

急救中心接到电话一伤者摔倒在家中浴室，侧脑着地撞击瓷砖，马上出现了意识丧失。目前伤者恢复了意识，但是忘记了刚才发生的事情，并且自觉头痛、恶心和颈部疼痛。

病例讨论

## 病例讨论 2

一辆120急救中心的救护车被派往一餐厅，这里有一名顾客被刺伤。现场评估显示警察已经清理了餐厅现场，并在询问旁观者。现场有一名男性伤者，目前坐在椅子上捂着胸部。由于现场安全而且受伤机制明确（刺伤），急救小组采取了个人防护设备，接近伤者并开展基础救治。

扫一扫，测一测

## 思考题

1. 简述初始评估的组成和步骤。
2. 简述持续评估的步骤。
3. 简述进一步评估的步骤。
4. 简述多发伤和复合伤的概念区别和特点。
5. 简述颅脑损伤者的初始评估步骤。

# 第十三章　急性中毒

学习目标

1. 掌握:急性中毒的诊断和治疗原则;常见农药中毒、药物中毒、工业性毒物中毒的诊断与治疗;急性灭鼠剂中毒、急性酒精中毒的诊断与治疗。
2. 熟悉:急性中毒的类型;主要临床特点;主要的实验室检查项目。
3. 了解:急性中毒的发生机制。
4. 具备急性中毒救治的基本技术,能进行急性中毒的急救诊疗操作;能使用、管理常用急救仪器、设备。
5. 能与患者及家属进行沟通,开展健康教育;能与相关医务人员进行急性中毒急诊急救的专业交流;能开展基层社区急性中毒的预防工作,帮助和指导患者进行急性中毒后的康复锻炼。

## 第一节　急性中毒的诊断和治疗原则

病例导学

患者,男,22岁,和父亲一起下地干农活(给棉花喷洒农药)时,突然感觉呼吸困难,全身大汗淋漓,父亲发现其口吐白沫,流涎,全身肌肉颤动,立即送往当地医院。

问题:1. 第一时间,考虑患者得了什么病?

2. 应该如何处理?

急性中毒是一种发病急,病情重,变化快的疾病,如不及时抢救,常常危及生命,急性中毒的患者往往会出现一些特异性表现,为临床诊断提供依据,该患者是典型的农药中毒,本章节将详细讲述中毒的相关知识。

### 一、概念

中毒(poisoning),是指有毒的化学物质进入人体后,达到中毒剂量而产生的全身性损伤。引起机体中毒的化学物质称为毒物(poison)。急性中毒(acute poisoning)是指机体一次大剂量暴露或24小时内多次暴露于某种或者某些有毒物质引起急性病理变化而出现的临床表现,其发病急,病情重,变化快,如不及时治疗,常危及生命。

## 二、中毒的病因

1. 职业中毒 在毒物的生产、运输、储存、应用过程中,人们不注意劳动保护,未遵守操作规程,致使毒物进入体内,引起的中毒。此类中毒毒物多经皮肤或呼吸道进入人体而致病。

2. 生活中毒 常因误食、误用含毒物质,或服毒自杀、投毒、用药过量等,大量毒物进入人体而引起中毒,如农药、有毒动植物等。

## 三、毒物的吸收、代谢和排泄

有毒物质可经呼吸道、消化道和皮肤黏膜等途径进入机体。工农业生产中,有毒物质多以烟、雾、粉尘、蒸气等气体形态由呼吸道吸入人体,肺泡的吸收能力很强,比经消化道吸收入血的速度快20倍,生活中常见病例是一氧化碳中毒。非职业性中毒时,毒物多经消化道吸收。是生活中毒的常见途径,例如有毒的食物、镇静安眠药等常经口摄入中毒,毒物经口腔和食管黏膜吸收较少,主要是由小肠吸收。经小肠液和酶的作用后,毒物性质部分发生改变,然后进入血液循环,经肝脏解毒后分布到全身的组织和器官。脂溶性毒物如苯胺、有机磷农药经完整的皮肤黏膜而进入人体。蛇毒多经伤口进入体内。吸收后的毒物经血液循环分布于全身组织器官。毒物主要在肝脏经氧化、还原、水解和结合作用进行代谢。多数毒物代谢后毒性降低(解毒),但也有少数毒物代谢后毒性反而更强,如对硫磷经氧化后变成对氧磷,毒性较原来增加300倍。肾脏是毒物排泄的主要器官。气体和易挥发毒物,可以以原形经呼吸道排出,某些重金属可从消化道、乳腺和泪道排出体外。

知识拓展

**毒物的分类**

1. 根据毒物的来源和用途分类 ①工业性毒物;②药物;③农药;④有害的动植物。

2. 根据毒理作用分类 ①腐蚀毒;②实质毒;③神经毒;④血液毒;⑤酶系毒。

## 四、中毒机制

### (一) 中毒机制

1. 局部刺激、腐蚀作用 某些毒物(如强酸、强碱)对皮肤、黏膜有直接的刺激和腐蚀作用,表现为皮肤、黏膜的炎症甚至坏死。

2. 缺氧 某些毒物(如一氧化碳、氰化物等)通过影响氧的吸收、转运和利用而导致组织器官缺氧,使器官的功能发生障碍。

3. 抑制酶的活性 很多毒物(如有机磷农药)本身或其代谢产物通过抑制酶的活力而产生毒性作用。

4. 干扰细胞膜或细胞器的生理功能 在体内,四氯化碳经酶催化后形成三氯甲烷自由基,后者作用于肝细胞膜中的不饱和脂肪酸,引起脂质过氧化,使线粒体和内质网变性导致肝细胞坏死。

5. 麻醉作用 有机溶剂和吸入性麻醉药(如催眠药、麻醉药)有很强的亲脂性,容易通过血脑屏障抑制中枢神经系统。

6. 竞争相关受体 如阿托品过量时通过竞争性阻断毒蕈碱受体产生毒性作用。

### (二) 影响毒物作用的因素

1. 毒物的理化性质 毒物毒性的大小与其化学结构和物理性质密切相关。毒物的溶解度大易被消化道吸收。空气中,毒物的颗粒越小,挥发性越强,吸入肺内量越多,毒性越大。脂溶性毒物往往可经皮肤吸收并损害神经系统,因为神经组织含较多的脂质。

2. 毒物的浓度、剂量和接触时间 毒物的浓度愈高,剂量愈大,接触时间愈长,其毒性愈大。

3. 机体的易感性 个体对某些毒物的易感性也有一定的差别,这常与年龄、性别、营养健康状况和生活习惯等因素有关。

## 五、临床表现

### (一) 皮肤黏膜表现

1. 皮肤及口腔黏膜灼伤 见于强酸、强碱、甲醛、苯酚、甲酚皂溶液等腐蚀性毒物灼伤。硝酸灼伤皮肤黏膜痂皮呈黄色,盐酸痂皮呈棕色,硫酸痂皮呈黑色。

2. 发绀 引起血液氧和血红蛋白减少的毒物中毒出现发绀,亚硝酸盐、苯胺中毒时,高铁血红蛋白含量增加出现发绀。

3. 黄疸 毒蕈、鱼胆或四氯化碳中毒损伤肝脏引起黄疸。

### (二) 眼部表现

1. 瞳孔扩大 见于抗胆碱药如阿托品、莨菪碱类及中药曼陀罗、洋金花中毒;肾上腺能药如苯丙胺、麻黄碱中毒;胰岛素、乌头、蛇毒等中毒。

2. 瞳孔缩小 见于有机磷杀虫剂、氨基甲酸酯类杀虫剂中毒;吗啡、海洛因、安眠药、毒蕈中毒。

3. 视神经炎 见于甲醇中毒。

4. 眼球震颤 见于巴比妥类、苯妥英钠等中毒。

### (三) 神经系统表现

1. 昏迷 见于镇静、催眠或麻醉药中毒;有机溶剂中毒;窒息性毒物(如一氧化碳、氰化物)中毒;高铁血红蛋白生成性毒物;农药中毒。

2. 谵妄 见于阿托品、酒精或抗组胺药物中毒。

3. 肌纤维颤动 见于有机磷杀虫剂、氨基甲酸酯类杀虫剂中毒;急性异烟肼、丙烯酰胺中毒及铅中毒。

4. 惊厥 见于窒息性毒物或异烟肼中毒;有机氯类杀虫剂或拟除虫菊酯类杀虫剂中毒。

5. 瘫痪 见于蛇毒、三氧化二砷、可溶性钡盐、河豚等中毒。

6. 精神失常 见于一氧化碳、酒精、阿托品、二硫化碳、有机溶剂、抗阻胺药中毒或依赖戒断综合征(withdrawal syndrome)。

### (四) 呼吸系统表现

1. 呼吸气味 臭蒜味常见于有机磷杀虫药、黄磷中毒;酒精中毒呼出气味为酒味;苯酚、甲酚皂溶液有苯酚味;氰化物中毒有苦杏仁味。

2. 呼吸加快 水杨酸、甲醇中毒时兴奋呼吸中枢;刺激性气体(如二氧化氮、氟化氢、硫化氢、氯化氢、磷化氢、二氧化硫等)中毒引起呼吸加快。

3. 呼吸减慢 催眠药或吗啡中毒抑制呼吸中枢引起呼吸麻痹,使呼吸减慢。

4. 肺水肿 刺激性气体、OPI 或百草枯中毒常发生肺水肿。

### (五) 循环系统表现

1. 心律失常 洋地黄、夹竹桃、蟾蜍中毒兴奋迷走神经,拟肾上腺素药、三环类抗抑郁药中毒兴奋交感神经,氨茶碱中毒引起心律失常的机制各不相同。

2. 心脏骤停

(1)心肌毒性作用:见于洋地黄、奎尼丁或吐根碱等中毒。

(2)缺氧:见于化学性窒息性气体(asphyxiating gas)毒物(如一氧化碳、硫化氢、氰化物或苯胺)中毒。

(3)严重低钾血症:见于可溶性钡盐、棉酚或排钾性利尿药中毒。

3. 休克 三氧化二砷中毒引起剧烈呕吐和腹泻;强酸强碱引起严重的烧灼伤致血浆渗出;以上因素可通过不同途径引起循环血量相对和绝对减少而发生休克。

### (六) 泌尿系统表现

1. 尿色改变

(1)肉眼血尿:见于凝血功能的毒物中毒。

(2)蓝色尿:见于含亚甲蓝的药物中毒。

(3)绿色尿:见于麝香草酚中毒。

(4)橘黄色尿:见于氨基比林等中毒。

(5)灰色尿:见于酚或甲酚中毒。

2. 少尿、无尿 见于氨基糖苷类中毒、一代头孢菌素、生鱼胆、升汞、四氯化碳等中毒引起的肾小管坏死;砷化氢中毒引起血管内溶血,磺胺结晶堵塞肾小管;引起休克的毒物导致肾缺血等。

**(七) 血液系统表现**

1. 溶血性贫血 见于砷化氢、苯胺、硝基苯等中毒。

2. 出血 见于阿司匹林、氯霉素、抗癌药等引起的血小板数量或质量的异常。

3. 白细胞减少 见于氯霉素、抗肿瘤药、苯等中毒引起的放射病。

4. 凝血功能障碍 见于肝素、双香豆素类、华法林、水杨酸、敌鼠、蛇毒等。

**(八) 发热**

见于阿托品、二硝基酚或棉酚等中毒。

## 六、实验室检查

常规应收集遗留的毒物、呕吐物、胃内容物、血、尿、便标本进行毒物鉴定或细菌培养,确定诊断。切勿因等待毒物分析结果而延误治疗。也应做与毒物引起机体组织器官损害相关的化验。

## 七、诊断及鉴别诊断

急性中毒起病急,症状重,病情发展迅速,可呼吸抑制、休克、少尿、惊厥或神志障碍。

中毒的诊断主要依据毒物接触史、临床表现和相关的实验室检查来确定。急性中毒的诊断一般不难。如为非职业性中毒,应详细询问毒物接触史,包括接触方式、剂量和时间。剩余毒物、容器等。对疑有服毒的患者,应了解平时的精神状态、生活情况、既往疾病史、经常服用的药物种类、有无剩余的药物、家中有否空药瓶、药袋、家中药物和农药有无缺少等。疑一氧化碳中毒时,应了解室内炉火及房间密闭情况,烟囱是否阻塞、倒烟,以及同室内其他人员的情况。职业性中毒应询问患者职业史、工种、工龄、接触毒物的种类、时间、环境状况、劳动防护条件以及是否发生过类似事故等相关情况。临床表现对突然出现原因未明的呕吐、发绀、呼吸困难、休克、特别是惊厥或昏迷的患者,应想到急性中毒的可能。如有肯定的毒物接触史,应针对该毒物特异性的临床表现(表 13-1)进行重点问诊及查体,如符合该毒物中毒,及时采取紧急措施,待病情允许时,再做系统的补充检查。

**表 13-1 主要中毒症状和常见毒物的关系**

| 临床表现 | 可引起中毒症状的毒物 |
|---|---|
| 皮肤黏膜灼伤 | 强酸、强碱、甲醛、甲酚皂液 |
| 樱红色 | 一氧化碳、氰化物 |
| 发绀 | 亚硝酸盐、二硝基苯、麻醉药、有机溶剂 |
| 黄疸 | 四氯化碳、毒蕈、鱼胆、砷、砷化氢 |
| 潮湿、多汗 | 有机磷农药、酒精、阿司匹林、毛果云香碱、毒扁豆碱 |
| 皮肤干燥 | 颠茄类 |
| 昏迷 | 吗啡类、麻醉药、酒精、氰化物、一氧化碳、有机磷 |
| 惊厥 | 中枢兴奋药、有机磷 |
| 瘫痪 | 一氧化碳、河豚、肉毒 |
| 瞳孔扩大 | 颠茄类、甲醇、酒精、氰化物、肉毒 |
| 瞳孔缩小 | 有机磷、吗啡、毒蕈、巴比妥 |
| 呼出气味 | 有机磷农药(蒜臭味)、氰化物(苦杏仁味) |
| 呼吸加快 | 水杨酸、甲醇、尼可刹米、山梗菜碱、刺激性气体 |
| 呼吸减慢 | 镇静催眠药、吗啡 |

续表

| 临床表现 | 可引起中毒症状的毒物 |
|---|---|
| 肺水肿 | 刺激性气体、有机磷杀虫药 |
| 心动过速 | 颠茄类、拟肾上腺素药 |
| 心动过缓 | 洋地黄类、奎尼丁 |
| 心律失常 | 洋地黄、夹竹桃、蟾酥、氨茶碱、拟肾上腺素药 |
| 尿少、无尿 | 有机磷农药、磺胺类、毒蕈、汞、砷、铋、蛇毒 |
| 凝血功能异常 | 肝素、双香豆素、水杨酸类、敌鼠、蛇毒等 |

## 八、急诊处理

急性中毒诊断与治疗流程见图 13-1。

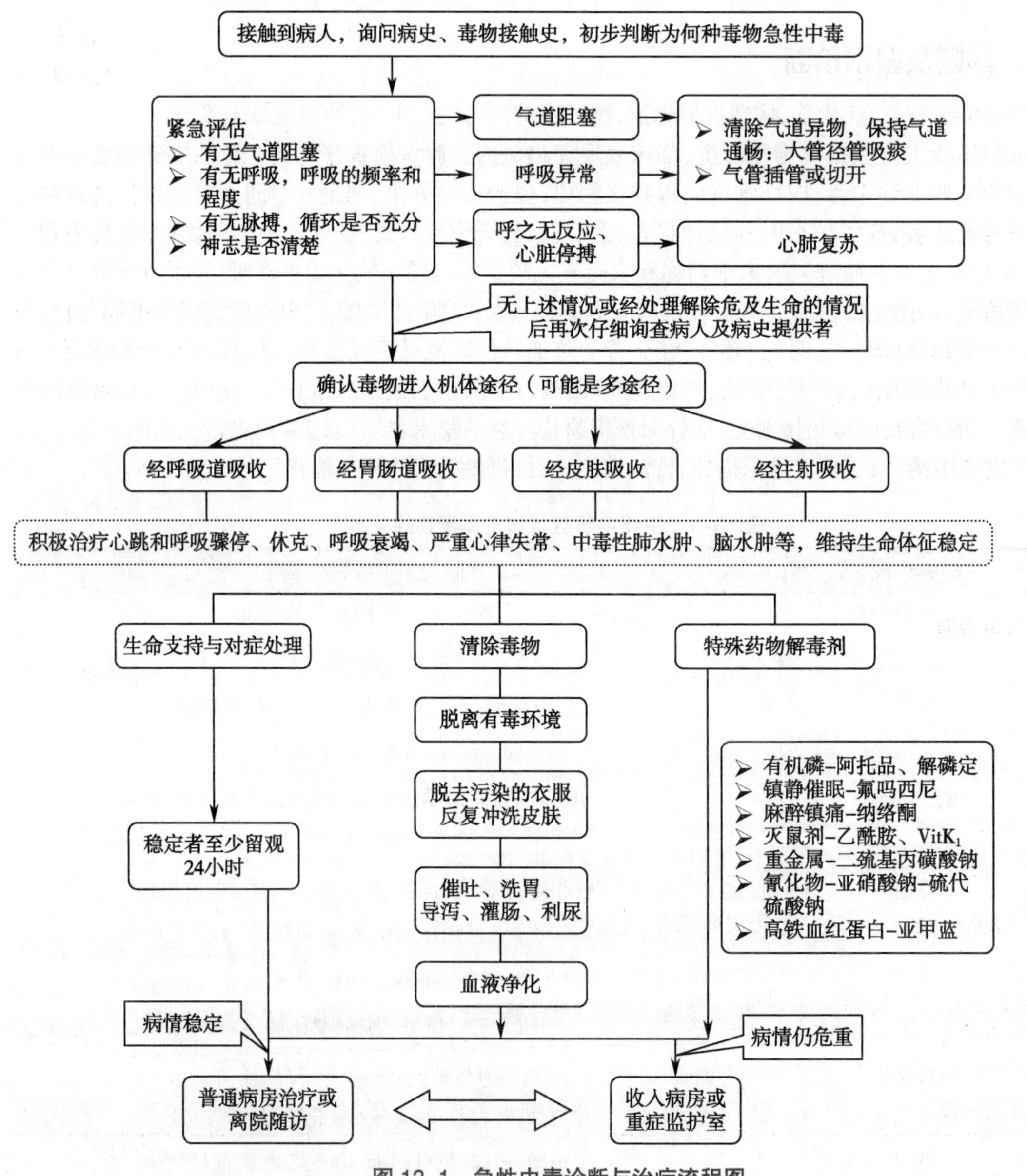


图 13-1　急性中毒诊断与治疗流程图

笔记

**(一) 治疗原则**

1. 立即脱离中毒现场,终止与毒物的接触。

2. 检查并稳定生命体征。

3. 迅速清除进入人体未被吸收和已被吸收的毒物。

4. 如有可能,尽快使用特效解毒剂。

5. 对症治疗。

**(二) 急救措施**

1. 评估生命体征　若患者出现呼吸循环功能不稳定,如休克、呼吸心跳骤停,应立即进行心肺脑复苏。尽快采取相应的救治措施。

2. 立即终止接触毒物　毒物经呼吸道吸入者,立即脱离现场,移至空气新鲜的环境。经皮肤、黏膜接触者,立即脱掉被污染的衣服,用清水彻底清洗接触部位的皮肤黏膜。口服毒物者立即停服。

3. 清除胃肠道内尚未被吸收的毒物

(1) 催吐:神志清醒合作的患者,简单有效的催吐方法是让患者饮温水 200~300ml,然后用手指或压舌板刺激患者的舌根部或咽后壁,使患者呕吐,这样反复进行多次,直至胃内容物完全呕出为止,也可用药物如依米丁(吐根碱)或口服吐根糖浆催吐,15~20ml 加入 200ml 水中分次口服。惊厥、昏迷、吞服腐蚀性毒物如强酸、强碱和吞食石油蒸馏物禁用催吐方法。在催吐过程中,头应侧位以避免呕吐物堵塞呼吸道而窒息。

(2) 洗胃(gastric lavage):用于口服毒药 1 小时以内者,一般在服毒后 4~6 小时内洗胃有效。但超过 6 小时后有些毒物仍在胃内残留,多数仍有洗胃必要。对吞服强酸、强碱不宜插管洗胃,洗胃可造成消化道穿孔。惊厥患者应在控制后进行。食管胃底静脉曲张和溃疡病近期有出血、穿孔病史者不宜洗胃。

正确的洗胃方法:①患者左侧卧位,使幽门处于最高位。②胃管插入深度距门齿约 50cm,向胃内注入适量空气,同时在胃区听到咕噜声,证明胃管在胃内。③先吸净胃内容物(第一份胃内容物送检)。④灌入 30~35℃洗胃液 200~300ml,一次注入量过多可使毒物进入肠道内。反复灌洗,至吸出液澄清无味为止,一般总量为 2~5L,甚至可用到 6~8L。对有机磷杀虫剂中毒患者应反复多次洗胃。

对不明原因的中毒,一般用清水洗胃,如已知毒物种类,则应选择特殊洗胃液(表 13-2)。

**表 13-2　特殊洗胃液及注意事项**

| 洗胃液 | 常见中毒 | 注意事项 |
|---|---|---|
| 牛奶蛋清植物油 | 强酸强碱腐蚀性毒物 | |
| 液体石蜡 | 汽油、煤油、甲醇等 | 口服液体石蜡后再用清水洗胃 |
| 1:5000 高锰酸钾 | 镇静安眠药、有机磷 | 对硫磷中毒禁用 |
| 1% 活性炭悬浊液 | 河豚毒素、生物碱 | |
| 2% 碳酸氢钠 | 有机磷杀虫剂、苯、汞等 | 敌百虫及强酸中毒时禁用 |
| 10% 氢氧化镁悬浊液 | 硝酸、盐酸、硫酸等 | |
| 3%~5% 醋酸、食醋 | 氢氧化钠、强氧化钾等 | |
| 生理盐水 | 砷、硝酸银等 | |
| 石灰水上清液 | 氟化钠、氟乙酰胺 | |
| 5%~10% 硫代硫酸钠<br>0. 3% 过氧化氢 | 氰化物、汞、砷<br>阿片类、氰化物、高锰酸钾等 | |

(3) 导泻:洗胃后灌入泻药清除肠道内尚未吸收的毒物,可用硫酸镁(20~30g)溶于 100ml 水中(昏迷或呼吸抑制者用硫酸钠),经胃管注入。一般不用油类泻药,避免促进脂溶性毒物的吸收。

(4)全肠道灌洗：是一种快速清除肠道毒物的方法，可在4~6小时内清空肠道，效果显著，已经取代了以前常用的温肥皂水灌肠法。主要用于中毒超过6小时或导泻无效者。方法：高分子聚乙二醇等渗电解质溶液连续灌洗，速度为2L/h。

4. 促进已吸收毒物的排泄

(1)吸氧：吸入有害气体时，吸氧能促进毒物排出，高压氧促使一氧化碳排出的效果更佳。

(2)利尿：静脉滴注葡萄糖、生理盐水能增加尿量促进毒物排泄，也可用呋塞米、甘露醇等利尿，如有急性肾功能衰竭，则不宜采用输液利尿方法，但可透析。

(3)血液净化治疗：是指把患者的血液引出体外，通过净化装置除去其中某些致病物质，达到净化血液、治疗疾病的目的。包括：血液透析、血液灌流、血浆置换等。

1)血液透析：对于长效巴比妥类、苯丙胺、磺胺、硫氰酸盐、阿司匹林、水杨酸等透析效果较好，并能治疗急性肾功能衰竭。一般在中毒12小时内透析效果好，脂溶性的毒物透析效果不好。

2)血液灌流：适合于大分子(分子量500~40 000D)的水溶性和脂溶性毒物的清除。包括镇静安眠药、解热镇痛药、洋地黄、有机磷杀虫剂等。因其对脂溶性强、蛋白结合力高的毒物清除率高，目前常作为急性中毒的首选净化方法。

3)血浆置换：主要清除蛋白结合率高、分布容积小的大分子物质，如蛇毒、毒蕈及砷化氢等溶血性毒物中毒，此外还可清除肝功能衰竭所产生的大量内毒素，补充血中有益成分，如有活性的胆碱酯酶等。

5. 特效解毒剂的应用

(1)金属中毒解毒药：此类药物多属螯合剂。①依地酸二钠钙(EDTA Ca-$Na_2$)：是最常用的氨羟螯合剂，可与多种金属形成稳定且可溶的金属螯合物排出体外。主要用于治疗铅中毒。用法：每日1g加入5%葡萄糖250ml中静脉滴注。3天为一疗程，休息3~4天后可重复用药。②二巯基丙醇(BAL)：此药含有活性巯基，进入体内可与某些金属形成无毒的、难解离的螯合物由尿中排出。用于治疗砷、汞中毒。急性砷中毒治疗剂量：第1~2天，2~3mg/kg，肌内注射每4~6小时1次，第3~10天，每日2次。副作用：可有恶心、呕吐、腹痛、心悸、头晕、头痛。③二巯基丙磺酸钠(Na-DMPS)：作用与二巯基丙醇相似，但疗效较高，副作用较少。多用于治疗汞、砷、铜、锑等中毒。如汞中毒时：5%二巯基丙磺酸钠5ml，每日1次，肌内注射，3天为一疗程，休息4天后可再用药。④二巯基丁二酸钠(Na-DMS)：用于治疗锑、铅、汞、砷、铜等中毒效果好。每日1~2g，静脉滴注或肌内注射，3天为一疗程，休息4天后可再用药。急性锑中毒心律失常时，每小时静脉注射1g，可连用4~5次。

(2)高铁血红蛋白血症解毒药：常用美蓝(亚甲蓝)，小剂量可使高铁血红蛋白还原为正常血红蛋白，用于治疗亚硝酸盐、苯胺、硝基苯等中毒引起的高铁血红蛋白血症。用法：亚甲蓝1~2mg/kg稀释后，静脉注射，如必要可重复应用。应注意，药液外渗时可引起组织坏死。而大剂量(10mg/kg)效果相反，可产生高铁血红蛋白血症，用于治疗氰化物中毒。

(3)氰化物中毒解毒药：氰化物中毒一般采用亚硝酸盐－硫代硫酸钠疗法。中毒后即给予适量亚硝酸盐，使血红蛋白氧化成高铁血红蛋白，后者与氰化物结合成氰化高铁血红蛋白，此时的氰离子与硫代硫酸钠作用，形成毒性低的硫氰酸盐排出体外。剂量：亚硝酸异戊酯吸入；3%亚硝酸钠10ml缓慢静脉注射，随即用25%硫代硫酸钠50ml缓慢静脉注射。

(4)有机磷杀虫剂的解毒药：主要有阿托品、碘解磷定等。

(5)中枢神经抑制剂中毒解毒药：①纳洛酮：为阿片受体拮抗剂，对麻醉镇痛药所致的呼吸抑制有特异性拮抗作用。对酒精中毒和镇静安眠药中毒引起的意识障碍也有较好疗效；②氟马西尼：苯二氮䓬类中毒的特效解毒剂。用法：0.2mg静脉注射，酌情重复，总量可达2mg。

6. 对症治疗　对症治疗的目的在于维持和保护主要脏器的功能，使患者渡过危险期。具体措施包括①密切观察病情，保暖、注意口腔卫生，经常翻身拍背，预防肺炎和压疮的发生，维持营养、水、电解质和酸碱平衡，必要时应用抗生素预防和治疗继发性感染；②保持呼吸道通畅，应用呼吸中枢兴奋药，必要时行气管插管或气管切开，行机械通气治疗；③如有躁动时用10%的水合氯醛10ml灌肠；惊厥时可用苯巴比妥钠、地西泮等；④脑水肿时可用20%甘露醇250ml快速静脉滴注。休克、心功能不全、急性肾损伤、心跳骤停、昏迷时应及时进行抢救和治疗。

## 第二节 常见农药中毒

患者，女性，22 岁，与其父吵架后口服不详液体 60ml，30 分钟后被家人送到医院。查体：走路不稳，视物模糊，呼吸困难，流涎、大汗，呼吸有蒜臭味。脉搏 110 次 / 分，瞳孔针尖大小。

问题：1. 患者最可能的诊断是什么？诊断的主要依据是什么？

2. 要做哪些检查项目？

3. 如何救治？

农药中毒以急性有机磷杀虫剂中毒最常见，有机磷多为液体，容易从消化道吸收，引起全身性中毒，如不及时抢救可造成生命危险。

### 一、有机磷杀虫剂中毒

急性有机磷杀虫剂中毒（organophosphorous insecticides poisoning）是我国急诊常见的危重症，占急性中毒的 49.1%，占中毒死亡的 83.6%。有机磷农药由于其杀虫效率高、杀虫范围广、成本低、药源充足是目前应用最广泛的农业杀虫剂。对人畜的主要毒性是抑制胆碱酯酶（acetylcholinesterase），使胆碱能神经末梢释放的乙酰胆碱蓄积，后者持续作用于神经或效应器，导致其先兴奋后抑制的一系列毒蕈碱样症状、烟碱样症状、中枢神经系统症状。严重者可因昏迷或呼吸衰竭而死亡。

目前我国应用的各种有机磷农药种类繁多，毒性有很大差别，按大白鼠急性口服的半数致死量（$LD_{50}$），可将有机磷杀虫药分为以下四类（表 13-3）：

表 13-3 有机磷杀虫剂分类

| 类型 | 半数致死量 | 有机磷杀虫剂 |
| --- | --- | --- |
| 剧毒类 | <10mg/kg | 甲拌磷（3911）、内吸磷（1059）、对硫磷（1605）、苏化 203（治螟磷）、丙氟磷（DFP）、特普等 |
| 高毒类 | 10~100mg/kg | 甲胺磷、敌敌畏、磷胺、速灭磷、马拉氧磷、水胺硫磷、稻瘟净（EBP）、保棉丰（亚砜）、谷硫磷、杀扑磷、乙硫磷等 |
| 中毒类 | 100~1000mg/kg | 乐果、敌百虫、除草磷、除线磷、乙硫磷、乙酸甲胺磷、杀蝗松、久效磷、二嗪农、倍硫磷、稻丰散、亚胺硫磷等 |
| 低毒类 | 1000~5000mg/kg | 马拉硫磷（4049）、氯硫磷、辛硫磷、独效磷等 |

#### （一）中毒原因

1. 生产性中毒　指在有机磷农药生产（制备、出料、包装）过程中，个人防护不当，生产设备密封不严或发生故障，有机磷农药跑、漏、滴、渗，毒物经皮肤和呼吸道进入人体，或使用中未按操作规程进行操作（如用手搅拌农药、喷洒杀虫药时药液污染皮肤、浸湿衣服）由皮肤吸收而中毒，或农药雾珠经呼吸道吸入引起中毒。

2. 非生产性中毒　主要指在生活中误服、自杀服用有机磷农药或误食被有机磷农药污染食物、蔬菜、水果或滥用有机磷农药灭蚊、灭虱、灭蚤而又防护不当引起中毒。

#### （二）代谢及中毒机制

有机磷农药进入人体后，迅速分布到全身各组织器官，以肝脏、肾脏内浓度最高。绝大多数经肝脏氧化、分解，有机磷农药排泄较快，吸收后 24 小时内以最终产物对位硝基酚从尿中排出，48 小时后

完全排出体外。

有机磷农药中毒的机制，主要是有机磷农药与体内胆碱酯酶的酯解部位结合成稳定的磷酰化胆碱酯酶从而失去分解乙酰胆碱的能力，使胆碱能神经末梢释放的乙酰胆碱大量积聚而致胆碱能神经和其效应器先兴奋后抑制（胆碱能神经包括自主神经的节前纤维，副交感神经的节后纤维，横纹肌的运动神经肌肉接头，控制汗腺分泌和血管收缩的交感神经节后纤维，以及中枢神经系统）从而引起毒蕈碱样症状、烟碱样症状和中枢神经系统症状。

**（三）临床表现**

急性有机磷农药中毒的发病时间和中毒症状的轻重与农药的种类、剂量和进入机体的途径有关，一般口服和呼吸道吸入者起病急，可在数分钟或数十分钟内发病；经皮肤吸收者发病较慢，常在接触后2~6小时内发病。一旦中毒症状出现后病情迅速进展。通常发病愈早，病情愈重。

1. 毒蕈碱样症状　主要是副交感神经末梢兴奋所致，引起平滑肌痉挛和腺体分泌增加。可表现为恶心、呕吐、腹痛、腹泻、大小便失禁，多汗、流涕、流泪、流涎，心跳减慢，瞳孔缩小，咳嗽、咳痰、呼吸困难，严重者可致急性肺水肿。

2. 烟碱样症状　是乙酰胆碱在横纹肌神经肌肉接头处过度蓄积和刺激，使面部、眼睑、舌、四肢和全身骨骼肌纤维颤动，严重者出现全身肌肉强直性痉挛，可出现呼吸肌麻痹造成周围性呼吸衰竭。由于交感神经节积蓄的乙酰胆碱持续刺激，交感神经节后纤维末梢释放儿茶酚胺使血管收缩引起血压增高、心率加快和心律失常。

3. 中枢神经系统症状　中枢神经系统受乙酰胆碱刺激可出现头痛、头晕、乏力，共济失调、烦躁不安、谵妄和抽搐，严重者昏迷。

4. 局部损害　有些有机磷农药可引起皮肤黏膜的局部损害，如敌敌畏、敌百虫、对硫磷、内吸磷可引起过敏性皮炎，可出现水疱和脱皮。有机磷农药接触眼部可致结膜充血水肿和瞳孔缩小。

5. 中间型综合征　少数病例约在中毒后24~96小时突然死亡，称“中间型综合征”，其发病机制目前认为与胆碱酯酶受到长期抑制，影响神经肌肉接头处突触后的功能。死亡前可有颈、上肢、呼吸肌麻痹、睑下垂、眼外展受限、面瘫等先兆症状。乐果和马拉硫磷口服，经急救症状好转后，可在数日至一周左右突然昏迷，甚至发生肺水肿、脑水肿死亡。此症状复发可能与残留在皮肤、甲床、毛发、胃肠道内的有机磷杀虫药重吸收或解毒药停药过早有关。

6. 迟发型多发性神经病　急性中毒个别患者在重度中毒症状消失后2~3周发生迟发性脑病，主要表现为双下肢瘫痪、四肢肌肉萎缩等神经系统症状。目前认为这种病变可能由于有机磷农药抑制神经靶酯酶并使其老化所致。

**（四）实验室检查及辅助检查**

1. 全血胆碱酯酶活力测定　全血胆碱酯酶活力是诊断有机磷农药中毒的特异性指标，并对判定中毒程度轻重、指导治疗用药、疗效评价和估计预后都极为重要。以正常人血胆碱酯酶活力为100%，急性有机磷农药中毒时，胆碱酯酶活力在70%以下。胆碱酯酶活力也可作为长期接触有机磷农药者的监测指标。

2. 尿中有机磷农药分解产物测定　尿中测定出对硝基酚（对硫磷、甲基对硫磷中毒）和三氯乙醇（敌百虫中毒）时，均有助于有机磷农药中毒的诊断。

3. 有条件时取患者的呕吐物、呼吸道分泌物、抽取胃内容物进行有机磷化合物的测定有确诊有机磷农药中毒的意义。

**（五）诊断及鉴别诊断**

1. 诊断依据　可根据有机磷杀虫药接触史、呼气中有蒜臭味、多汗、流涎、恶心、呕吐、肌束震颤、瞳孔缩小、意识障碍等，再结合胆碱酯酶活力降低可确定诊断。

2. 中毒程度的判断　根据病情的轻重，可分为三度。

（1）轻度中毒：有头晕、头痛、乏力、恶心、呕吐、流涎、多汗、视物模糊、瞳孔缩小。全血胆碱酯酶活力为50%~70%。

（2）中度中毒：除上述症状加重外，出现肌束震颤，轻度呼吸困难，瞳孔明显缩小，步态蹒跚，轻度意识障碍。全血胆碱酯酶活力在30%~50%。

(3)重度中毒:上述症状加重,并出现昏迷、肺水肿、脑水肿。全血胆碱酯酶活力在30%以下。

3. 鉴别诊断 除应与中暑、急性胃肠炎、脑血管意外、脑炎等相鉴别外,必须与拟除虫菊酯类中毒和杀虫脒中毒相鉴别,拟除虫菊酯类中毒口腔和胃液无大蒜臭味,血胆碱酯酶活力正常。杀虫脒中毒则以嗜睡、昏迷、发绀、出血性膀胱炎为主要症状,而无瞳孔缩小、流涎、多汗等症状。

**(六)治疗要点和流程**

1. 清除毒物

(1)在生产或使用农药时中毒者,应立刻离开现场,到空气新鲜处。脱去污染的衣服,用肥皂水彻底清洗皮肤、毛发和指甲,以免继续吸收。禁用热水或酒精擦洗。如眼部被污染,可用生理盐水或2%的碳酸氢钠溶液连续冲洗(敌百虫中毒禁用碱性溶液)。

(2)口服中毒者,应立即洗胃,即使中毒时间超过12小时,也不应放弃洗胃,因胃内仍可有残留毒物,吸收后的毒物亦可再从胃黏膜排出。常用清水、2%的碳酸氢钠溶液(敌百虫中毒禁用)、1 ∶ 5000的高锰酸钾溶液(1605中毒禁用)。洗胃要彻底充分。

2. 特效解毒药 应用原则:早期、足量、联合、重复用药。

(1)胆碱酯酶复能药:这类药物为肟类化合物,能使被抑制的胆碱酯酶恢复活性,其原理是肟类化合物的吡啶环中的氮带正电,能吸引磷酸化胆碱酯酶的阴离子部位,而且肟基与磷原子有较强的亲和力,所以此类药物可与磷酰化胆碱酯酶中的磷形成化合物,使其与胆碱酯酶的酯解部位分离,从而使乙酰胆碱酯酶重新恢复活力。胆碱酯酶复能药对解除烟碱样症状作用明显,对已老化的胆碱酯酶无复能作用,因此对慢性的胆碱酯酶抑制的疗效不理想。常用的药物有氯解磷定(PAM-Cl)、双复磷($DMO_4$)、双解磷($TMB_4$)、碘解磷定(解磷定,PAM)。

胆碱酯酶复能剂能有效解除烟碱样症状,迅速控制肌纤维震颤,不同的胆碱酯酶对有机磷杀虫剂效果不完全相同。碘解磷定和氯解磷定对内吸磷、对硫磷、甲胺磷、甲拌磷、丙氟磷、苏化203中毒的疗效好,而对敌敌畏、敌百虫中毒的疗效差;双复磷对敌敌畏、敌百虫中毒的疗效较解磷定为好。肟类复能剂对乐果、马拉硫磷疗效差或无效。由于胆碱酯酶复能剂不能复活已经老化的胆碱酯酶,故必须尽早应用。对胆碱酯酶复活剂效果不佳的患者,应以抗胆碱药治疗为主或两者联合。

胆碱酯酶复能药的副作用有短暂的眩晕、视物模糊或复视、血压升高等。用量过大,可有癫痫样发作和抑制胆碱酯酶的活力。碘解磷定在剂量较大时,有口苦、咽干、恶心、面潮红。注射过快可致呼吸抑制。双复磷副作用有口周及全身麻木和灼热、恶心、呕吐、面色潮红,剂量过大时,可致室性早搏和传导阻滞,个别患者发生中毒性肝病。

(2)抗胆碱药:此类药物与乙酰胆碱争夺胆碱能受体,从而阻断乙酰胆碱受体。常用药物为阿托品和盐酸戊乙奎醚。

1)阿托品:能拮抗乙酰胆碱对副交感神经和中枢神经系统毒蕈碱受体的作用,对解除毒蕈碱样症状和呼吸中枢的抑制有效,而对缓解烟碱样症状及恢复胆碱酯酶活力无效。阿托品治疗时,应根据中毒程度的轻重选择适当剂量、给药途径和间隔时间,同时观察患者的心率、瞳孔、皮肤和肺部啰音变化情况,及时调整用药,使患者尽快达到阿托品化维持,还要避免发生阿托品中毒。阿托品化(atropinization)是指应用阿托品后,患者瞳孔较前扩大,出现口干和皮肤干燥,颜面潮红、心率加快、肺部啰音消失等表现。此时应逐渐减少阿托品用量。如患者出现意识模糊、烦躁不安、谵妄、惊厥、昏迷及尿潴留等情况,则提示阿托品中毒,此时应立即停用阿托品、酌情给予毛果芸香碱对抗。必要时采取血液净化治疗。阿托品中毒是造成有机磷中毒患者死亡的重要原因。

2)盐酸戊乙奎醚(penehyclidine hydrochloride):是一种新型的抗胆碱药,能拮抗中枢和外周的M、N样症状,主要选择性作用于脑、腺体、平滑肌等部位$M_1$、$M_3$型受体,对心率作用较小,这一点与阿托品非选择性M受体阻断剂有很大差别,在救治时,较阿托品有较大优势。

**盐酸戊乙奎醚较阿托品在治疗上的优势**

1. 抗腺体分泌、平滑肌痉挛等 M 样症状的效应更强。

2. 除拮抗 M 受体外，还有较强的拮抗 N 受体作用，可有效解除乙酰胆碱在横纹肌神经肌肉接头处蓄积所致的肌纤维颤动或全身肌肉强直性痉挛。而阿托品对 N 样症状几乎无效。

3. 具有中枢神经和外周双周抗胆碱效应，且其中枢作用强于外周。

4. 不引起心动过速，可避免药物诱发或加重心肌缺血，这一点对合并冠心病和高血压的患者尤其重要。

5. 半衰期长，无需频繁给药。

6. 每次所用剂量较小、中毒发生率低。

根据病情轻重，胆碱酯酶复能剂和抗胆碱药的应用剂量见表 13-4。

表 13-4 OPI 中毒解毒药剂量表

| 药名 | 轻度中毒首次剂量 | 重度中毒首次剂量 | 重度中毒首次剂量 |
|---|---|---|---|
| 胆碱酯酶复能剂 | | | |
| 氯解磷定(g) | 0.5~0.75，静脉滴注 | 0.75~1.5，静脉滴注 | 1.5~2.0，静脉滴注 |
| 碘解磷定(g) | 0.4，静脉滴注 | 0.8~1.2，静脉滴注 | 1.0~1.6，静脉滴注 |
| 双复磷(g) | 0.125~0.25，肌内注射 | 0.5，静脉滴注 | 0.5~0.75，静脉滴注 |
| 抗胆碱药 | | | |
| 阿托品(mg) | 2~4，皮下注射 | 5~10，静脉滴注 | 10~20，静脉滴注 |
| 盐酸戊乙奎醚(mg) | 1~2，肌内注射 | 2~4，肌内注射 | 4~6，肌内注射 |

3. 对症治疗

(1) 维持呼吸循环功能：密切观察病情，及早发现和处理呼吸功能障碍和循环功能障碍的临床表现。有机磷中毒时主要表现为肺水肿、呼吸衰竭，且可因此导致死亡。应立即给予吸氧，保持呼吸道通畅，及时消除呼吸道分泌物，给予呼吸兴奋剂。有肺水肿者除给予阿托品外，可给利尿药。呼吸抑制或中间型综合征者，应视情况及时作气管插管或气管切开，并进行机械通气治疗。休克时应给予扩容、血管活性药物及针对休克的原因进行处理，维持正常的血液循环。

(2) 积极治疗脑水肿：若患者头痛、烦躁，眼底检查有视乳头水肿，考虑颅内压增高者，可用 20% 的甘露醇快速静脉滴注，以消除脑水肿，也可酌情应用利尿剂如呋塞米。

(3) 输血、输液输液、利尿可加速毒物的排泄，但须防止输液过量过快而诱发肺水肿。注意维持水、电解质、酸碱平衡。危重患者血液胆碱酯酶活力严重抑制者，可输新鲜血 300~600ml，以补充酶的活力。

(4) 防治感染：有机磷中毒的患者因呼吸道分泌物很多、洗胃时或昏迷者误吸、应用阿托品后痰液黏稠不易咳出均极易并发肺炎，应早期应用青霉素或其他抗生素以防止肺部感染。

(5) 维护肝功能：有机磷农药可损害肝脏，可口服葡醛内酯等药物保护肝脏。

(6) 密切观察病情：治疗过程中如发现有机磷中毒反跳现象或中间型综合征，应及早给予处理。

4. 抢救流程 有机磷中毒抢救流程见图 12-2。

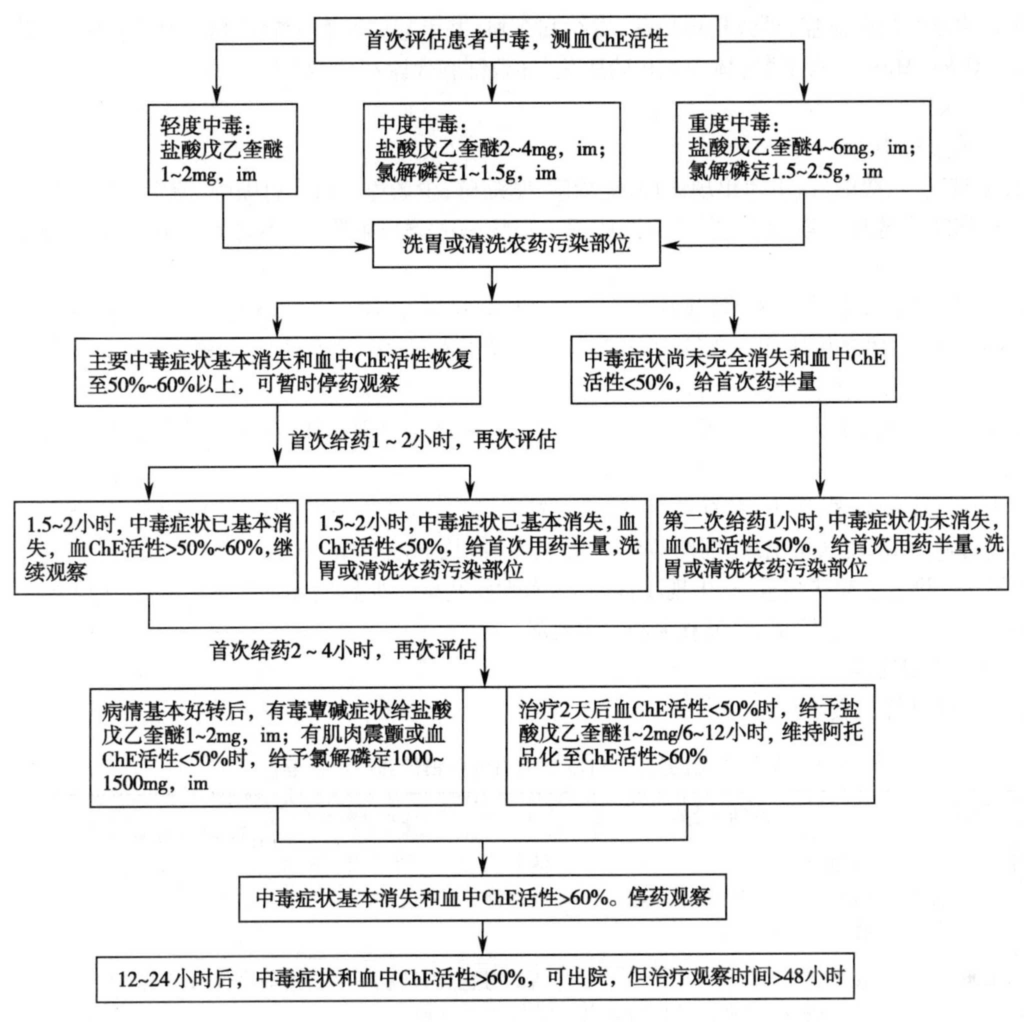


图 13-2　有机磷中毒抢救流程图

#### （七）预防

1. 执行安全生产制度　生产有机磷农药的工厂生产设备要自动化、管道化和密闭化。经常进行安全防护检查，遵守安全操作规程，生产人员要注意防护。

2. 严格有机磷农药的保管、运输和使用　应专库贮存、专人保管，严禁与粮食、副食品、饲料等放在一起；须专车运输，不得与食品、水果、蔬菜等同车运输；用时要严格遵守操作规程，采取各种防护措施。施药人员要穿长袖衣裤，戴帽子、口罩及手套，工作后用碱水或肥皂清洗污染的皮肤和手，污染的衣服、口罩及时洗净。喷药和拌种的工具、容器要专用，用后用清水洗净，禁止再用这些容器盛放食物、饮水和饲料。

3. 加强宣传教育，不能用有机磷农药治疗皮肤病，也不能用来灭虱、灭蚤。

### 二、拟除虫菊酯类、有机氮类杀虫剂中毒

除有机磷杀虫剂外，常用的农业杀虫剂还有氨基甲酸酯类、拟除虫菊酯类及有机氮类等，长期或者过量接触这些毒物也可引起中毒。

#### （一）病因

急性中毒主要是由于生产或使用不当、自服或误服过量毒物进入人体导致的。

#### （二）发病机制

1. 拟除虫菊酯类　选择性抑制神经细胞膜钠离子通道"M"闸门的关闭，使去极化期延长，引起感觉神经反复放电，脊髓中央神经及周围神经兴奋性增强，导致肌肉持续收缩。

2. 有机氮类杀虫剂（杀虫脒）　除有麻醉作用和心血管抑制作用外，其代谢产物的苯胺活性基团

能促使形成高铁血红蛋白血症，导致机体缺氧、发绀和溶血；并引起尿路刺激症状和出血性膀胱炎；并能抑制单胺氧化酶（MAO），抑制线粒体内氧化磷酸化，导致细胞代谢和功能障碍。

（三）临床表现

1. 拟除虫菊酯类中毒

(1) 皮肤黏膜反应：接触后，迅速出现瘙痒、烧灼感、紧缩感，少数患者可有打喷嚏、流泪、眼睛红肿、畏光及红色丘疹或大疱样皮肤损害，多见于面颊部。皮疹一般停止解除 24 小时后消失，大疱疹需 3 天自愈。

(2) 中毒程度分级：①轻度中毒：常见症状有头疼、头晕、恶心、呕吐、食欲减退、全身乏力、视物模糊。②中度中毒：除上述症状外，可有嗜睡、胸闷、四肢肌肉震颤、抽搐，心律失常和肺部干啰音。③重度中毒：四肢痉挛、角弓反张、呼吸困难、肺水肿、发绀和昏迷。

2. 有机氮类杀虫剂（杀虫脒） 一般在接触杀虫脒后 2~4 小时出现症状，口服中度多在 30 分钟至 1 小时内发病。

(1) 轻度中毒：常有头疼、乏力、精神萎靡、嗜睡、胸闷、心悸，高铁血红蛋白比例≥ 10% 时，出现皮肤、黏膜发绀。接触局部皮肤可出现红肿和粟粒样皮疹，伴有灼痛或瘙痒。

(2) 中度中毒：除上述症状加重外，出现浅昏迷、出血性膀胱炎。少数患者血压异常，心律失常等。

(3) 重度中毒：出现昏迷、休克、呼吸衰竭和心力衰竭。

（四）诊断与急救处理

诊断和急诊处理详见表 13-5。

表 13-5 拟除虫菊酯类、有机氮类杀虫剂中毒诊断和治疗要点

| 杀虫剂类型 | 诊断依据 | 治疗要点 |
|---|---|---|
| 拟除虫菊酯类<br>溴氰菊酯、氰戊菊酯、氯氰菊酯 | 接触史<br>临床表现：四肢肌肉震颤、抽搐、角弓反张 | 清除毒物、病情危重时行血液净化治疗，控制抽搐：地西泮、苯妥英钠 |
| 有机氮类杀虫剂<br>杀虫脒 | 接触史<br>临床表现：发绀、意识障碍、出血性膀胱炎等<br>实验室检查：血中高铁血红蛋白含量增加 | 清除毒物、病情危重时行血液净化治疗<br>治疗高铁血红蛋白血症：小剂量亚甲蓝，对症治疗 |

## 三、百草枯中毒

百草枯（paraquat）是速效触灭型除草剂，喷洒后能快速发挥作用，接触土壤后迅速失活，又名“对草快”，为联吡啶类除草剂。20% 百草枯溶液为绿色，百草枯可经胃肠道、皮肤黏膜和呼吸道吸收，以口服中毒更多见。中毒者常因多脏器功能衰竭而迅速致死，小剂量中毒往往引起迟发性的肺纤维化。

（一）中毒的原因及代谢

大多数患者误服或自杀口服导致中毒，少量是通过皮肤黏膜及呼吸道吸入导致中毒。吸收后通过血液循环分布于所有的组织和器官，肺中浓度最高，以原形从肾脏排出，排泄较慢，因此毒性作用可持续存在。口服致死量约为 2~6g。

（二）中毒机制

中毒机制目前不是很清楚。主要通过大量活性自由基过氧化损伤组织细胞结构，对全身各个器官组织均有极强的毒性。另外，还能影响细胞氧化磷酸化及能量合成代谢，并有局部刺激和腐蚀作用，导致消化道黏膜充血、糜烂、溃疡。由于肺泡细胞对百草枯具有主动摄取和蓄积特征，故肺脏特征最为明显。

（三）临床表现

1. 消化系统 口服中毒者口腔烧灼感，唇、舌、咽及食管、胃黏膜溃疡、糜烂，患者有恶心、呕吐和吞咽困难，腹痛、腹泻，甚至出现呕血黑便、胃肠穿孔。部分患者于中毒后 2~3 天出现中毒性肝病，表

现为肝区肿大、黄疸、肝功能异常。

2. 呼吸系统 最为突出和最严重的损伤。大剂量服毒者可在6~24小时出现逐渐加重的呼吸困难、发绀、肺水肿和肺出血。常在1~3天内因急性呼吸窘迫综合征（ARDS）死亡。小剂量中毒者，早期可无呼吸系统症状，少数表现为咳嗽、胸闷、胸痛、呼吸困难、发绀、双肺可闻及干湿啰音。经抢救存活者，部分患者经1~2周后可发生肺间质纤维化，肺功能障碍可导致顽固性低氧血症。呈现进行性呼吸困难，导致呼吸衰竭而死亡。

3. 肾脏 中毒后2~3天可出现蛋白尿、管型、血尿、少尿、血肌酐及尿素氮升高，严重者可发生急性肾功能衰竭。

4. 中枢神经系统 表现为头疼、头晕、幻觉、抽搐和昏迷。

5. 皮肤及黏膜 皮肤接触百草枯后，局部可出现红斑、水疱、溃疡等。高浓度的百草枯溶液接触手指后，可导致指甲脱色、断裂甚至脱落。眼睛接触后，可引起结膜和角膜水肿、灼伤和溃疡等。

6. 其他 可有发热、心肌损害、贫血和鼻出血等。

### （四）程度分型

1. 轻型 摄入百草枯 <20mg/kg，无临床症状或仅有口腔黏膜糜烂和溃疡，可出现呕吐和腹泻。

2. 中型和重型 摄入百草枯 >20mg/kg，服后立即呕吐，数小时后出现腹泻、胸痛，1~4日出现肾衰竭、肝损害、低血压和心律失常，1~2周内出现咳嗽、咯血、胸腔积液，随着肺纤维化的出现，肺功能恶化。多数患者2~3周内死于肺功能衰竭。

3. 暴发型 摄入百草枯 >40mg/kg，1~4日死于多器官衰竭。口服后立即呕吐，数小时后出现腹泻、腹痛、肝肾衰竭、口腔溃疡、胰腺炎、中毒性心肌炎、昏迷、抽搐甚至死亡。

### （五）诊断及鉴别诊断

1. 接触史 口服或接触百草枯病史。

2. 临床表现 多脏器功能损害，以肺脏损害最明显。

3. 毒物检测 尿液检测（碱性和硫代硫酸钠）阴性时可于摄入百草枯6小时后再次检测。血清百草枯检测有助于判断病情的严重程度和预后。

### （六）急诊处理

1. 百草枯尚无特效解毒药，必须在中毒早期控制病情发展，阻止肺纤维化的发生。一经发现，即可给予催吐，或者就地取材用泥浆水100~200ml口服。

2. 阻止毒物进一步吸收

（1）尽快脱去污染的衣服，用肥皂水彻底清洗被污染的皮肤、毛发。

（2）眼睛受污染时，立即用流动的清水冲洗，冲洗时间不少于15分钟。

（3）本品具有腐蚀性，洗胃时要小心，洗胃时避免动作太大，避免胃和食管穿孔。可用15%白陶土悬液等吸附，百草枯有遇土壤迅速灭活的特性，通常取1份泥土加3份水，煮沸灭菌后反复多次口服，同时服用20%甘露醇导泻，彻底清除胃肠道尚未吸收的毒物。

3. 加速毒物排泄 除了常规输液、使用利尿剂外，最好在患者服毒后6~12小时内进行血液灌流或血液透析。血液灌流对毒物的清除率是血液透析的5~7倍。一旦血液灌流停止，血浓度会很快反弹，因此，24小时内即可重复实施。一般每天1~2次，持续一周左右。

4. 防止肺纤维化 早期大剂量应用糖皮质激素，可延缓肺纤维化的发生，降低百草枯中毒的死亡率。根据服毒剂量的多少和病情的严重程度，给予地塞米松1~3mg/(kg·d)静脉滴注，分2次使用。1周后逐渐减量，20~30日后改为口服；或氢化可的松，初始剂量1~1.5g/d，分4次使用。后逐日递减150~200mg，7日后改为400~500mg/d，分2次口服。中到重度中毒患者也可使用环磷酰胺，及早给予自由基清除剂，如维生素C、维生素E等，对百草枯中毒有改善作用。高浓度吸氧，可加重肺损害。肺损伤早期可给予正压机器通气联合治疗，联合使用激素对百草枯中毒引起的难治性低氧血症患者具有重要意义。

5. 对症与支持治疗 应用质子泵抑制剂保护消化道黏膜，除早期有消化道穿孔的患者外，均应给予流质饮食，保护消化道黏膜，防止食管粘连、缩窄。加强对口腔溃疡、炎症的护理，可应用冰硼散，珍珠粉等喷洒于口腔创面，促进愈合。保护肝肾功能，防止肺水肿，积极控制感染。出现中毒性肝病、肾衰竭时提示预后差，应积极给予相应的治疗措施。

## 第三节 常见药物中毒

### 一、镇静催眠药中毒

一次服用大剂量镇静催眠药可引起急性中毒。长期滥用催眠药可引起耐药性和依赖性而导致慢性中毒,突然停药或减量可引起戒断综合征。

#### (一) 分类

1. 苯二氮䓬类　抑制中脑网状结构对皮层的激醒而利睡眠。其药效与脂溶性有关:脂溶性强,起效快,作用时间短。

(1) 长效类(半衰期 >30 小时):如地西泮、氟西泮、硝西泮、氯氮䓬。

(2) 中效类(半衰期 6~30 小时):如阿普唑仑、艾司唑仑、奥沙西泮、替马西泮。

(3) 短效类:如三唑仑(海尔神、酣乐欣)。

2. 巴比妥类　吸收入血后迅速分布于全身组织和体液中,血浆浓度最高。短效巴比妥类主要由肝脏氧化灭活,其代谢产物与葡萄糖醛酸结合,由尿液排出,如硫喷妥钠;中、长效巴比妥类由肾脏排泄,如苯巴比妥约 50% 在肝氧化,15%~30% 以原形由尿排出,每天应用可致蓄积中毒;可从乳汁排出而发生哺乳儿中毒。

(1) 长效类:作用时间 6~8 小时,如巴比妥、苯巴比妥。

(2) 中效类:作用时间 3~6 小时,如戊巴比妥、异戊巴比妥。

(3) 短效类:作用时间 2~3 小时,如司可巴比妥。

(4) 超短效类:脂溶性高,易通过血 – 脑屏障,起效快,作用时间 2 小时以内,如硫喷妥钠。

3. 吩噻嗪类(抗精神病药)　为强安定药或神经阻断剂。分为三类:

(1) 脂肪族:如氯丙嗪,使用最广泛,半衰期为 10~20 小时(平均 16 小时),作用可持续几天,主要在肝脏被破坏。

(2) 哌啶类:如硫利达嗪。

(3) 哌嗪类:如奋乃静、氟奋乃静、三氟拉嗪。

4. 非巴比妥非苯二氮䓬类　如水合氯醛、格鲁米特、甲喹酮、甲丙氨酯(眠尔通)。

5. 抗抑郁药物类　单胺氧化酶抑制剂毒性较大,现已少用。临床上分为三类:

(1) 三环类抗抑郁药:主要有丙米嗪、阿米替林、多塞平、氯米帕明、地昔帕明等。

(2) 二环类、四环类抗抑郁药:以马普替林为代表。

(3) 新型抗抑郁剂:包括氟西汀、舍曲林、帕罗西汀等。

#### (二) 中毒机制

1. 苯二氮䓬类　能增强中枢抑制性递质 γ – 氨基丁酸(GABA)神经传递功能和突触抑制效应;还有增强 GABA 与 GABAA 受体相结合的作用。中毒剂量可使中枢神经及心血管系统受到抑制。致死量地西泮约为 100~500mg,最小致死血浓度为 2mg/dl。

2. 巴比妥类　对 GABA 能神经有与苯二氮䓬类相似的作用。中毒时主要抑制网状上行激活系统,抑制大脑皮质功能而引起意识障碍。大剂量抑制延髓呼吸中枢和血管运动中枢麻痹。一般致死量为治疗量的 10 倍。

3. 吩噻嗪类　主要作用为抑制中枢神经系统多巴胺受体。作用于脑干网状结构上行激动系统,大脑边缘系统和下丘脑,减轻焦虑紧张、幻觉妄想和病理性思维等精神症状,是一种强安定剂。

4. 非巴比妥非苯二氮䓬类　中毒机制与巴比妥类相似。

5. 抗抑郁药物　环类抑制脑内神经末梢突触前膜对去甲肾上腺素和 5- 羟色胺的再摄取;新型抗抑郁药物则选择性抑制 5- 羟色胺的再摄取。其致死量仅为治疗剂量的 3~5 倍。

#### (三) 临床表现

1. 苯二氮䓬类和巴比妥类中毒

(1)轻度中毒:主要症状是嗜睡、头晕、疲乏无力、注意力不集中、神志恍惚、反应迟钝、言语不清、步态不稳。

(2)中度中毒:表现为昏睡或浅昏迷、呼吸减慢、眼球震颤。

(3)重度中毒:深度昏迷、低血压、休克、呼吸抑制甚至停止。多因呼吸、循环衰竭致死。

如长时间深度昏迷和呼吸抑制等,应考虑同时服用了其他镇静催眠药或酒等。格鲁米特中毒:有抗胆碱能神经症状,如瞳孔散大等。

2. 吩噻嗪类药物中毒 最常见的为锥体外系反应。一次剂量达 2~4g 时,可有急性中毒反应。中毒者共济失调、肌肉震颤及痉挛,也可有锥体外系症状。严重者昏迷、休克、呼吸抑制致死。临床表现有以下三类:

(1)急性肌张力障碍反应,如斜颈、吞咽困难、牙关紧闭等。

(2)静坐不能。

(3)震颤麻痹综合征。此外,尚有直立性低血压、体温调节紊乱等。

3. 抗抑郁药物类中毒

(1)三环抗抑郁药:中毒三联症:昏迷、惊厥、心律失常。高热不少见,也可以引起肝功能异常,胆汁淤积性黄疸。

(2)新型抗抑郁药物:氟西汀中毒的常见症状:嗜睡、意识模糊、窦性心动过缓、轻度高血压;大剂量时可引起昏迷及呼吸抑制。

### (四) 实验室检查

血液、尿液、胃液中药物浓度测定,有诊断意义。

### (五) 诊断及鉴别诊断

1. 急性中毒诊断依据 包括:①有服用大量镇静催眠药史;②出现意识障碍和呼吸抑制、血压下降;③抽取胃内容物或呕吐物、血液、尿液等做化学定性、定量分析以确诊。

2. 鉴别诊断 应与一氧化碳、酒精、有机溶剂等中毒以及脑血管意外、脑炎、低血糖等相鉴别。戒断综合征应与精神分裂症、癫痫、其他继发性脑病等相鉴别。

### (六) 治疗

1. 急性中毒的治疗

(1)维持昏迷患者的重要脏器功能:①保持气道通畅:深昏迷患者气管插管,应用呼吸机辅助呼吸;②维持血压:充分补液,并可给予适量血管活性药,如多巴胺、间羟胺等(氯丙嗪类中毒忌用肾上腺素、异丙肾上腺素、多巴胺,宜选用去甲肾上腺素);③心脏监护:心律失常给予利多卡因等抗心律失常药;④维持水、电解质及酸碱平衡。

(2)清除毒物:①充分洗胃,灌入药用活性炭,然后再导泻。②强力利尿、碱化尿液:尿 pH 维持在 7.0~8.0,可明显提高苯巴比妥经肾脏的排出率(可增加 7 倍),但对吩噻嗪类中毒无效。③血液净化:对苯二氮䓬类、苯巴比妥和吩噻嗪类(如氯丙嗪)大量服药、病情危重者,血液透析或灌流有助于清除血中毒物;抗抑郁药中毒疗效不确切。

(3)特效解毒疗法:氟马西尼是中枢性苯二氮䓬类药物拮抗剂,能通过竞争抑制苯二氮䓬受体而阻断苯二氮䓬类药物的中枢神经系统作用。用法:首剂 0.3mg 缓慢静脉注射,隔 10 分钟可重复注射;由于半衰期短,仅 40~80 分钟,单次给药患者清醒后可以再次昏迷,一般疗效于 1~3 小时逐渐消失,故可反复给药,总量可达 2mg。禁忌证:苯二氮䓬类成瘾、癫痫发作、三环类抗抑郁药过量者。巴比妥、吩噻嗪类、抗抑郁药中毒无特效解毒剂。三环抗抑郁药中毒可试用毒扁豆碱缓解抗胆碱能作用,每 0.5~1 小时重复给药 1~2mg。

(4)促进意识恢复:纳洛酮能有效拮抗镇静安眠药产生的意识和呼吸抑制,每次 0.4~0.8mg 静脉注射,可根据病情每隔 1~2 小时注射 0.4mg,直至意识转清。也可给予醒脑静、哌甲酯、胞磷胆碱等。

(5)对症治疗:吩噻嗪类中毒如有肌肉痉挛及张力障碍可用苯海拉明 25~50mg 口服或 20~40mg 肌内注射,或东莨菪碱等;若有震颤麻痹可选用苯海索、东莨菪碱等。长时间昏迷患者防治肺部感染、脑水肿等。

2. 戒断综合征的治疗 用足量镇静催眠药控制戒断症状,如地西泮 10~20mg 或苯巴比妥

0.1~0.2g，每小时一次，至戒断症状消失。情况稳定 2 天后逐渐减量，10~15 天内停药。

## 二、麻醉镇痛类药物中毒

麻醉镇痛类药物主要包括吗啡（morphine）、海洛因（heroin）、美沙酮、哌替啶、芬太尼、布桂嗪、可待因、罂粟碱以及氢吗啡醇、氧可酮、环羟吗喃、丙氧酚等。本节主要介绍吗啡和海洛因中毒。

### （一）中毒机制

吗啡与中枢阿片受体结合，减少感觉神经释放 P 物质而起镇痛作用；并作用边缘系统而消除由疼痛引起的焦虑、紧张、恐惧等情绪变化。吗啡中毒机制以抑制大脑皮质、脑干为主，引起意识障碍；抑制延髓致呼吸、循环衰竭。

### （二）临床表现

阿片类药物急性中毒的临床表现可分四期：

1. 前驱期　中毒者欣快、兴奋、颜面潮红、脉搏加速。此期非常短暂。

2. 中毒期　面色苍白、四肢无力、昏睡、幻觉、呼吸深而慢（8~10 次 / 分）、发绀、瞳孔缩小如针尖。此期尚能唤醒。

3. 麻痹期　典型的特征为昏迷、呼吸抑制、瞳孔针尖样缩小“三联征”。多伴有血压下降，瞳孔散大表示病危。不及时救治多死于呼吸衰竭。

4. 恢复期　经治疗而恢复时有疲惫感，并可出现便秘和尿潴留。

5. 其他症状

（1）药物依赖者手足皮肤处可见注射瘢痕甚至化脓感染、坏疽。

（2）注射海洛因者可发生急性肌病，血清肌红蛋白增高、肌红蛋白尿，可发展为肾衰竭。

6. 戒断症状　阿片类药物易造成精神依赖而成瘾，戒断症状一般发生于停药后 36~72 小时。首先表现为千方百计觅药，早期出现焦虑不安、流泪、流鼻涕、打哈欠、出汗以及兴奋；可由于呕吐、腹泻失水，出现酸中毒及酮症、循环衰竭而死亡。

### （三）实验室检查

血、尿液毒品定性呈阳性反应，可成为诊断根据。血药浓度 0.1~1.0mg/L 提示中毒或成瘾，大于 4.0mg/L 可致死。

### （四）治疗要点

麻醉镇痛类药物中毒的治疗基本相同。

1. 保持呼吸道通畅　清除口鼻腔分泌物，给氧治疗。维持呼吸、循环及脑功能。

2. 清除毒物　经消化道中毒者用 1∶5000 高锰酸钾溶液洗胃，然后灌入 2% 药用炭悬液，并用硫酸镁导泻；若中毒已超过 6 小时，应以生理盐水高位灌肠；血液净化效果不佳。

3. 特效拮抗剂　纳洛酮是阿片受体的特效拮抗剂，能迅速阻止和逆转麻醉镇痛剂所致的呼吸抑制及中枢抑制作用，纳洛酮 0.4~0.8mg，静脉注射后数分钟即起效。应用纳洛酮解救时应注意诱发戒断症状。

4. 对症治疗　呼吸困难时吸含有 5% 二氧化碳的氧，亦可选用呼吸兴奋剂或采用气管内插管进行机械通气。高温者可物理降温或用解热药，重症者可静脉滴注氢化可的松。维持水、电解质平衡，纠正酸中毒。昏迷时间长者注意防治脑水肿。

5. 戒断症状的治疗　可用替代药物美沙酮 20mg，口服，若 1 小时内无效，再给 20mg。还可试用可乐定（$\alpha_2$ 肾上腺素激动剂）。

# 第四节　常见工业性毒物中毒

## 一、急性一氧化碳中毒

一氧化碳（carbon monoxide，CO）是无色、无臭、无味、无刺激性的气体，较空气轻，易扩散，中毒时

不易察觉。

### （一）中毒原因

煤气管道漏气、高炉煤气、机动车尾气、失火现场和煤矿瓦斯爆炸时，都可逸出或产生大量 CO 而吸入中毒，俗称“煤气中毒”。日常生活中在通风不良的浴室内使用燃气加热器淋浴、冬季煤炭炉取暖、吸入机动车尾气等偶然事故中毒占大多数，自杀、他杀也是常见的原因。

### （二）中毒机制

一氧化碳经呼吸道吸入后进入血液与红细胞的血红蛋白（Hb）结合，形成稳定的碳氧血红蛋白（carbon oxyhemoglobin，HbCO）。一氧化碳与 Hb 的亲和力比 $O_2$ 高 240 倍，而其解离速度比氧合血红蛋白慢 3600 倍。HbCO 无携带氧的功能，并使血红蛋白氧解离曲线左移，血氧不易释放给组织，造成细胞缺氧。其次高浓度的一氧化碳还可损害线粒体功能，抑制细胞色素氧化酶的活性，阻碍细胞对氧的利用。中毒时，大脑和心脏最易遭受损害，重症者可发生脑疝，危及生命。一氧化碳可透过胎盘屏障对胎儿产生毒害作用。

### （三）临床表现

一氧化碳中毒对人体的危害主要取决于空气中一氧化碳浓度及接触时间，与 HbCO 水平呈正相关。

1. 急性一氧化碳中毒分为三度

（1）轻度中毒：患者有头痛、头晕、恶心、呕吐、心悸、乏力、嗜睡等，口唇黏膜呈樱桃红色，原有冠心病的患者可出现心绞痛。血液 HbCO 浓度可高于 10%~20%。脱离中毒环境及时吸入新鲜空气或氧疗后症状很快消失。

（2）中度中毒：患者口唇黏膜呈樱桃红色，出现呼吸困难、意识模糊、谵妄、幻觉、抽搐，呼吸、血压和心律可有改变。血液 HbCO 浓度可高于 30%~40%。若抢救及时，经氧疗可完全康复。

（3）重度中毒：出现惊厥、颈强直、深昏迷。常有肺水肿、脑水肿、休克和严重的心肌损害。受压迫部位的皮肤可出现红肿和水疱，肢体可出现筋膜室综合征，导致压迫性肌肉坏死（横纹肌溶解症），引起急性肾小管坏死和肾衰竭。血液 HbCO 浓度可高于 50%以上。不及时抢救可致死，幸存者可有不同程度的神经系统后遗症。

2. 急性一氧化碳中毒迟发脑病　部分重度急性一氧化碳中毒患者在意识障碍恢复后，经过 2~21 天的“假愈期”，再出现神经、精神的系列症状，如痴呆、谵妄或去皮质状态；震颤麻痹综合征、继发性癫痫；偏瘫、失语、脑神经麻痹等。

### （四）实验室检查

1. 血液 HbCO 测定　有助于确诊及评估中毒程度和预后。留取标本越早越准确。简易测定方法适用于基层医院，如：①氢氧化钠法：取患者血 0.5ml，用蒸馏水稀释 20 倍，加 10%氢氧化钠液 1~2 滴，混匀，放置 1 小时，呈樱桃红色，而正常血则呈棕绿色；②煮沸法：取患者血液 3~5 滴加蒸馏水 10ml 煮沸，血液中 HbCO 增多时仍为淡红色，正常血液则呈褐色；③甲醛法：取患者的血液 0.5ml 加入甲醛液 1ml 混匀，若 HbCO 增多则出现桃红色凝块，正常则为深褐色凝块。

2. 脑电图检查　可见弥漫性低波幅慢波与缺氧性脑病进展相平行。

3. 头部 CT 检查　典型的呈两侧对称的基底节苍白球低密度灶、白质坏死、脱髓鞘改变。

### （五）诊断及鉴别诊断

根据一氧化碳的接触史，黏膜呈特征樱桃红色，中枢神经损害的症状，结合血液 HbCO 测定的结果，可作出急性一氧化碳中毒诊断。但应与脑血管意外、脑膜脑炎、糖尿病急症以及其他气体或安眠药中毒引起的昏迷相鉴别。

### （六）急诊处理

1. 撤离中毒环境　发现重度患者应立即撤离现场，转移至空气清新的环境。

2. 保持呼吸道通畅　解开衣领，注意保暖；注意观察意识状态和监测生命体征。

3. 积极纠正缺氧　尽早行高压氧舱治疗，能加速碳氧血红蛋白的排除，迅速改善机体缺氧状态。

（1）吸入新鲜空气时，HbCO 的半衰期约为 4 小时，24 小时可全部排出；吸入纯氧时可缩短至 30~60 分钟，吸入 0.3MPa 的纯氧可缩短至 20 分钟。

(2)高压氧治疗:加速 HbCO 离解,恢复 Hb 的正常携氧功能;增加血液物理溶解氧,恢复有效氧代谢;还可使颅内血管收缩而降低颅内压,减轻脑水肿。

4. 防治脑水肿 严重中毒脑水肿可在 24~48 小时发展到高峰,脱水治疗最常用的是 20% 甘露醇,0.5~1.0g/kg,快速静脉滴注,2~4 次 / 天,待 2~3 天后症状好转可减量。也可注射呋塞米,每次 10~20mg 加强脱水。

糖皮质激素如地塞米松 10~30mg,或氢化可的松 200~400mg,分次静脉注射,有助于缓解脑水肿,防止或减少迟发脑病的发生。

5. 控制抽搐 首选地西泮,每次 10~20mg,静脉注射;中枢性高热或昏迷时间超过 10 小时者,可用物理降温方法如冰帽或实施人工冬眠疗法。

6. 促进脑细胞代谢 应用能量合剂,常用药物有细胞色素 C、抗氧自由基制剂依达拉奉、谷胱甘肽及大剂量维生素 B、维生素 C 等;无抽搐患者可选用脑活素、纳洛酮、甲氯芬酯、胞磷胆碱等。

7. 对症治疗 有横纹肌溶解症者碱化尿液、适当利尿,防治急性肾损伤。危重患者可考虑输血或换血疗法。

8. 急性 CO 中毒迟发脑病的防治措施 主要是尽早采取高压氧疗法,早期应用糖皮质激素、氧自由基清除剂及神经细胞营养药物对症治疗。

**高压氧治疗**

是一种在加压舱中利用吸入高压氧治疗疾病的方法称高压氧疗法。

治疗原理:①缩短 HbCO 的半衰期至 20 分钟,加速 HbCO 离解,恢复 Hb 的正常携氧功能;②显著增加血液物理溶解氧,恢复有效氧代谢:0.3MPa 时,$PaO_2$ 可升至 2160mmHg,物理溶解氧 6.4ml/dl,而正常组织氧耗一般为 5.6ml/dl,可满足组织细胞的氧供需求;③增加毛细血管内的氧弥散的距离从 30μm 增加到 100μm,纠正组织缺氧;④ HBO 可增强红细胞变形性,降低血液黏度,改善微循环。同时还能使颅内血管收缩而降低颅内压,减轻脑水肿,有利于昏迷患者的促醒,对肝、肾也有一定保护作用。

适应证:急性中、重度一氧化碳中毒,或原有心血管疾病以及老年人中毒;迟发型中毒性脑病等;并发气性坏疽、挤压伤及挤压综合征等;其他如有害气体(氰化物、硫化氢、液化石油气、汽油等)中毒。

禁忌证:绝对禁忌证为未经处理的气胸、纵隔气肿、大咯血、颅内出血及急性百草枯中毒。相对禁忌证为严重肺部感染、高血压(>160/110mmHg)、急性中耳炎、急性鼻窦炎、高度近视(>800 度)和妊娠三个月内等。

## 二、铅中毒

患者,女,28 岁,因癫痫病长期服中药偏方 1 个月余,近几天出现脐周腹痛,呈阵发性绞痛,按压可缓解。体检:腹部无压痛,血白细胞计数正常,嗜碱性点彩红细胞增多,B 超腹部未见异常。

问题:1. 患者最有可能罹患的疾病是什么?

2. 什么样的病理学机制造成以上的临床表现?

3. 如何进行救治?

铅(lead)是一种软金属,在生产、生活中接触机会较多,中毒也呈增多的趋势。多见于口服可溶性铅无机化合物和含铅药物等经消化道吸收引起,亦可经呼吸道、皮肤吸收中毒。

### (一) 中毒原因

1. 生活性中毒 多因误服或过多服用含铅化合物的偏方,用锡锅制酒、锡壶盛酒等中毒,胃肠道的吸收率为5%~15%,婴幼儿可达40%以上。儿童常因嗜食含铅油漆的玩具、墙壁、家具等被剥落的泥灰而发生中毒。

2. 职业性中毒 职业性中毒的情况现较少见,主要由呼吸道吸入大量含铅的粉尘、蒸气或大量接触铅及其化合物引起。

### (二) 中毒机制

1. 6-氨基-7酮戊酮(6-ALA)增多 与γ-氨基丁酸(GABA)产生竞争性抑制作用;影响脑内儿茶酚胺代谢,使脑内和尿中高香草酸(HVA)和香草扁桃酸(VMA)显著增高,最终导致铅毒性脑病和周围神经病。

2. 影响含巯基酶的活性及红细胞膜钠钾ATP酶活性导致贫血、溶血。

3. 损害线粒体 影响ATP酶而干扰主动运转机制,损害近曲小管内皮细胞及其功能,造成肾小管重吸收功能降低,同时还影响肾小球滤过率降低;铅还促进肾小球旁器合成和释放肾素,导致血管痉挛和高血压。

### (三) 临床表现

1. 消化系统 腹绞痛为突出症状,部位多在脐周或不定位,持续性、阵发性加剧,腹软,无反跳痛及固定压痛,重压可使之缓解,常用双手按压腹部呈卷曲体位。口内有金属味、食欲减退、腹胀、便秘或腹泻;可有肝大、黄疸等症状。

2. 神经系统 亚急性或慢性中毒主要表现为神经衰弱、多发性神经病和脑病。头晕、头痛、记忆力减退、睡眠障碍、多梦等神经衰弱症状是铅中毒早期和较常见的症状;多发性神经病可出现感觉障碍、肌无力,严重者肌肉麻痹,亦称铅麻痹,出现"垂腕征""垂足征"。最严重铅中毒表现为烦躁、精神障碍、抽搐、昏迷等脑病综合征。

3. 其他 可有贫血症状以及腰痛、血尿、蛋白尿等症状。

### (四) 实验室检查

1. 血尿常规 血铅超过2.4μmol/L;尿铅含量增加>0.39μmol/L。

2. 脑电图改变 脑电图可见异常改变,低波幅慢波多见。

### (五) 诊断及鉴别诊断

1. 诊断 有接触过量铅或食用、误服铅化合物或近期服用含铅药物等接触史者容易诊断;但大部分生活性中毒者容易误诊,应高度警惕。血铅、尿铅检测可以确诊。若出现肝肾功能不全、惊厥、昏迷者提示病情危重。

2. 鉴别诊断 神经系统症状为主要表现者,需与原发性神经衰弱、多发性神经病和脑震荡、脑膜脑炎等相鉴别。反复阵发性腹绞痛者,尤其是儿童、青少年以及饮用锡壶煲酒的产妇,应警惕铅中毒的可能。应注意与其他急腹症(如胆绞痛、肾绞痛、溃疡病、胰腺炎及卟啉病)相鉴别。

### (六) 治疗要点

1. 一般治疗 停止铅接触,撤离铅粉尘、蒸气环境;口服中毒者立即催吐、洗胃(可用1%碳酸氢钠或浓茶水),并给予硫酸镁导泻。

2. 驱铅治疗 尽早进行,直到尿铅正常。首选依地酸二钠钙,但有肾脏损害者禁用。次选二巯丙磺钠;青霉胺:0.3g口服,3~4次/天,5~7天为一疗程。

3. 对症支持治疗

(1)腹部绞痛:可用10%葡萄糖酸钙10~20ml静脉推注,2~3次/天,或肌内注射阿托品、山莨菪碱,慎用镇痛剂。

(2)中毒性脑病:适当应用脱水剂及地塞米松10~40mg/d。

## 三、汞中毒

汞(mercury)又称水银,易挥发。短时间内吸入大量汞蒸气或误服汞化合物可引起急性汞中毒。但儿童意外咬碎体温计误服汞液无中毒危险。

**(一) 吸收与代谢**

汞吸收进入人体后分布于全身各器官,易透过血脑屏障,蓄积在脑干和小脑,体内的汞主要蓄积在肾脏。亦能经过胎盘屏障进入胎儿体内。排泄主要通过肾脏,乳汁可排出少量汞。

**(二) 中毒机制**

汞主要通过抑制含巯基酶等多种酶的活性,干扰细胞代谢,引起中枢神经系统、消化系统及肾脏的损害。汞也促使花生四烯酸及其代谢产物(血栓素、丙二醛、白三烯)、氧自由基生成,造成细胞的损伤。

**(三) 临床表现及诊断要点**

1. 病史 有误吸大量汞蒸气、误服或误用汞及其化合物史。

2. 临床表现

(1)呼吸、消化系统:急性支气管肺炎,胃肠黏膜充血、糜烂及溃疡症状。

(2)泌尿系统:汞可致中毒性肾病,出现腰痛、少尿、血尿、蛋白尿等,严重者出现急性肾损伤。

(3)神经系统:头痛、头晕、表情淡漠、记忆力减退、嗜睡或躁动不安,严重者出现精神失常,甚至昏迷、抽搐、休克而死亡。

轻、中度中毒者预后良好;若出现脏器功能不全、休克、昏迷等时则病情危重。

3. 实验室检查 尿汞≥ 0.5μmol/L(蛋白沉淀法);血汞≥ 0.2μmol/L。

**(四) 治疗要点**

1. 一般治疗 立即脱离中毒环境,吸氧;口服中毒者应尽早用2%碳酸氢钠液洗胃(忌用生理盐水,因可增加汞吸收),可予以10%药用炭悬液以吸附毒物。

2. 驱汞治疗 首选二巯丙磺钠,还可用青霉胺。急性肾衰竭者不宜立即驱汞,需配合血液透析。

3. 对症、支持治疗。

## 第五节 急性灭鼠剂中毒

### 一、毒鼠强中毒

毒鼠强(tetramine,TET)化学名称为四亚(次)甲基二砜四胺,简称“四二四”,又名“没命鼠、三步倒”,属有机氮化合物。为白色轻质粉末,无色无味,微溶于水。化学性质极其稳定,在稀酸和碱中不被破坏,一般沸水中不被分解破坏,在255~260℃分解,可被植物吸收并残留在植物体内,可致二次中毒。目前市售禁用灭鼠药中含毒鼠强的约占80%以上,若不及时有效地治疗其死亡率可高达20%。部分误食者也因躁动、胡言乱语、行为失常误诊为精神病而收住精神病医院,给患者身心带来极大的伤害。

**(一) 吸收与排泄**

能通过口腔、咽部黏膜及消化道和呼吸道黏膜迅速吸收,但不易经完整的皮肤吸收。摄入后以原形存留体内,分布于全身各组织、器官,代谢排泄缓慢,主要通过肾脏以原形从尿中排出。

**(二) 中毒机制**

毒理作用可能是阻断中枢 γ-氨基丁酸(GABA)受体或阻断氨基酸有关的离子通道而影响受体功能,大脑和脊髓GABA被抑制而过度兴奋,产生惊厥抽搐。其作用呈可逆性。其他毒理效应:可直接作用于交感神经,使肾上腺素作用增强。对人(男性)致死剂量为5~12mg,毒性为氟乙酰胺的几倍到几十倍、氰化钾的100倍。

**(三) 临床表现**

大多在中毒后30分钟内发病。

1. 发作期 特征性症状,强烈的抽搐、惊厥发作。严重者呈癫痫持续状态,甚至表现为去大脑强直,呈角弓反张状。发作时伴发绀、意识障碍。儿童抽搐后可伴高热而误诊为脑炎。

2. 间歇期 有小抽搐、手足搐搦,入睡时有惊跳现象;部分患者有明显的精神异常症状,表现为惊

恐、谵妄、妄想等。

可有多个器官功能障碍，伴无尿型急性肾损伤者往往预后差。老人和小儿因对毒鼠强耐力较差易致死亡。

### （四）实验室检查

1. 血生化 肝酶、心肌酶增高，以骨骼磷酸肌酸激酶(CK)升高尤为明显；血常规：白细胞常升高，多数为$(10\sim30)\times10^9/L$。尿常规：可出现血尿、蛋白尿及酮体。少数出现急性肾损伤。

2. 脑电图检查 脑电图检查是判断中毒程度、指导治疗和评估预后的一项较有意义的指标。大多呈癫痫样高电位棘慢波放电改变。

3. 头颅 CT 检查 头颅 CT 检查一般正常。重度中毒持续惊厥发作者可有中毒缺氧性脑病改变，极少数可继发蛛网膜下腔出血。脑脊液检查正常，少数轻度异常。

4. 毒物分析 血、尿液或胃内中检出毒鼠强是诊断最可靠的依据。

### （五）诊断及鉴别诊断

1. 诊断 根据潜伏期极短、突出症状为强烈的惊厥抽搐、毒物分析检出毒鼠强可以确诊。

中毒程度分级：根据惊厥发作、意识障碍程度及脑电图检查、肌酶谱水平、血液毒鼠强浓度进行分级，能较为准确、客观反映中毒程度及预后。

(1)轻度中毒：患者出现胃肠道症状，头晕、头痛、躁动不安、心悸，可有小抽搐；脑电图大多正常或轻度异常，肌酶正常或轻度增高，血液毒鼠强浓度一般 <50ng/ml，预后良好。

(2)中度中毒：中毒后阵发性全身抽搐，伴发绀、神志不清，但抽搐间歇期无昏迷；脑电图轻、中度异常伴癫痫样放电，肌酶增高数倍(<10 倍)，血液毒鼠强浓度 100ng/ml 左右(70~180ng/ml)，经适当处理一般能完全治愈。

(3)重度中毒：惊厥频繁发作，意识持续障碍，呈癫痫大发作持续状态，或有其他系统功能衰竭；脑电图中、重度异常伴癫痫样放电，肌酶增高数十倍，血液毒鼠强浓度往往 >200ng/ml(200~400ng/ml)，患者经及时有效的救治一般也能治愈，否则可危及生命。

(4)危重度中毒：全身强直性惊厥频繁发作几乎无间歇，甚至呈角弓反张状，往往伴中枢性高热，昏迷程度深，甚至呼吸和(或)心搏骤停；脑电图重度异常伴癫痫样放电，肌酶增高数十倍至上百倍，血液毒鼠强浓度高达 400~800ng/ml，甚至 >1000ng/ml，此类患者若不及时救治，往往致死或遗留后遗症。

2. 鉴别诊断 需与以下疾病相鉴别：

(1)原发性癫痫：诊断原发性癫痫时应常规排除毒鼠强中毒，并与其他继发性癫痫相鉴别。如脑部疾病、代谢性疾病及少见的破伤风、狂犬病、金属(铅、汞)中毒等。

(2)氟乙酰胺中毒：主要鉴别要点是潜伏期较长，一般为进食后数小时发病，毒物分析检出氟乙酰胺、氟乙酸可确诊。

(3)脑血管意外、脑外伤：应警惕中毒后患者强烈的惊厥诱发或继发脑血管意外、脑外伤。

(4)病毒性脑炎、癔症、精神分裂症：因其有明显精神异常症状而被误诊；若脑脊液有异常时可误诊为脑炎。长期嗜酒者甚至被误诊为酒精性脑病或戒断综合征。

(5)食物中毒、急性胃肠炎或中暑、急性有机磷农药中毒：集体误食导致轻度中毒时，因临床症状轻，以胃肠道症状为主要表现时，可因缺乏特异性而误诊。

### （六）急诊处理

1. 一般治疗 保持呼吸道通畅，常规吸氧；严重缺氧者应及时气管插管、呼吸机辅助机械通气纠正缺氧。积极清除胃肠道毒物，及早彻底洗胃及导泻。

2. 镇静止惊 惊厥抽搐是导致呼吸麻痹或窒息死亡的主要原因，同时加重脑及其他器官组织缺血缺氧损伤，进而诱发 MODS。因此，尽快、尽早、有效地控制抽搐，防止呼吸衰竭，确保氧供，是提高抢救成功率的关键。

(1)镇静止惊药：包括①苯巴比妥钠，0.1~0.2g 肌内注射，必要时 4 小时重复，在抽搐终止后继续肌内注射 1 周，提倡应用早，减量慢，持续时间长，否则易造成病情反复，严重病例可长达 1 个月以上。②地西泮，成人 10~20mg/ 次，婴幼儿 2~10mg/ 次(0.25~1.0mg/kg)，缓慢静脉注射，成人 <5mg/min，儿童 <2mg/min。必要时 20~30 分钟以后可重复应用，或以 2mg/min 速度静脉滴注，直到抽搐控制，用量因个

体差异而不同。大剂量使用镇静催眠药需在有呼吸保障的前提下应用。

(2)二巯丙磺钠(Na-DMPS):首剂0.25g肌内注射,0.5~1.0小时再次追加每次0.25g,至基本控制抽搐;第1~2天可0.125~0.25g每2~4小时一次,以后0.125g每4~6小时一次,持续应用数天,7~10天后再减量为0.125g每8小时一次。

3. 血液净化　血液灌流、血浆置换有较肯定的疗效,能促进血液毒物排泄。但毒鼠强分布容积广,血浓度存在“反跳”现象,对重度中毒者,宜尽早、间歇多次进行血液灌流治疗,间隔宜在8~24小时之间。

4. 防治脑水肿　常规给予20%甘露醇125~250ml,每6~8小时一次,或加用呋塞米、地塞米松、七叶皂苷等交替使用。中毒缺氧性脑病是毒鼠强中毒的主要后遗症,高压氧加药物综合治疗是目前主要的治疗措施,一般为1~3个疗程,以促进脑细胞功能恢复和苏醒。

5. 对症治疗　维持内环境稳定,保护脏器功能;防治感染应慎用喹诺酮类、亚胺培南,以免诱发抽搐惊厥发作。

## 二、氟乙酰胺中毒

氟乙酰胺(fluoroacetamide),为白色针状结晶,无臭、无味,易溶于水,在酸性或中性水溶液中可水解成氟乙酸,在碱性液中水解生成氟乙酸盐。

### (一) 吸收与排泄

可经消化道、呼吸道及皮肤吸收中毒。氟乙酰胺在机体内代谢较快,主要随尿排出,中毒3天后尿中不能检出,但能检出氟乙酸,持续20天。口服致死量0.1~0.5g。死亡大多发生于发病2~4小时内。

### (二) 中毒机制

1. 口服氟乙酰胺经胃酸作用水解脱氨生成氟乙酸,与细胞线粒体内的辅酶A结合生成氟乙酰辅酶A,再与草酸乙酸缩合生成氟柠檬酸。氟柠檬酸能与乌头酸酶不可逆地牢固结合而使酶失活,阻断三羧酸循环中柠檬酸的氧化,从而引起机体代谢障碍。这一过程称为“致死合成”。

2. 氟乙酰胺及其代谢产物氟乙酸、氟柠檬酸能直接刺激神经及肌肉系统致痉挛抽搐,并对心肌产生明显损害。氟离子具有亲钙性,可使血钙减少,易产生痉挛症状。

3. 氟化物能抑制血中胆碱酯酶,出现类似有机磷中毒症状。

4. 氟还能与血红蛋白结合生成氟血红蛋白,引起缺氧、发绀、呼吸困难。

### (三) 临床表现

口服氟乙酰胺潜伏期多为2小时左右,也可达数小时;大剂量时可缩短至1小时内。按症状分为神经型、心脏型,神经系统症状是最早也是最主要的表现,少数患者也有心肌损害的表现。

1. 轻度中毒　表现为恶心、呕吐、头痛、头晕、疲乏无力及心悸、烦躁不安等。

2. 中度中毒　除上述症状外,出现肢体间歇性抽搐、血压下降。

3. 重度中毒　惊厥抽搐是典型症状。严重者伴有呼吸抑制、血压下降,部分患者可有狂躁、谵妄、语无伦次等精神失常的表现。常因呼吸衰竭死亡。部分患者伴红色丘疹皮疹,无痛痒感,持续4~5天消退。

### (四) 实验室检查

1. 生化检查　CK等肌酶活性升高;可有血钙降低、血酮体增加;可有胆碱酯酶降低。

2. 心电图检查　可有期前收缩、ST低平、出现U波等心肌损伤表现。

3. 毒物检测　血液和尿中测出氟乙酰胺,或含氟量显著增高,柠檬酸过高,可作为鉴定依据。

### (五) 诊断及鉴别诊断

有误服本品或误食由本品毒死的禽畜病史;反复发作的惊厥抽搐典型症状;胃内容物以及血液、尿液中检测出氟乙酰胺是最可靠的诊断依据。

主要与毒鼠强中毒鉴别,并应警惕混合中毒。心脏型需与心血管疾病鉴别。

### (六) 急诊处理要点

1. 一般治疗常规　立即洗胃、导泻。有心肌损害者注意保护心肌及防治心律失常,可用能量合剂、1,6-二磷酸果糖、左卡尼汀、黄芪等。注意血糖监测,防止低血糖的发生。

2. 特效解毒治疗　使用原则为早期、足量、持续。

(1) 乙酰胺:在体内水解成乙酸,与氟乙酸竞争活性基,因干扰氟柠檬酸的形成,恢复三羧酸循环的正常代谢,从而起到解毒作用。成人每次 2.5~5.0g,肌内注射,每天 2~4 次;危重患者首次可肌内注射 5~10g。一般持续 5~7 天以上。与 20~40mg 普鲁卡因混合使用,可减轻局部疼痛。

乙酰胺无明显毒副作用,剂量过大可引起血尿,给予糖皮质激素可使血尿减轻。注意肝肾功能损害。

(2) 无水酒精:在无乙酰胺的情况下,可用无水酒精 5ml 加入 10% 葡萄糖溶液 100ml 中静脉滴注,每天 2~4 次。轻症中毒者可酌量饮用白酒。

3. 控制抽搐 控制抽搐是重要的救治措施。可选用地西泮 10~20mg / 次,苯巴比妥钠或冬眠合剂等,可交替使用。注意纠正低钙血症、低血糖有助于控制抽搐。

4. 其他对症和支持疗法 参考毒鼠强救治部分。

## 三、抗凝血类杀鼠剂中毒

抗凝血类杀鼠剂中毒机制、症状及治疗相同,以敌鼠(diphcin,diphacinone)中毒为代表。常用其钠盐,称为敌鼠钠盐(又名双苯杀鼠酮钠盐)。纯品无臭、无味,不溶于水,不易分解。

### (一) 中毒机制

敌鼠的结构与维生素 K 相似,有竞争性抑制维生素 K 的作用,干扰凝血酶原和凝血因子Ⅶ、Ⅸ、Ⅹ的合成,导致凝血功能障碍。此外,敌鼠还可直接损伤毛细血管,增加血管壁的通透性和脆性而致出血,其中尤以肺出血为最明显。中毒致死量:成人 0.5~2.5g 可致死。

### (二) 临床表现

潜伏期较长,发病缓慢,一般于口服后 3~4 天才出现中毒症状。如空腹且大量服用时,可在 0.5 小时出现中毒症状。

1. 中毒表现 早期表现为恶心、呕吐、食欲减退及精神不振、头晕、头痛,中毒量小者无出血倾向,可自愈。达到一定剂量时,多在 3~4 天才出现广泛性出血中毒症状,全身皮肤及黏膜出血(鼻、牙龈出血)、紫癜,注射针眼处难以止血,并可能形成小血肿。

2. 重症表现 严重者内脏出血,可出现尿血、咯血、便血及阴道出血,甚至出血性休克症状;可继发脑及蛛网膜下腔出血,出现颅内压增高及颈项强直、肢体瘫痪症状。常死于脑出血、心肌出血。

### (三) 实验室检查

1. 出凝血时间 出血时间、凝血时间及凝血酶原时间均延长;血小板计数一般正常;严重出血者血红蛋白可降低。

2. 诊断性治疗试验 可疑患者可给患者肌内注射或静脉注射维生素 K 10~15mg,用药后 24~48 小时检测凝血酶原时间可有显著改善。

### (四) 诊断及鉴别诊断

不明原因的全身皮肤黏膜出血、紫癜应考虑抗凝血杀鼠剂中毒可能;其易误诊为过敏性紫癜(肾炎)、血小板减少性紫癜或急性肾炎,应引起注意和警惕。

### (五) 治疗要点

1. 祛除毒物 尽早催吐、洗胃、导泻。禁用碳酸氢钠洗胃。

2. 特效解毒治疗 维生素 $K_1$ 是特效解毒剂。轻度血尿或凝血时间及凝血酶原时间延长,维生素 $K_1$ 10~20mg 肌内注射,3~4 次 / 天。严重出血者,首剂 10~20mg 静脉推注,继而 60~80mg 静脉滴注,一日总量小于 120mg。对少量吞服鼠药者,可口服维生素 $K_1$,成人 5~10mg/ 次,3 次 / 天;儿童 1~5mg/ 次,3 次 / 天。一般连续用药 10~14 天,出、凝血功能正常后停药。维生素 $K_3$、维生素 $K_4$ 一般无效。

3. 对症支持治疗 补充维生素 C、应用糖皮质激素等。严重出血者予以输新鲜全血、补充凝血酶原复合物等纠正凝血功能障碍。

## 四、其他灭鼠药中毒

### (一) 磷化锌中毒

1. 中毒机制 磷化锌经胃酸作用,产生无色有剧毒的磷化氢气体与氯化锌化合物,作用于中枢神

经系统、心血管系统和肝、肾等实质性脏器，刺激及腐蚀胃肠黏膜，造成炎症、溃疡或出血。

2. 临床表现　一般在口服磷化锌后15分钟至2小时内出现中毒症状。①轻度中毒者以消化道症状为主，可嗅到磷化氢所特有的电石气臭味。②严重者可出现抽搐、昏迷、呼吸衰竭、休克及无尿、黄疸等多脏器损害症状。

死亡时间一般为中毒后2小时至2天。有时经抢救后可恢复到清醒状态，但迁延1~2天后再度昏迷而死亡。可死于肝性脑病。

3. 治疗要点

(1)去除毒物：口服中毒者立即用0.5%~1%硫酸铜溶液洗胃，促使形成不溶性磷化铜，每次15ml，隔5~15分钟给一次，共3~5次。继而用1∶5000高锰酸钾溶液彻底洗胃，直到澄清无电石气臭味。洗胃后可用药用炭。

禁用硫酸镁以免加重中毒，也不宜使用生鸡蛋清、牛奶、食用油等。

(2)对症支持治疗：给氧，维持呼吸、血压的稳定；保护心、肝、肾等器官功能。

### (二) 安妥中毒

1. 中毒机制　安妥是Antu的译音，其化学名萘硫脲。毒理作用主要损害毛细血管，使通透性增加，常引起重度肺水肿；抑制正常的机体代谢功能，可致体温降低、血糖显著升高。

2. 临床表现　中毒症状出现较晚，一般在数小时后。初期为胃部灼热、发胀；继之恶心、呕吐、口渴、全身无力、头晕；重症中毒者可出现肺水肿与胸膜炎的症状及体征，并有肝、肾功能损害。严重者最后出现惊厥、昏迷、死亡。

3. 治疗要点

(1)清除胃肠道毒物：忌用碱性溶液。禁食脂肪性食物及碱性食物。

(2)试用半胱氨酸，0.1~0.15g/kg，肌内注射，每天1~2次。或用10%硫代硫酸钠10~20ml，静脉注射，每天一次，用3~5天。

(3)对症支持治疗：积极治疗肺水肿，可应用糖皮质激素，限制饮水。

## 第六节　急性酒精中毒

饮入过量的酒，引起中枢神经系统由兴奋转为抑制的状态，并伴有循环、呼吸、消化系统的功能紊乱，称为酒精中毒(alcohol poisoning)，俗称“醉酒”。

### (一) 酒精代谢

口服酒精后约1.5小时达血高峰，90%在肝脏氧化为乙醛，再经过氧化氢酶的代谢、分解，最后通过三羧酸循环代谢为$CO_2$和$H_2O$；少量酒精由肾和肺以原型从尿液、汗液和呼气中排出。成人肝脏酒精清除率为2.2mmol/(kg·h)，血浓度升高程度受个人耐受性的影响，个体差异悬殊。一般成人致死量为纯酒精250~500ml。但酒精与镇静安眠药、抗组胺药、吗啡及衍生品等有协同作用，促进中毒死亡。

### (二) 中毒机制

1. 中枢神经系统　小剂量酒精抑制大脑γ-氨基丁酸(GABA)的抑制作用，出现皮质下中枢兴奋行为；随着血浓度增高，通过边缘系统作用于小脑，引起共济失调；作用于网状结构，引起昏睡和昏迷。大剂量酒精能抑制延髓呼吸和血管运动中枢引起呼吸、循环功能衰竭。

2. 代谢异常　酒精在肝内代谢，使代谢发生异常，如乳酸增高、酮体蓄积导致代谢性酸中毒；抑制糖原异生，并使肝糖原明显下降，糖异生受阻。

### (三) 临床表现

1. 急性中毒　与饮酒量和血酒精浓度以及个人耐受性有关。临床上分为三期：

(1)兴奋期：血酒精浓度超过11mmol/L(500mg/L)，出现面色潮红、兴奋，可有粗鲁或攻击行为；也可能沉默、孤僻或酣睡。

(2)共济失调期：血酒精浓度达到33mmol/L(1500mg/L)，出现明显共济失调，语无伦次，眼球震颤，甚至精神错乱。

(3) 昏迷期:血酒精浓度升至 54mmol/L(2500mg/L),患者意识障碍,脸色苍白、湿冷、发绀;严重者昏迷、抽搐。血酒精超过 87mmol/L(4000mg/L),可出现呼吸、循环麻痹而危及生命。昏迷时间 10 小时以上者预后较差。

重症患者可发生并发症,如电解质、酸碱紊乱,急性胰腺炎、肺炎及急性肌病、颅脑外伤等。酒醉醒后可有头痛、头晕、无力、恶心、震颤等症状。

2. 假酒中毒　工业酒精兑掺而成的假酒常含有甲醇,其局部刺激较强,对血管有麻痹作用,其氧化产物甲醛对视网膜神经节细胞具有特殊的毒作用,抑制 ATP 合成,导致视神经萎缩,甚至失明;严重者导致昏迷死亡。

3. 戒断综合征　长期酗酒者在突然停止饮酒或减少酒量后数小时至数天可出现交感神经兴奋的戒断综合征:①四肢粗大震颤、谵妄,严重者癫痫发作;②出现精神错乱、幻觉、妄想,可持续数周、数月或更久;③酒精中毒性偏执状态:可导致慢性精神分裂症。

4. 慢性中毒

(1) 营养缺乏:长期酗酒可导致维生素 $B_1$ 缺乏引起 Wernicke-Korsakoff 脑病、周围神经麻痹。叶酸缺乏可引起巨幼细胞贫血。

(2) 毒性作用:可引起食管炎、胃炎、胰腺炎、酒精性肝病;妊娠妇女酗酒可造成胎儿发育障碍、畸形。

### (四) 实验室检查

1. 血清酒精浓度　呼气浓度与血清酒精浓度基本相当,可初步判断中毒程度。

2. 血生化检查　可见低血糖症、低钾血症等;血气呈代谢性酸中毒;可有肝功能异常;警惕并发胰腺炎。

### (五) 诊断及鉴别诊断

1. 诊断　根据过量饮酒史,结合呼气有明显酒味,共济失调、谵妄、昏迷等临床表现,一般容易诊断;但需警惕混合中毒。

2. 鉴别诊断

(1) 急性中毒:主要与引起昏迷的疾病相鉴别,如镇静催眠药中毒、一氧化碳中毒、脑血管意外、糖尿病昏迷、颅脑外伤等。

(2) 戒断综合征:主要与精神病、各类癫痫、脑膜脑炎、低血糖症及灭鼠药中毒等相鉴别。

### (六) 治疗要点

1. 急性中毒

(1) 轻症患者无须特殊治疗,可饮果汁、茶水;重症者催吐或洗胃,呕吐者要防止误吸窒息;共济失调、躁动者予以保护性约束,防止外伤。

(2) 维持脏器功能:昏迷患者呼吸中枢抑制是致死的主要原因,应维持有效呼吸、循环功能,必要时气管插管、机械通气;维持正常血压、心率。躁动、谵妄者,可予地西泮。维持水、电解质、酸碱平衡。

(3) 催醒及保护大脑功能:最常用的是纳洛酮 0.4~0.8mg 缓慢静脉注射,每 1~2 小时重复一次,解除呼吸抑制和催醒。也可联合醒脑静,每天 30~50ml 静脉滴注。

(4) 促进酒精转化:无糖尿病史者可予葡萄糖加胰岛素疗法;积极补充维生素 $B_1$、维生素 $B_6$、烟酸胺等 B 族维生素,以加速酒精氧化代谢。

(5) 血液或腹膜透析:指征为:①严重急性中毒血酒精含量 >109mmol/L(5000mg/L);②伴严重酸中毒或肝、肾功能不全;③或同时服用甲醇(血液含量 >500mg/L)或其他可疑药物时。

2. 合并甲醇中毒

(1) 血液透析是目前最有效的治疗方法,用于:①口服 30ml 以上,或血液中甲醇含量 >15.6mmol/L (50mg/dl);②视力障碍者。

(2) 酒精能抑制甲醇的氧化,甲醇中毒量大无透析条件时,可用酒精溶于葡萄糖液中配成 10% 酒精溶液,静脉滴注 100~200ml/h,直至甲醇浓度降至 6.24mmol/L 以下停用。

3. 慢性中毒及戒断综合征　主要是对症处理。Wernicke-Korsakoff 脑病予以维生素 $B_1$ 100mg/d,并予其他 B 族维生素,同时加强营养。

## 第七节 食物中毒

### 一、亚硝酸盐中毒

亚硝酸盐(nitrites)常见的是亚硝酸钠、亚硝酸钾,类似食盐,极易溶于水。常因误用、误食中毒,集体性中毒多见于建筑工地、工厂、学校;新腌渍的咸菜、卤肉等吃得过多也可引起急性中毒。主要由消化道吸收,口服亚硝酸盐1~2g即可致死。

#### (一) 中毒机制

主要机制为血中亚硝酸离子($NO_2$)能迅速使血红蛋白氧化为高铁血红蛋白,引起组织缺氧;亚硝酸盐还可抑制心血管运动中枢,致使血压下降;另外亚硝酸盐在胃酸的作用下,生成二氧化氮,对胃肠道有明显刺激作用。

#### (二) 临床表现

潜伏期从数十分钟到数小时不等。

1. 典型症状　为高铁血红蛋白血症,皮肤黏膜发绀,症状与高铁血红蛋白比例呈正相关。

2. 中毒的早期症状　有嗳气、恶心、呕吐、腹痛、腹泻等胃肠道刺激症状;因周围血管扩张,可有头痛、眩晕、多汗、血压下降。

3. 重症者　皮肤黏膜发绀明显,出现明显的缺氧症状,如呼吸困难、躁动不安、精神错乱、抽搐、昏迷等症状;少数可死于心血管抑制所致休克或心搏骤停。

#### (三) 实验室检查

血高铁血红蛋白含量增高。

#### (四) 治疗要点

1. 急救处理　误服者立即催吐、洗胃、导泻。保持呼吸道通畅、吸氧。

2. 高铁血红蛋白血症的治疗　亚甲蓝为特效解毒药,详见总论。

3. 高压氧舱治疗　重症患者可有特殊效果。

4. 对症支持治疗　注意保护胃肠道黏膜。

知识拓展

预防食物中毒,要注意以下几点:

1. 不吃变质、腐烂的食品。
2. 不吃被有害化学物质或放射性物质污染的食品。
3. 不生吃海鲜、河鲜、肉类等。
4. 生、熟食品应分开放置。
5. 切过生食的菜刀、菜板不能用来切熟食。
6. 不食用病死的禽畜肉。
7. 不吃毒蘑菇、河豚、生的四季豆、发芽土豆、霉变甘蔗等。
8. 易引起食物中毒的自然植物有侵木、毛茛、莽草、君影草、泽漆、巨乌头、石蒜、龙爪花、蜂螂花等。此外,水仙、郁金香、八仙花等也不能食用。

### 二、毒蕈中毒

毒蕈又称毒蘑菇,种类很多,含有多种毒素,成分各不相同,所致临床表现亦各异,误食毒蕈可引起毒蕈中毒。

### （一）发病机制

毒蕈的有毒成分主要有：①肝脏（毒蕈）毒素：有毒肽、毒伞肽，可引起急性肝炎、肝坏死、胃肠道出血及肾、心肌变性和脑水肿。②神经毒素：有毒蕈碱、蟾蜍素和光盖伞素。毒蕈碱有乙酰胆碱样作用，可用阿托品对抗；蟾蜍素和光盖伞素可引起幻视、幻觉等精神症状。③胃肠毒素：引起胃肠道炎症症状。④溶血毒素：可引起溶血。

### （二）临床表现

1. 胃肠炎型　潜伏期 10 分钟至 2 小时，少数达 6 小时。主要有恶心、呕吐、腹痛、腹泻，可伴有水、电解质失衡及周围循环衰竭。多数恢复较快，预后良好。

2. 神经精神型　其毒素为类似乙酰胆碱的毒蕈碱。潜伏期 10 分钟至 10 小时，除胃肠症状外，还有副交感神经兴奋症状如流涎、流泪、多汗、心率减慢、瞳孔缩小等。重者可出现谵妄、幻觉、强直性痉挛等，严重者因呼吸抑制而死亡。

3. 溶血型　潜伏期 6~12 小时。除胃肠道症状外，表现为溶血现象：贫血、黄疸、肝脾大、血红蛋白尿及急性肾损伤等。也可有神经精神异常。

4. 多脏器损伤型　由毒蕈毒素引起。潜伏期长（6~40 小时），亦最凶险。对肝脏有严重损害，重者出现黄疸、急性或亚急性重型肝炎、消化道及全身出血、昏迷、抽搐，甚至 MODS 致死。病死率可达 50%~90%。

### （三）实验室检查

有相应的心、肝、肾等损害的生化异常改变。

### （四）诊断要点

如果有确切食用野蕈史，结合临床表现，易于诊断。春末夏季一家人同时发病，应考虑毒蕈中毒。

### （五）治疗要点

1. 一般治疗　立即用 1∶5000 高锰酸钾、0.5% 鞣酸溶液或浓茶水等彻底洗胃，洗胃后 1 次注入通用解毒粉（药用炭 2 份、鞣酸 1 份、氧化镁 1 份）20g，或药用炭悬液 50~100g，2~4 小时后可重复使用。也可用硫酸镁 20~30g 导泻。

2. 对症支持　治疗脱水者应积极补液，纠正酸中毒、电解质紊乱；血压低者予以升压药，如多巴胺、间羟胺等。大量补液，应用利尿剂加速毒物排泄。惊厥者予以镇静止惊。

3. 血液净化　血液灌流效果较好，CRRT 尤其适用于多脏器损伤型的危重患者。

4. 阿托品　主要用于解除毒蕈碱样症状，0.5~3mg 肌内注射或静脉注射，15~30 分钟重复 1 次，直至阿托品化后减量；也用于房室传导阻滞患者。

5. 巯基解毒剂　主要用于多脏器损伤型。用法：二巯丙磺钠 0.25g，肌内注射，每天 3 次，2 天后改为每天 2 次，维持 5~7 天为一个疗程。

6. 糖皮质激素　适用于溶血型及重症中毒者。

7. 保肝治疗

（1）毒蕈中毒：根据欧美的临床经验可应用水飞蓟素（每天静脉滴注或口服 30~40mg/kg，维持 3~4 天）或青霉素 G（每天静脉滴注 30 万 ~100 万 U/kg）。水飞蓟素具有抗过氧化、明显的保护及稳定肝细胞膜、促进损伤肝细胞恢复、改善肝功能的作用。还可选用谷胱甘肽、乌司他丁、葡醛内酯等保肝药物。

（2）促肝细胞生长治疗：①非特异性肝再生刺激因子，如胰高糖素 – 胰岛素（GI 疗法）：胰高糖素 1mg，胰岛素 8~10U 加入 10% 葡萄糖液 500ml 内，静脉滴注，1~2 次 / 天，一般 2~4 周为一个疗程；②特异性肝细胞生长因子（HGF）和其他肝再生刺激物质；③前列腺素 $E_1$ 具有稳定肝细胞膜、减少肝细胞坏死、改善肝脏的血液微循环、促进肝细胞再生作用。

8. 中草药　甘草 30~60g，绿豆 30~240g，水煎服，或甘草汤内服；或对坐草 60g（或带叶金银花藤 240g），煎服；鲜金银花或嫩叶适量，洗净嚼服。

## 本章小结

急性中毒的快速评估、抢救和治疗过程包括：询问病史、毒物接触史，初步判断为何种毒物急性中毒；紧急评估患者的基本生命情况，对于危重患者，积极治疗心跳和呼吸骤停、休克、呼吸衰竭、严重心律失常、中毒性肺水肿、脑水肿等，维持生命体征平稳；迅速清除进入人体未被吸收和已被吸收的毒物，使用解毒剂和对症支持治疗。农药中毒、酒精中毒、灭鼠剂中毒、工业毒物中毒、药物中毒和食物中毒的快速评估、生命支持、诊断、程度判断、脱毒和解毒剂使用、对症处理是各种不同中毒诊疗的基本过程。

## 病例讨论

病例讨论

患者，女，25岁，被人发现昏迷且休克，屋内有火炉，且发现有敌敌畏空瓶。查体：体温36℃，BP 90/60mmHg，四肢厥冷，腱反射消失，心电图一度房室传导阻滞，尿糖(+)，尿蛋白(+)，血液的COHb为60%。

（邓海霞 万 健）

扫一扫，测一测

## 思考题

1. 简述有机磷杀虫剂中毒的主要临床症状和抢救措施。
2. 简述一氧化碳中毒的主要临床表现及中毒程度的划分。
3. 简述急性酒精中毒的过程分期、程度分度和急救原则。

笔记

# 第十四章 环境和理化因素损伤

学习目标

1. 掌握：环境及理化因素损伤的现场急救和院内处理原则。
2. 熟悉：环境及理化因素损伤的病因及预防；蛇毒的分类与毒性。
3. 了解：烧烫伤、冻伤的伤情判断；中暑的发病机制；动物咬伤的临床特点；毒蛇的辨别方法。
4. 具备环境及理化因素损伤的现场急救处理技能；熟知狂犬病暴露的预防免疫措施；正确处理动物咬伤、节肢动物螫伤的伤口。
5. 能对清醒的患者进行心理慰藉；对危重患者家属实时沟通病情；在社区、农村地区进行淹溺、中暑、电击伤、动物咬伤、蛇咬伤、节肢动物螫伤的预防宣教和急救常识培训；指导烧烫伤、冻伤患者的功能康复锻炼。

人类在自然、生活和生产环境中，可能由于自杀、意外、灾害而接触许多对人体有害的因素，包括物理、化学、生物的致伤因素。一旦致伤往往引起急、危、重的伤病情，而伤者的身体素质大多良好，及时、得当的现场急救和院内处理尤为重要。

## 第一节 淹　溺

病例导学

患者，女性，21 岁，因失足溺水，被他人发现后救起，急送医院急诊科。入院查 T 35.8℃，P 96 次 / 分，R 20 次 / 分，BP 100/60 mmHg，神志不清，皮肤发绀，颜面水肿，球结膜充血，口鼻充满泡沫。呼吸表浅，肺部可闻及干湿性啰音，腹部膨隆，四肢厥冷。生理反射存在，无病理征。

问题：1. 现场应当采取什么急救措施？

2. 院内如何救治？

淹溺（drowning）常称为溺水，是指一种淹没或沉浸在液体介质中导致呼吸损害的过程，由于受害者无法呼吸空气，导致机体缺氧和二氧化碳潴留，甚至因窒息导致死亡。淹溺是世界上意外死亡的常见原因之一，在我国，淹溺是伤害死亡的第三位原因，儿童伤害死亡的首要原因。

## 一、病因

淹溺多见于儿童、青少年及老年人，常见的原因为不会游泳，不慎落水或投水自杀。在浅水区跳水，头撞硬物，发生颅脑损伤而溺水。游泳过程中肢体抽搐或肢体被植物缠绕等，或其他心脑血管疾病急性发作。

## 二、发病机制

由于各种原因淹没于水中，在惊慌、恐惧或骤然寒冷等强烈刺激下，人本能地出现反射性屏气和挣扎，避免水进入呼吸道，保证心脏和大脑血液供应。但因缺氧不能继续屏气，水随着吸气而大量进入呼吸道和肺泡，影响气体交换，导致严重缺氧、二氧化碳潴留及代谢性酸中毒。同时水大量进入血液循环中可引起血浆渗透压改变、电解质紊乱和组织损伤，若急救不及时，可造成呼吸和心搏骤停而死亡。如不慎跌入粪坑、污水池和化学物贮槽时，还可引起皮肤和黏膜损伤以及全身中毒。

淹溺可分为湿性淹溺和干性淹溺两大类，湿性淹溺是指人淹没于水中，由于缺氧不能坚持屏气而被迫深呼吸，使大量水进入呼吸道和肺泡，堵塞呼吸道和肺泡发生窒息，心脏因缺氧而发生心搏骤停，约占淹溺者的90%。干性淹溺是指人入水后，因惊慌、恐惧、骤然寒冷等强烈刺激，引起喉头痉挛导致窒息。呼吸道和肺泡很少或无水吸入，约占淹溺者的10%。

## 三、临床表现

患者被救出水后往往已处于昏迷状态，皮肤黏膜苍白和发绀、四肢厥冷、呼吸和心跳微弱或停止，口、鼻充满泡沫或污泥、杂草，腹部常隆起伴胃扩张。复苏过程中可出现各种心律失常，甚至心室颤动，并伴有心力衰竭和肺水肿，可有不同程度的精神症状。24~48小时后出现脑水肿、急性呼吸窘迫综合征、溶血性贫血、急性肾损伤或DIC的多种临床表现，合并肺部感染较为常见。淹溺者约有15%死于并发症，故应特别警惕迟发性肺水肿的发生。还要注意有无颅脑损伤和颈椎、胸腹部损伤。

## 四、辅助检查

1. 血和尿液检查　外周血白细胞轻度升高。淡水淹溺者，淡水淹溺尿中游离血红蛋白阳性。

2. 电解质与动脉血气检查　淡水淹溺出现低钠、低氧血症，溶血时可发生高钾血症。海水淹溺出现血钠、血氯轻度增高，并可伴血钙、血镁增高。动脉血气分析显示低氧血症和酸中毒。

3. 心电图检查　常见表现有窦性心动过速、非特异性ST段和T波改变，通常数小时内恢复正常。出现室性心律失常、完全性心脏传导阻滞提示病情严重。

4. 肺部X线　有肺门阴影扩大和加深，肺间质纹理增深，肺野中有大小不等的絮状渗出或炎性改变，或有两肺弥漫性肺水肿的表现。疑有颈椎损伤时，颈椎X线、CT检查，意识障碍者行头颅CT或磁共振检查。

## 五、诊断

有确切的淹溺史，可伴有下列症状，如面部肿胀、青紫、四肢厥冷、呼吸和心跳微弱或停止；口、鼻充满泡沫或污泥；腹部膨胀，胃内充满水而呈胃扩张，即可诊断为淹溺。

## 六、急救处理

### （一）救治原则

迅速将患者安全救离出水，立即恢复有效通气，施行心肺脑复苏，特别是呼吸支持，根据病情及时对症处理。

### （二）现场救护

1. 淹溺复苏　缺氧时间的长短和程度是决定淹溺预后的最重要因素，尽快对淹溺者进行通气和供氧是最紧急的治疗。由于淹溺患者的核心病理是缺氧，尽早开放气道和人工呼吸优先于胸外按压。故首要措施是保持呼吸道畅通，立即清除淹溺者口、鼻中的杂草、污泥，有义齿者取出义齿，并将舌拉出，对牙关紧闭者，可先捏住两侧颊肌然后再用力将口启开，松解领口和紧裹的内衣、胸罩和腰带。溺水是窒息缺氧性心脏骤停，供氧是首要目标，因而采用A-B-C顺序急救。

**知识拓展**

1. 溺水心肺复苏　对无反应和无呼吸的淹溺者立即进行心肺复苏(CPR),特别是呼吸支持。最新关于溺水的循证医学推荐先进行 5 次人工呼吸,再进行胸外按压 30 次,随后 2 次人工呼吸,继之 30 次胸外按压,随后重复 30 ：2 循环,目的是在第一时间提供给淹溺者充足的氧合。

2. 基础生命支持流程　①判断意识,如果没有;②呼叫援助并启动 EMS;③判断呼吸、脉搏(仅限专业人员);④开放气道;⑤给予 2~5 次人工呼吸(如有可能连接氧气);⑥开始 30 ：2 的心肺复苏;⑦尽快连接 AED 依照提示操作。

3. 关于控水处理　循证医学已经明确,控水拖延复苏,加重误吸,明显增加死亡率。如有心跳呼吸骤停立即 CPR,不应因控水而延迟 CPR。

2. 注意保暖　患者心跳呼吸恢复后,应脱去湿冷的衣物,以干爽的毛毯包裹全身予以复温。迅速转送至医院,转运过程中严密观察病情变化。

**(三) 院内救治**

1. 供氧　清醒、呼吸困难伴血氧饱和度低者可使用面罩或鼻罩持续气道正压给氧,严重者根据病情行气管内插管和机械通气。

2. 维持血容量、水、电解质和酸碱平衡　淡水淹溺者,因血液稀释,适当补充氯化钠溶液、血浆和白蛋白,限制水入量;海水淹溺者因血液浓缩,血容量减少,可补充葡萄糖液,低分子右旋糖酐和血浆,控制氯化钠溶液。注意纠正高钾血症和酸中毒。

3. 防治急性肺损伤　早期、短程、足量应用糖皮质激素,防止淹溺后的急性炎症反应、急性肺损伤、急性呼吸窘迫综合征。

4. 脑复苏　改善通气,维持血二氧化碳处于正常水平或略低于正常水平,对降低颅内压非常重要。输注甘露醇、呋塞米等,可使用脑细胞代谢剂、纳洛酮。有抽搐应给以有效控制。

5. 复温　体温过低者采用体外体内复温措施,使中心体温至少达到 34~35℃。

6. 对症治疗　防治多器官功能障碍,防治感染,溶血性贫血明显时可输血,治疗合并存在的中毒、外伤等。

## 七、预防

1. 对从事水上作业人员,定期进行健康检查。
2. 有慢性或潜在疾病者,不宜从事水上活动。
3. 水上运动前不要饮酒和服用损害判断力和自我保护能力的药物。
4. 下水前做好准备活动,避免在复杂的自然水域或低水温的水域游泳,避免在浅水区潜泳、跳水。
5. 进行游泳、水上自救互救技能训练;水上游览、运动、作业时,备用救生器材并学会使用。

# 第二节　中　暑

**病例导学**

患者,男,35 岁,锅炉工人,在锅炉边劳动 3 小时后感头昏乏力,大汗淋漓,随即神志不清,昏倒在地,双下肢阵发性抽搐,大、小便失禁 1 小时送入院。既往体健。入院查体 T 42℃,P 120 次 / 分,R 24 次 / 分,BP 90/60mmHg,昏迷,皮肤干燥,四肢间断抽搐。

问题:1. 诊断及诊断依据及鉴别诊断是什么?
　　2. 应进行哪些必要的辅助检查?
　　3. 简述主要的治疗措施。

中暑(heat illness)是指在高温环境下或烈日暴晒等引起体温调节功能紊乱所致体热平衡失调、水电解质代谢紊乱或脑细胞受损而致的一组急性临床综合征。临床上分为先兆中暑、轻度中暑和重度中暑，重度中暑可分为热射病、热衰竭和热痉挛。

## 一、病因

中暑的发病原因可概括为引起机体产热增加、热适应能力下降和散热不足的因素。

1. 机体产热增加　高温或高湿、烈日或通风不良环境中长时间从事繁重体力劳动或体育运动，以及发热、甲状腺功能亢进症等代谢增强。

2. 机体热适应能力差　高血压、冠心病、肺源性心脏病、糖尿病、神经系统疾病等慢性疾病及肥胖、营养不良、年老体弱、孕产妇、过度疲劳、缺少体育锻炼、睡眠不足、饮酒、饥饿等，以及突然进入热区旅游或工作和恒温下生活及作业的人群突然进入高温环境。

3. 机体散热障碍　湿度较大、过度肥胖、穿紧身或透气不良衣裤，先天性汗腺缺乏症、硬皮症、痱子、大面积皮肤烧伤后瘢痕形成，服用抗胆碱能药、抗组胺药、抗抑郁药、β 肾上腺素能受体拮抗剂、利尿剂、吩噻嗪类等药物，以及脱水、休克、心力衰竭等循环功能不全等患者。

## 二、发病机制

当外界环境温度增高时，机体大量出汗，引起失水、失盐。若机体以失盐为主或单纯补水，导致血钠降低，易发生热痉挛；大量液体丧失导致失水、血液浓缩、血容量不足，若同时发生血管舒缩功能障碍，则易发生外周循环衰竭；当外界环境温度增高，机体散热绝对或相对不足，汗腺疲劳，引起体温调节中枢功能障碍，致体温急剧增高，产生严重的生理和生化异常而发生热射病。

高热对人体各系统的影响如下：

1. 中枢神经系统　高热可引起大脑细胞和脊髓细胞快速死亡，继发脑水肿、局灶性脑出血、颅内压增高和昏迷；小脑 Purkinje 细胞对高热极为敏感，常发生构音障碍、共济失调和辨距不良。

2. 心血管系统　热射病患者常表现为高动力循环状态，外周血管阻力降低，心动过速及心脏指数、中心静脉压升高。持续高温可引起心肌细胞缺血、坏死，引发心律失常、心力衰竭，继而心排血量下降、皮肤血流减少，影响散热，形成恶性循环。

3. 呼吸系统　呼吸频率加快、通气量增加，高热持续不缓解则引起肺血管内皮损伤发生急性呼吸窘迫综合征。

4. 水和电解质代谢　大量出汗导致水和钠丢失，合并肾损伤和横纹肌溶解，可引起严重的水和电解质紊乱。

5. 肾脏　由于严重脱水、心血管功能障碍和横纹肌溶解等，可发生急性肾损伤。

6. 消化系统　中暑的直接热损伤和胃肠道血液灌流减少可引起应激性溃疡，消化道大出血。热射病患者发病 2~3 天后可有不同程度的肝坏死和胆汁淤积。

7. 血液系统　严重中暑患者发病后 2~3 天可出现 DIC。

8. 肌肉　劳力性热射病患者，肌肉局部高温、缺氧和代谢性酸中毒，常发生肌肉损伤、横纹肌溶解、血清肌酸激酶增高、高钾血症。

**知识拓展**

热痉挛多见于健康青壮年，主要表现有严重的肌痉挛伴有收缩痛，可能与严重体钠缺失和过度通气有关。热衰竭多见于老年人、儿童和慢性疾病患者，因脱水、电解质紊乱、外周血管扩张，周围循环容量不足而发生虚脱，一般无明显中枢神经系统损害表现。热(日)射病又称中暑高热，是一种致命性急症，以高热、无汗和意识障碍“三联症”为典型表现。

## 三、临床表现

中暑分为先兆中暑、轻症中暑、重症中暑，临床表现特点如下。

### （一）先兆中暑

患者在高温环境中工作、生活一定时间后，出现头昏、头痛、口渴、多汗、全身疲乏、心悸、注意力不集中、动作不协调等症状，体温正常或略有升高。

### （二）轻症中暑

除有先兆中暑的症状外，出现面色潮红、大量出汗、脉搏加快等表现，体温升高到38.5℃以上。

### （三）重症中暑

重症中暑可分为热痉挛、热衰竭和热射病三种类型。

1. 热痉挛　常发生高温环境中强体力活动后。患者常先有大量出汗，然后突然出现阵发性四肢肌肉、腹壁肌肉甚至胃肠道平滑肌发生痉挛和疼痛，尤以腓肠肌为显著，常呈对称性。患者意识清楚，体温一般正常。辅助检查有血钠、氯减低，尿肌酸增高。

2. 热衰竭　常发生于老年人、儿童、慢性疾病患者以及高温气候环境未能适应者。体内常无过量热蓄积，故大多无高热。患者先有头痛、头晕、恶心，继而出现口渴、胸闷、面色苍白、冷汗淋漓、脉搏细弱或缓慢、血压偏低；可有晕厥及手、足抽搐；严重者出现周围循环衰竭。热衰竭可以是热痉挛和热射病的过渡过程，如治疗不及时，可发展为热射病。

3. 热射病　热射病是一种致命的急症，典型的表现为高热（41℃以上，测体温应测肛温）、无汗和意识障碍。常在高温环境中工作数小时或老年、体弱、慢性病患者在连续数天高温后发生。前驱症状有乏力、头昏、头痛、恶心、出汗减少，继而体温快速上升，出现嗜睡、谵妄或昏迷；皮肤干燥、灼热无汗；脉搏快，脉压增宽，血压偏低，严重患者出现休克、心力衰竭、肺水肿、脑水肿、肝功能障碍、肾损伤、弥散性血管内凝血（DIC）。

根据发病时所处状态和发病机制可分为劳力性和非劳力性两种类型。前者是内源性产热过多，多见于青壮年人群，从事剧烈运动或体力劳动后数小时发病；后者是体温调节功能障碍致散热减少，多见于居住环境通风不良的城市老年体衰者，以及精神分裂症、帕金森病、慢性酒精中毒及偏瘫、截瘫的患者。

热痉挛、热衰竭和热射病的主要发病机制和临床表现虽有所不同，但在临床上可有两种或三种同时并存，不能截然区分。

## 四、辅助检查

缺乏特异性，根据病情程度不同，血常规、尿常规，肝功能、肾功能，血清电解质，心肌酶谱，动脉血气分析，凝血指标，心电图及胸部X线片等，可出现相应异常。

## 五、诊断及鉴别诊断

结合地区、季节、气温和临床表现，中暑的诊断并不困难。但热射病要与乙型脑炎、中毒性细菌性痢疾、重症肺炎、脑型疟疾、伤寒、脑血管意外、甲状腺危象、抗胆碱能药物中毒等疾病相鉴别。热痉挛伴腹痛应与各种急腹症相鉴别。热衰竭应与消化道出血、异位妊娠、低血糖等疾病相鉴别。

## 六、急救处理

### （一）救治原则

早发现、早救治、早报告，尽快使患者脱离高温环境，及时迅速降温，补充水分，保护重要脏器功能。

### （二）现场救护

1. 改变环境　立即撤离高温环境，在阴凉通风处或20~25℃房间内，解开或脱去外衣，患者取平卧位安静休息。

2. 降温　轻症患者可反复用冷水擦拭全身，直至体温低于38℃；体温持续在38.5℃以上者可口

服水杨酸类解热药物。

3. 补充水分和电解质　口服凉盐水及其他清凉饮料，有循环衰竭者由静脉补给生理盐水并加葡萄糖液或氯化钾液。

一般先兆中暑和轻度中暑的患者经现场救护后均可恢复正常，但对疑为重度中暑者，应立即转送医院救治。

### (三) 院内救治

1. 降温速度决定预后，力争在 1 小时内将肛温降至 37.8~38.9℃。

(1) 物理降温：为了使患者高温迅速降低，可将患者安置在通风良好的低温病室中。在头部、双腋下和腹股沟等处放置冰袋，也可用冰水擦浴或用冰毯降温。按摩患者四肢皮肤，使皮肤血管扩张和加快血液循环，促进散热。在物理降温过程中必须随时观察和记录肛温，待肛温降至 38.5℃时停止降温。

(2) 体内降温：冰盐水进行胃或直肠灌洗，也可用冰的 5% 葡萄糖盐水或生理盐水静脉滴注，或用低温（10℃）透析液进行血液透析。

(3) 药物降温：氯丙嗪能抑制体温调节中枢，使体温调节失灵，机体体温可随环境温度变化而变化，还可扩张周围血管加速散热，松弛肌肉减少肌肉震颤减少产热，降低细胞的氧消耗，是协助物理降温的常用药物。密切观察血压，血压下降时应减慢滴速或停药。

2. 纳洛酮治疗　纳洛酮是吗啡受体拮抗剂，能迅速阻断吗啡的作用，解除呼吸抑制，促使血压上升。

3. 对症治疗　保持患者呼吸道通畅，吸氧；肾上腺皮质激素对高温引起的应激反应和组织损伤有保护作用，对防治脑水肿、肺水肿有一定疗效，通常应用甲泼尼龙或地塞米松；纠正水、电解质紊乱和酸碱失衡；抗休克，使用血管活性药物；控制心力衰竭、防治肾损伤、脑水肿；DIC 治疗；预防感染。

## 七、预防

预防中暑应采取综合措施，提高人们在炎热季节、热气候环境下的自我保健意识。改善居住的工作环境；合理安排作息时间，避免午间在日光下活动；加强个人防护措施；大量出汗时应补充含盐饮料；出现中暑先兆要及时休息治疗。

# 第三节　电　击　伤

电击伤（electrical injury）也称触电（electrical shock），是指一定量的电流通过人体，引起不同程度的组织损伤或器官功能障碍，甚至死亡。家庭生活用电、工业用电、雷电、生物电均可引起电击伤。电击伤的方式分为三种类型，即超高压电击或雷击、高压电伤和低压电伤。

## 一、病因

生活工作中直接接触电源或电器漏电间接接触；高温高湿场所，电器绝缘性能降低导致漏电，人体潮湿电阻降低易被电击；雷暴天气在旷野或树下闪电电弧击伤，超高压电场电弧击伤；意外情况，如台风、地震、火灾等电线断落接触人体或抢救触电者自身不慎触电；有些海洋生物有发电器官，如电鳗，放电时也能击伤人体；偶有直接接触人体的医疗器械漏电造成电击伤。

常见的电击伤方式有三种：

1. 单相触电　人体接触一根火线，电流通过人体与零电位的大地形成回路。

2. 双相触电　人体不同部位接触同一线路上的火线和零线，在人体上形成电流回路。

3. 跨步电压触电　带电的高压输电火线落在地上，以落点为圆心的 20m 之内的地上均可能带电，不同半径的同心圆范围的地上，所带电压各不相同，离落点越近的圆周，电压越高。此时如果人步入电场感应区域中心，前脚着地而后脚尚未离地，双脚之间电位差会形成自前脚通过人体躯干再流经后脚回流至大地的环形电流通路。离落点越近、跨步幅度越大，则电位差越大，电流越强，损伤越大。

## 二、发病机制

电流通过人体可使细胞膜内外的离子水平发生变化，并发生电泳、电渗等反应，从而导致器官的生物电节律周期发生障碍。电流通过中枢神经系统可引起神经传导阻断，如通过脑干，可导致呼吸停止；电流通过心脏可以导致室颤；电流通过胸腹部可导致呼吸肌强直性痉挛而窒息；通过骨骼肌大肌群可因骨骼肌强直性收缩导致脊椎椎体压缩性骨折或肩关节脱位；电流通过人体电阻效应转化为热能，导致组织器官烧伤；高压电击可直接损伤肾脏，肌肉组织坏死产生肌球蛋白尿、溶血后产生血红蛋白尿损伤肾小管，严重烧伤引起低血容量性休克均可导致急性肾损伤。

电击伤的严重程度与电流强度、电压高低、交流或直流电、频率、接触时间、皮肤及其他组织电阻、电流在人体内的路径等有关。I = V / R（I 为通过人体的电流强度，R 为电阻，V 为电源电压。）在皮肤电阻恒定时，电源电压越高，通过人体的电流也越大；组织电阻越大，产热量也越大；接触时间越长，对机体的影响也越严重。

## 三、临床表现

### （一）全身表现

轻、中度者，仅有头晕、头痛、心悸、惊慌、面色苍白和四肢软弱、肌肉痛性收缩等；重者发生心搏、呼吸停止。大面积体表烧伤或组织损伤体液丢失过多时，出现低血容量性休克，可有急性肾损伤的表现。部分患者有心肌损伤，可出现心律失常、心肌梗死。有极少数患者电击伤后出现“假死”状态，心跳呼吸极为微弱，外表看来似乎已经处于临床死亡状态，主要由于延髓受抑制或呼吸肌痉挛所致。

### （二）局部表现

局部表现为触电部位多有灼伤，严重电击伤尚可见创口深处的坏死组织、血管、神经和骨骼；肌肉组织损伤、水肿、坏死使肢体肌肉筋膜下组织压力增加，引起间隙综合征，出现血管、神经受压体征；电流通过径路部位组织器官可有隐匿性损伤；衣物燃烧可造成烧伤。

### （三）并发症和后遗症

电击伤后常出现并发症和后遗症：高钾血症、急性肾损伤；四肢关节骨折和脱位，脊柱压缩性骨折；失眠、耳聋、周围神经病变、脊髓病变、侧索硬化症；少数高压电击伤患者可发生胃肠道功能紊乱、肠穿孔、胆囊和胰腺坏死、肝损害、白内障、视力障碍。孕妇电击伤常发生流产、死胎、或胎儿宫内发育迟缓。并发症可以是多发、迟发、隐匿，应引起足够重视。

## 四、辅助检查

尿常规可见血红蛋白尿或隐血。生化检查心肌酶谱早期可出现乳酸脱氢酶（LDH）、谷草转氨酶（AST）、肌酸磷酸激酶（CPK）及其同工酶（CK-MB）的活性增高。可有高血钾、肾功能改变。心电图及动态心电图检查出现心室颤动、传导阻滞或房性、室性期前收缩。

## 五、诊断及鉴别诊断

根据电击史、局部组织灼伤和电击创口深处组织坏死和全身临床表现可以作出诊断。对“假死”状态要认真鉴别，不可轻易放弃。

## 六、急救处理

### （一）救治原则

迅速安全地脱离电源、有效地实施心肺复苏、妥善处理烧伤创面、积极处理各种并发症。

### （二）现场急救

1. 脱离电源　确保现场救助者自身安全前提下，第一时间切断触电现场的电源，或应用绝缘物分离电源与触电者。

2. 心肺复苏　心搏、呼吸停止者，立即施行心肺复苏术。

(三) 院内救治

1. 补液 对低血容量休克和组织严重电灼伤者,迅速补液,根据治疗效果、周围循环情况、尿量、中心静脉压监测等决定输液量和速度。

2. 创伤和烧伤处理 清除创面坏死组织,筋膜下明显水肿,组织压力很高时,宜立即行深筋膜切开减压术。广泛的组织烧伤、器官创伤、骨折给予相应的专科处理,防治创面感染。

3. 对症治疗 防治高钾血症、纠正电解质和酸碱平衡紊乱,防治急性肾损伤,纠正心功能不全和心律失常,防治脑水肿。

### 七、预防

普及宣传安全用电知识,线路、电器加装可靠的漏电保护装置;雷雨天气尽量不外出,关闭无防雷装置的电器;雷雨天在野外勿站在高地或在树下避雨。

## 第四节 动物咬伤

动物能够利用其牙、爪、角、刺等致人受伤,有咬伤、螯伤和其他损伤(包括中毒、继发感染、过敏、传染病等)。咬伤除被咬部位组织撕裂伤,还会由于动物体液内存在的多种细菌或病毒造成各类特异性或非特异感染。

### 一、临床表现

1. 咬伤部位 可见牙痕、伤口,局部疼痛、出血、血肿和组织水肿,8~24 小时后有部分病例会出现伤口感染的表现。

2. 狂犬病表现 狂犬病潜伏期数天至数年,一旦发病目前病死率几乎为 100%。主要表现为特征性的恐水、怕风、兴奋、咽肌痉挛、进行性瘫痪,以及呼吸困难,直至死亡。

3. 破伤风 潜伏期常为 6~10 天,最初的表现为牙关紧闭,然后为苦笑面容,进而逐步出现全身颈项强直和角弓反张的全身肌肉的痉挛。

### 二、急救处理

动物咬伤、抓伤、舔吮,以及唾液污染的伤口,均需按狂犬咬伤处理,其伤口处理是关键。

1. 从近心端向伤口处挤压出血,促进带毒唾液排出。

2. 彻底冲洗伤口 用 20% 的肥皂水(或者其他弱碱性清洁剂)和一定压力的流动清水交替彻底清洗、冲洗所有咬伤和抓伤处至少 15 分钟。然后用生理盐水将伤口洗净,最后用无菌脱脂棉将伤口处残留液吸尽,避免在伤口处残留肥皂水或者清洁剂。较深伤口冲洗时,可进入伤口深部进行全面彻底的灌注清洗。

狂犬病暴露后处置工作规范(试行)

冲洗后清除坏死及失活组织,用 75% 酒精、2%~3% 的碘酒或碘伏涂搽伤口,创口暴露于空气中,尽量避免缝合;确实需要缝合,先用抗狂犬病血清或人狂犬病免疫球蛋白做伤口周围的浸润注射,数小时后(不少于 2 小时)再行缝合和包扎。就诊时如伤口已结痂或者愈合则不主张进行伤口处理。

创口较深、污染严重的患者应注射破伤风抗毒素,预防使用抗生素。

## 第五节 烧烫伤与冻伤

### 一、烧烫伤

由热力所导致的人体组织损伤称为烧烫伤(burn),是一种急诊常见的意外损伤。热力是指火焰、热金属、热液、热蒸汽等。

### （一）伤情判断

1. 烧烫伤面积的估算　烧伤面积指患者烧伤部分的皮肤占患者全部体表皮肤的百分比，常用的计算方法为中国新九分法与手掌法。

(1)中国新九分法：按体表面积划分为 11 个 9%，另加 1%。计算方法：头颈部 1×9%，上肢 2×9%，躯干(包括会阴)3×9%，双下肢(包括臀部)5×9% + 1%(成年女性的比例为：臀部：双脚 =6 ： 6)。

由于小儿特殊的解剖特点(头大、腿短)，计算方法改为：头颈部面积为[ 9 +(12 －年龄)]%；双下肢体表面积为[ 46 － (12 －年龄)]%。

(2)手掌法：患者五指并拢时，其手掌面积占其体表面积的 1%，一般用于小面积烧伤面积的估算，也可用于辅助九分法进行估算。

2. 烧伤深度的辨识　临床常用方法为三度四分法，即分为Ⅰ度、浅Ⅱ度、深Ⅱ度和Ⅲ度，见表 14-1。

**表 14-1　烧伤深度的辨别**

| 烧伤深度 | 组织损伤层次 | 局部临床表现 | 预后情况 |
|---|---|---|---|
| Ⅰ度 | 表皮浅层 | 皮肤表面红斑状损伤，有干燥、烧灼感 | 3~7 天脱屑痊愈，短期内有色素沉着 |
| 浅Ⅱ度 | 表皮生发层、真皮乳头层 | 皮肤红肿明显，有大小不一的水疱形成，疱皮下创面红润、潮湿、疼痛明显 | 1~2 周愈合，一般无瘢痕，多有色素沉着 |
| 深Ⅱ度 | 真皮深层 | 深浅不一，可有水疱，疱皮下创面微湿、红白相间、痛觉迟钝 | 3~4 周融合修复，常有瘢痕 |
| Ⅲ度 | 皮肤全层，甚至深达皮下、肌肉或骨骼 | 创面呈焦黄、蜡白色，甚至炭化，痛觉消失；焦痂下可见树枝状栓塞的血管 | 必须植皮，瘢痕明显，可能有功能障碍 |

3. 烧伤伤情判断　评估烧伤面积、辨识烧伤深度，结合有无并发症进行综合分析与判断，见表 14-2。

**表 14-2　烧伤伤情分类**

| 严重程度 | 烧伤深度 | 烧伤面积 | 合并症等 |
|---|---|---|---|
| 轻度烧伤 | Ⅱ度 | <10% | |
| 中度烧伤 | Ⅱ度 | 11%~29% | |
| | Ⅲ度 | <10% | |
| 重度烧伤 | Ⅲ度 | 10%~19% | |
| | 各度烧伤 | 30%~49% | |
| | 各度烧伤 | <30% | 存在复合伤或吸入性损伤 |
| 特重度烧伤 | Ⅲ度 | >20% | |
| | 各度烧伤 | >50% | |
| | 各度烧伤 | | 合并严重并发症 |

### （二）急救处理

1. 救治原则　现场简单处理，快速转运。

2. 现场救护

(1)迅速脱离热源：火焰烧伤尽快脱离火源，去除着火衣物，就地翻滚或跳入水中使火焰熄灭。忌粗暴撕脱，以免扩大创面；忌双手拍打，以免烧伤手部；忌奔跑呼号，以免吸入性损伤。热液、热蒸汽与金属烫伤应脱离热源，自来水相对长时间的冲淋后剪开衣物。

(2)保护创面：尽量用干净敷料或布类简单包扎创面，以免再度污染与损伤，应该立即转运。

(3)保持呼吸道通畅：大面积严重烧伤患者，立即建立静脉通道，给予补液、抗休克治疗。

(4)就近转运：尤其是严重烧伤，途中需密切监测生命体征。

3. 院内救护

(1)轻度烧伤:主要为创面处理,剃净毛发,清洁创面周围完整皮肤;浅Ⅱ度尽量保留水疱疱皮的完整,水疱大者可酌情抽去水疱内液体,深Ⅱ度可去除水疱的疱皮;如烧伤位于关节部位,必须要用夹板固定关节,以防关节活动而导致烧伤创面恶化。酌情应用镇静止痛药物与破伤风抗毒素(TAT)。

(2)中度及以上的烧伤:就近转运至烧伤专科医院进行综合处理,处理原则包括补液抗休克,对症、支持治疗,切痂与植皮,康复功能锻炼等。

## 二、冻伤

冻伤(frostbite)又称冷损伤(cold injury),是低温寒冷侵袭机体所引起的全身或局部损伤。冻伤按损伤性质可分为非冻结性冻伤与冻结性冻伤,分为局部性冻伤(冻伤)与全身性冻伤(冻僵)。

### (一)非冻结性冻伤

长时间暴露10℃以下至0℃(冰点)以上的低温、潮湿环境造成的局部损伤,如冻疮、浸泡手与浸泡足、战壕足。①冻疮(chilblain):好发于鼻尖、耳廓、脸颊、手、足等处,可单发亦可多发。主要临床表现是局部麻痒与痛感,皮损为暗紫色或紫红色斑丘疹,可伴有皮损破溃,形成糜烂或溃疡。②浸泡足(手)与战壕足:多见于特殊作业人群(洗碗工、渔民、战士)长期暴露于湿冷环境,程度轻重不等:早期局部凉感与肿胀;后感到肿痛,受热加剧,重者关节僵硬,可能有继发感染;严重者遗留后遗症。

### (二)冻结性冻伤

多见于暴露部位,如耳、鼻、颜面与手足等。病变可仅局限于皮肤,亦可累及深部骨骼与肌肉等组织。冻结性冻伤在受冻时与冻融期及融化后均可有不同的组织损伤,分为三度,见表14-3。

**表14-3　冻伤分度的病理、临床表现与预后情况**

| 冻伤分度 | 病理表现 | 临床表现 | 预后情况 |
|---|---|---|---|
| Ⅰ度冻伤 | 表皮层受损 | 红肿、充血,局部有麻痒热痛感 | 数日后症状消退,脱屑愈合,不留瘢痕 |
| Ⅱ度冻伤 | 真皮层受损 | 24小时内形成水疱,局部水肿、感觉迟钝 | 2~3周内结痂后脱痂愈合,稍有瘢痕 |
| Ⅲ度冻伤 | 全层皮肤,严重者达皮下组织、肌肉、骨髓,甚至肢体坏死 | 部分创面由苍白变为黑褐色,感觉消失,有水疱形成;部分创面死灰色,无水疱;多有坏死,部分伴感染 | 4~6周后,坏死组织脱落,形成肉芽创面,愈合慢,多有瘢痕,多留有功能障碍,甚至致残 |

全身性冻伤又称冻僵,表现为低体温,早期可表现为神经兴奋,皮肤血管和毛孔收缩、代谢率增高、寒战、肌肉震颤;随着体温继续下降,机体进入代谢和功能抑制状态,寒战停止,心肌收缩力下降,心动过缓,血压下降,意识模糊,知觉与反应迟钝;严重者昏迷,皮肤苍白青紫,四肢肌肉关节僵硬,脉搏消失、血压测不到,心跳、呼吸停止,瞳孔散大固定,无脑电活动。

### (三)急救处理

1. 非冻结性冻伤　保持局部温暖、干燥,敷涂冻疮膏,每日根据创面情况酌情换药,以无菌敷料包扎。每日数次温敷创面(不可热敷,以免组织坏死)。

2. 全身冻结性冻伤(冻僵)

(1)迅速脱离寒冷环境:移入温暖环境,脱去衣服鞋袜,防止进一步损伤。如衣服鞋袜与身体冻结,不可强行脱卸,应用温水浸泡融化后脱下或剪开。

(2)心跳呼吸骤停立即进行现场心肺复苏。

(3)尽早快速复温处理,注意保暖:①体表复温,用温暖干燥的棉被或毛毯覆盖包裹患者全身;将热水袋或暖手宝置于患者腋下及腹股沟(注意防止烫伤)。有条件的以红外线与短波透热复温;或将患者身体浸入温浴盆中,水温宜自34~35℃始,5~10分钟后提高至42℃,监测患者肛温达34℃、出现规则的心跳与呼吸时,停止加温。②中心复温,严重冻僵的伤员可用中心复温法复温,主要方法有体外循环血液加温与腹膜透析加温。

(4)如患者意识存在,可饮用少量温热饮料或酒水,或者静脉滴注加温的10%葡萄糖溶液,帮助改善循环,有利于复温。

## 第六节　毒蛇咬伤

毒蛇咬伤(venomous snakebite)部位常留有一对较深而粗的齿痕,蛇毒含有多种毒蛋白,注入体内引起严重中毒。

### 一、中毒原理

毒蛇毒性强度各不相同,蛇毒的成分与作用如下:

1. 神经毒　主要作用于人体神经系统,可麻痹感觉神经末梢引起肢体麻木,阻断运动神经与横纹肌之间的神经传导,引起横纹肌弛缓性麻痹。

2. 心脏毒　心脏毒又称心肌毒素,主要损害心肌细胞与毛细血管壁,可引起严重出血,甚至心力衰竭。

3. 凝血毒　具有凝血酶样作用,并且肝素常无法抑制其促凝活性,可引起血栓形成。

4. 抗凝血毒　具有抗凝血酶与纤维蛋白溶解作用,引起严重的出血。

5. 溶细胞毒　可使血细胞破坏,血管内皮细胞坏死。

6. 各种酶　可引起溶血和人体内组织破坏。

### 二、临床表现

被毒蛇咬伤后,患者出现症状的快慢及轻重程度与蛇毒的类别、剂量和毒性显著相关。此外,咬伤的部位、伤口的深浅与患者自身的抵抗力也有一定的影响。

#### (一)神经毒损伤

1. 局部症状　伤口局部可仅有轻微痒感,也可出现麻木、知觉丧失。伤口反应较轻,红肿不明显,出血不多,容易忽略。

2. 全身症状　多于伤后1~3小时开始出现,开始头昏、嗜睡、恶心、呕吐及四肢无力。重者出现吞咽困难、声音嘶哑、失语、眼睑下垂及复视。最后可出现呼吸困难、血压下降甚至休克,如抢救不及时则出现呼吸及循环衰竭,甚至死亡。

因局部症状轻,常被人忽略,尤其要重视伤后的1~2天为危险期,度过此期,症状好转,治愈后不留后遗症。

#### (二)血液毒损伤

1. 局部症状　咬伤的局部迅速肿胀,并不断向近侧发展,伤口剧痛,伴有水疱、流血不止。严重时引起淋巴管炎或淋巴结炎,甚至局部组织坏死。

2. 全身症状　一般在咬伤后2~3小时开始出现,可有头晕、发热、胸闷、气促、恶心、呕吐、心悸等症状,严重者全身广泛性出血,甚至内脏及颅内出血,甚至致死。

因为症状出现较早,一般救治较为及时,但其发病急、病程持久,危险期较长。主要死因为内脏出血、循环衰竭,治愈后常留有局部及相关系统的后遗症。

#### (三)肌肉毒损伤

海蛇咬伤患者除上述神经毒损伤外,还可引起横纹肌瘫痪和肌红蛋白尿,患者出现肌肉大量坏死,引起高钾血症、肌红蛋白尿、急性肾损伤,称之为肌肉毒损伤。幸存者肌力恢复较慢。

#### (四)混合毒素损伤

蝮蛇、眼镜王蛇、眼镜蛇等咬伤常可同时出现神经毒、血液毒的临床表现。发病急,局部症状(类血液毒)、全身症状(类神经毒)均明显,死亡原因仍以神经毒损伤为主。

### 三、诊断及鉴别诊断

诊断蛇毒咬伤时要考虑并解决以下问题:

### （一）是否为蛇咬伤

仔细观察伤口可进行区分，蛇咬伤的局部有典型的蛇伤牙痕。

### （二）是否为毒蛇咬伤

毒蛇一般头部多呈三角形，张开的口中可见两颗毒牙，身体颜色鲜艳夺目，尾部一般粗而短。无毒蛇头部一般呈椭圆形，体背的颜色不太鲜艳明显，尾部通常细而长。毒蛇咬伤后，伤口常常有一对大而深的牙痕或两列小牙痕上方有一对大牙痕，甚至有断牙残留。伤口周围组织肿胀明显，有疼痛或麻木感，局部有瘀斑、水疱或血疱。无毒蛇咬伤伤后，局部可留两排对称的细小锯齿形牙痕。毒蛇咬伤后全身症状较明显，不能判断是否毒蛇咬伤必须按毒蛇咬伤进行处理。

## 四、急救处理

### （一）救治原则

现场急救非常重要，阻止毒液吸收及扩散。保持安静和镇定，应立即坐下或卧于地面，呼救，切忌奔跑走动。尽早转送至专业医疗机构。

### （二）现场救护

1. 绑扎法　是一种有效、简单、易行的现场自救与救助方法。绑扎伤口近心端，减少静脉及淋巴液的回流，可暂时阻止蛇毒吸收。转送途中应每隔 30 分钟松绑一次，每次 1~2 分钟。待伤口得到彻底清创处理和注射抗蛇毒血清后才能解除绑带。

2. 冰敷法　绑扎后用冰块敷于伤肢，使淋巴管及血管收缩，可减缓蛇毒吸收。

3. 伤肢制动　将伤肢临时制动后放于低位，必要时可给予适量的镇静剂，使患者保持安静。

### （三）院内救治

1. 伤口处理　彻底清创包括：在伤口局部皮肤切开排毒，即以牙痕为中心作“+”或纵形切口，长约 2~3cm，深达皮下但不伤及肌膜，使淋巴液及血液外渗；创口冲洗并用负压吸引排出毒液；肥皂水、生理盐水、3% 过氧化氢、1 ∶ 5000 呋喃西林或高锰酸钾溶液，冲洗后局部湿敷。

2. 局部解毒、排毒

（1）胰蛋白酶或糜蛋白酶：局部注射可分解和破坏蛇毒，减轻或抑制患者的中毒症状。用法是用 0.5% 普鲁卡因稀释，在伤口基底层及周围皮下进行注射，12~24 小时后可重复注射。

（2）依地酸钙钠：应尽早用 2%~5% 依地酸钙钠注射液 25ml 冲洗伤口，或加 1% 普鲁卡因做伤口及周围皮下浸润注射。

（3）注射呋塞米、依他尼酸或甘露醇等，加速蛇毒随尿液排出。

（4）用相应的抗蛇毒血清 1/4~1/2 支、2% 利多卡因 5ml、地塞米松 5~10mg 加入 0.9% 生理盐水 20ml 中，于绑扎部位上沿或伤口周围做环形浸润封闭。

（5）选用蛇药制剂，将蛇药水溶后敷涂于伤口周围。

3. 抗蛇毒血清　是中和蛇毒的首选特效解毒药，用药后见效迅速，效果佳，应尽早（最好在 6~8 小时内，最迟 24 小时内）足量应用抗蛇毒血清治疗。如伤情严重，可反复应用抗蛇毒血清；注意确切评估毒蛇的种类，必要时联用多种抗蛇毒血清。

4. 中医中药治疗　我国各地有多种蛇药片，如南通蛇药片（又称季德胜蛇药片）、广州蛇药片（何晓生蛇药片）或上海蛇药等，主要作用是清热解毒，使用足够剂量、疗程。

5. 对症与支持治疗　如有呼吸衰竭，行气管插管或气管切开，呼吸机辅助呼吸；血液净化疗法加速蛇毒清除；毒血症、组织损伤、炎性反应、过敏反应和溶血可用肾上腺皮质激素大剂量及短疗程应用；救治重要脏器出血，纠正低血压、抗休克，输液、输血、补充血容量；纠正酸中毒和高钾血症，抗心律失常；防治心、肝、肾衰竭，DIC 等；常规注射破伤风抗毒素；酌情应用抗生素防治感染。

## 五、预防

蛇咬伤严重地威胁着广大劳动者的身体健康，应在危害最大的地区，采取积极的预防措施，组织安排、专人负责、发动群众，彻底清除杂草、清理乱石、堵塞洞穴，消灭毒蛇隐蔽活动的场所，教育群众预防蛇咬伤的基本知识，做好防护，尽量减少蛇咬伤的发病率、降低死亡率。

## 第七节 虫 螫 伤

节肢动物螫刺时将毒液注入人体而使人受害，称为螫伤(sting，bite，又称蜇伤)。节肢动物的毒毛、分泌物、排泄物和脱落的表皮都是异源性蛋白，还可引起过敏反应。较常见的有昆虫纲的蜜蜂、黄蜂、蜈蚣、蝎子、蜘蛛、蚂蚁、蝗虫、松毛虫、蜱、螨等。

### 一、蜂螫伤

毒蜂指多种有毒刺的蜂类。其尾部的螯针(俗称尾刺)与毒腺相连，螫人后常断留在人体内，并可继续注入毒液，引起局部反应和全身症状。

#### (一) 致伤因素与临床特点

蜂螫伤可引起溶血、出血、神经毒作用、肝损害或急性肾损伤等，也可引起过敏反应，甚至过敏性休克。

1. 局部症状　多位于皮肤裸露部位，局部可见中心有瘀点的红斑或肿块，可有水疱，严重时可出现皮肤坏死。如螫伤舌、咽喉部可致言语不清、吞咽困难、喉头水肿、窒息等。如螫伤眼部可致视网膜炎，出现视力障碍、失明。

2. 全身症状　伤情严重时，可有头痛、烦躁、晕厥、呼吸困难、四肢麻木、胃肠道症状。毒素吸收可致发热、昏迷、溶血、周围循环衰竭、休克、多器官功能障碍。如果螫伤在头、颈、上肢与胸部的患者，一般病情较重。

#### (二) 急救处理

1. 防止毒液扩散　冷毛巾湿敷，立即拔出螫针，肢体螫伤可绑扎同蛇咬伤。

2. 彻底清洗创口　首先判断蜂种，蜜蜂的毒液为酸性，用弱碱性溶液洗敷患处；黄蜂的毒液为碱性，用1%醋酸或食醋等弱酸性液体中和毒液。

3. 局部用药　伤口周围可敷涂蛇药。局部红肿可外用炉甘石洗剂，红肿严重伴有水疱渗液时，可用3%硼酸水溶液湿敷。也可用生茄子切开涂搽患部。疼痛严重时用止痛剂，或用抗组胺药等外敷。忌用碘酒、汞溴红溶液等于患处涂抹，以免加重肿胀。

4. 对症治疗　如出现过敏性休克，及时使用肾上腺素、地塞米松；如肌肉痉挛用10%葡萄糖酸钙静脉推注；同时注意监测血压、呼吸、心跳等生命体征，防治中毒性脑病、肝病等。

### 二、蜈蚣螫伤

蜈蚣有毒腺开口的钳钩状锐利毒螯。螯人时分泌的毒汁含有组胺样物质和溶血蛋白，并含蚁酸，毒液呈酸性，有溶血、神经毒、致敏等作用。

#### (一) 致伤因素与临床特点

1. 局部症状　被咬部位伤口为一对小出血点，局部烧灼感、红肿、剧痛；可有水疱、紫癜及坏死；严重者形成淋巴管炎和淋巴结炎。

2. 全身症状　全身反应一般较轻微，可因毒素作用出现畏寒、发热、头晕、头痛、呕吐以及肢体麻木等。严重时呼吸困难、昏迷及过敏性休克等。

#### (二) 急救处理

1. 防止毒液扩散　咬伤后伤口周围可用冰敷，肢体绑扎。切开伤处皮肤，吸出毒液。

2. 彻底清洗创口　因毒液呈酸性，用碱性溶液反复多次冲洗。

3. 局部用药　伤口可用南通蛇药或六神丸调醋敷涂。

4. 对症治疗　疼痛剧烈用止痛药；过敏性休克可给予肾上腺素、地塞米松或甲强龙等。

### 三、蝎子螫伤

蝎子螫人时毒液由尾刺进入人体而引起中毒。蝎毒素呈酸性，主要成分为神经毒素、溶血毒素、

凝血素等，能迅速引起中毒反应。

**（一）致伤因素与临床特点**

1. 局部症状　螫伤后局部红肿、剧痛、麻木、水疱、淋巴管及淋巴结炎等，甚至出现组织坏死。

2. 全身症状　头晕、头痛、发热、畏光、流涎、鼻出血、呼吸急促、肺出血、恶心、呕吐及肌肉痉挛、烦躁不安、抽搐等。重者可出现舌和肌肉强直、视觉障碍、抽搐、心律失常、休克、昏迷、呼吸窘迫、急性心功能衰竭、弥散性血管内凝血，甚至呼吸中枢麻痹而死亡。

**（二）急救处理**

1. 防止毒液扩散　四肢螫伤的可在伤口近心端绷扎止血带，局部冷敷，切开伤口，用拔火罐拔出毒液毒刺。

2. 彻底清洗创口　用弱碱性溶液（如3%氨水、5%碳酸氢钠溶液、肥皂水等）或用1 ∶ 5000高锰酸钾溶液彻底冲洗伤口。

3. 局部用药　伤口周围可用南通蛇药；并涂含抗组胺药、止痛剂和肾上腺皮质激素类的软膏。

4. 对症治疗　给氧、抗休克、抗心律失常、防治心力衰竭、肾损伤等。

## 四、蜘蛛螫伤

绝大多数蜘蛛都有毒，但能引起较严重的中毒反应的毒蜘蛛仅分布在热带和亚热带。毒液含有神经毒素和组织溶解毒素的神经毒素。

**（一）致伤因素与临床特点**

1. 局部症状　螫伤局部可见两个小红点，周围红肿、疼痛、水疱、瘀斑，严重时组织坏死，坏死的痂皮剥去可见一深溃疡，常有继发感染。

2. 全身症状　全身中毒反应较少见，可表现为发热、皮疹、麻木、头痛、头晕、烦躁不安、出汗、流涎、恶心、视力障碍、眼睑下垂、肢体麻木疼痛。严重者出现昏迷、出血、呼吸窘迫、休克、溶血性贫血、弥散性血管内凝血、急性肾损伤等。

**（二）急救处理**

1. 防止毒液扩散　螫伤如在肢体，则绑扎伤口近心端，局部冷敷。

2. 彻底清洗创口　立即用弱碱性溶液（3%淡氨水或5%碳酸氢钠溶液等）或1 ∶ 5000高锰酸钾液反复冲洗伤口。

3. 局部用药　用蛇药敷涂局部或口服；如果伤口深、污染严重，可用破伤风抗毒素。

4. 对症和综合治疗。

**本章小结**

淡水淹溺属于低渗性液体，致血液稀释及溶血，血容量剧增可引起肺水肿、脑水肿和心力衰竭。海水淹溺时属于高渗性液体，可产生严重低血容量及血液浓缩，发生急性肺水肿、心力衰竭。淹溺患者的核心病理是缺氧，首要措施是保持呼吸道畅通，尽早开放气道和人工呼吸优先于胸外按压。

热（日）射病又称中暑高热，是一种致命性急症，以高热、无汗和意识障碍“三联症”为典型表现。迅速降温是抢救重度中暑的关键，降温速度与预后密切相关，通常应在1小时内使直肠温度降至37.8~38.9℃。迅速采用各种降温措施，维持水、电解质平衡等对症处理。

电击伤急救原则是迅速安全地脱离电源、有效地实施心肺复苏、妥善处理烧伤创面、积极处理各种并发症。

动物咬伤、抓伤、舔吮，以及唾液污染的伤口，均需按狂犬咬伤处理。

烧伤面积常用的计算方法为中国新九分法与手掌法。

毒蛇咬伤现场急救非常重要，阻止毒液吸收及扩散。保持安静和镇定，应立即坐下或卧于地面，呼救，切忌奔跑走动。尽早转送至专业医疗机构。

患者于30分钟前电焊时，手持钢筋触到电源，当即被击倒，昏迷抽搐片刻，呼吸停止，马上切断电源，医务室医生立即赶到现场，发现患者心搏停止，行徒手心肺复苏，5分钟后心跳恢复，呼吸微弱，由出租车送往医院。既往健康。

查体：面色青紫，昏迷，双瞳孔散大，对光反射消失，呼吸浅弱，4~6次/分，颈动脉搏动微弱，BP 0mmHg。

辅助检查：心电监护见窦性心律—室性心动过速—室颤交替出现。

病例讨论

（田海清）

扫一扫，测一测

## 思考题

1. 淹溺的急救原则是什么？
2. 重症中暑的分类与急救原则是什么？
3. 电击伤的急救如何处理？

# 第十五章 灾害救援

**学习目标**

1. 掌握:灾害救援的特点及现场处理;各类灾害的现场处理。
2. 熟悉:灾害救援的基本原则;突发公共卫生事件的现场处理。
3. 了解:灾害救援的分类;突发公共卫生事件的特点及预警。
4. 具备灾害救援的基本能力,能进行基本的灾害急救诊疗操作。
5. 能与伤者及家属进行沟通和心理疏导;能与相关人员进行灾害救援和交流;能开展各种灾害的预防工作。

## 第一节 概 述

灾害(disaster)是指能给人类和人类赖以生存的环境造成破坏性影响的事件总称。任何能引起设施破坏,经济受损、人员伤亡、人的健康状况及社会卫生服务条件恶化的事件,当其破坏力超过了所发生地区所能承受的程度而不得不向该地区以外的地区寻求专门救援时,称其为灾难。灾害通常是指局部,灾害可以扩张和发展,演变成灾难;一般来说,灾害的程度较轻,灾难的程度较重。灾难医学(disaster medicine)是研究在各种灾难情况下实施紧急医学救治、疾病防治和卫生保障的综合性学科。灾难伴随着人类社会的发展,千百年来从未停止过,人们在与自然界的斗争中也不断地在增长抗击灾难的能力。

### 一、灾害的分类

灾害根据发生的原因不同可分为自然灾害、人为灾害和复合灾害。自然灾害即以自然变异为主因的灾害,如地震、洪水、泥石流、台风、海啸、山体滑坡、雪崩、火山爆发、干旱、虫害等。人为灾害是指以人为影响为主因的灾害,如人为引起的火灾、交通事故、矿难、空难、战争、核事故、恐怖事件等。根据发生方式不同分为突发性灾害和渐变性灾害。根据发生的时间不同分为原生灾害、次生灾害和衍生灾害。根据发生的地点不同分为陆上灾难、海上灾难和空难。根据发生的性质不同可分为地质性灾难、环境性灾难、气象性灾难和疫病灾难。

### 二、灾害救援

在整个灾害救助工作中,医疗救援是其中一个非常重要的环节。灾害事故的应急救治不同于正常的医疗工作,需要根据各类灾害的不同特点,采取有针对性的急救处理措施。对于灾害事故,尽可能使重伤员快速脱离事故现场;先分类,再后送;注意消除伤员的情感和精神障碍。现代急救医学的观念,是将主要救治设备移至事发现场,抢救从现场开始,让医疗与伤员同在,做到立体救治。

**(一) 灾害救援的特点**

1. 突发性强,时间紧迫　灾害事故的突发性决定了救援的突发性,灾难一旦发生,医疗救援必须争分夺秒,力争在最短的时间内,采用最有效的治疗措施来实施救援。

2. 任务繁杂,综合性强　灾害事故救援除需要医疗卫生部门进行医疗救护外,还需要运输、通信、消防、公安等部门的参与和配合,有时,还需要有政府的参与和领导,才能完成灾害事故的医疗救援工作。

3. 情况复杂,救治难度大　灾难所致伤害的种类、程度与灾难发生时人们所处的环境条件密切相关。灾难往往造成大量人员伤亡,伤员的伤情又复杂多样,加上灾害现场多缺乏必要的条件和医疗设备,周围环境(房屋、水、电等)也受到不同程度破坏,这些都会使灾害救援更加复杂,也给灾害救援带来更多的困难。

**(二) 灾害救援的基本原则**

1. 保持镇静,紧急呼救　遇到灾害发生时,不要惊慌失措,要保持镇静,紧急呼救,请求来人帮助或设法联系有关部门,请求援助。同时,维持好现场秩序。

2. 检伤分类,现场救治　遇有大量伤员时,要根据伤情对伤员进行检伤分类,要按先重后轻,先急后缓,先近后远进行抢救,对有呼吸困难、窒息和心跳停止等的各类危重症伤员,就地抢救。根据病情,采取相应的抢救措施进行抢救。

3. 初步处理,安全运送　伤员经初步处理后,对伤情稳定、估计转运途中不会加重伤情的伤病员,要利用各种交通工具,准备必要的设备,组织人员,迅速将伤病员转运到就近有救治能力的医疗单位进行急救。

4. 服从领导,统一指挥　现场抢救一切行动必须服从有关领导的统一指挥,不可我行我素、各自为政。

**(三) 灾害急救流程**

1. 现场处理　美国急救专家沃格特(Vogt)说过:“对一般公民来说,最大的威胁不是家里失火,也不是马路上的罪犯,而是能不能在生死攸关的几分钟内得到急救治疗。”当灾害发生时,灾害现场要快速建立急救医疗站,立即组织有效抢救:

(1)脱离危险区域:事故发生后首先要将患者从事故现场脱险,安全移出,以避免遭受进一步的伤害。移动患者时要轻柔,避免鲁莽的动作,对可疑脊髓损伤患者,移动前先固定颈部,在移动过程中,保持头颈脊柱成一轴面。同时,施救者要注意判断现场的危险程度,如着火、爆炸、触电、房屋墙壁的倒塌等,做好自我防护。

(2)现场检伤分类:当伤员数量超过了救治能力或医疗资源时,就需要先进行现场检伤分类,检伤分类的目的在于区分患者的轻重缓急,使危重而有救治希望的患者得到优先处理、检伤分类由医务人员或经专门训练的急救员施行,通过看、问、触、听等简单有效的体格检查手段,进行紧急评估,快速将危重患者筛选出来。患者的分类要以醒目的伤员标志卡片表示,目前大多数国家是根据患者的伤病情况,按轻、中、重、死亡分类,分别采用绿、黄、红、黑四色作为标示。红色表示病情危重,患者有生命危险需立即进行紧急处理。黄色表示伤情严重,但生命体征相对稳定,允许在一定时间内进行处理。绿色表示病情较轻,患者不需要紧急处理。黑色表示无救治希望或已死亡者。此分类系统的优点是按处理的紧急程度进行救治,使救护者根据卡片颜色即知救治顺序。

(3)现场急救:对于灾害事故,进行现场急救的目的是挽救生命,减轻伤残。在生命得以挽救,伤病情得以控制的前提下,还要注意减少伤残的发生,尽量减轻病痛,对神志清醒者要注意做好心理疏导工作。现场急救要遵循先救命,再治伤;先抢后救,抢中有救;先重伤,后轻伤的原则。危重伤员要保持呼吸道通畅,以失血为主的患者,要快速建立静脉通道,保证液体的快速输入。对危重患者如果90秒内不能建立有效的静脉通道则需要建立骨通道。

2. 转运　经过现场分检和急救处理后,部分患者需要送到医院治疗。转运方式及注意事项见相关章节。

3. 院内急救

(1)评估:创伤患者进入医院后,在进行心电监护、吸氧、建立静脉通道、留置导尿管的同时,医生要边治疗边对患者进行全面细致的体格检查,结合患者的受伤史及伤后处理情况进行二次评估。查体时不可满足于发现一处损伤,而忽略其他部位的损伤,要注意有无多发伤、复合伤的可能。二次评估可根据病情采取对应的辅助检查,如血常规、生化、血气分析、超声仪、X线机、CT扫描或磁共振等仪器设备。通过二次评估,全面了解患者病情,明确诊断。

(2)处理:针对患者的病情,采取进一步的治疗措施。存在多发伤的患者伤情多复杂严重,且伤情变化快,休克发生率高,因此治疗与诊断要同时进行,不可等诊断明确后才开始治疗。评估后,根据伤员的伤情采取相应的治疗措施。以颅脑损伤为主的患者则应首先降低颅压,以失血为主的患者,要立即快速补液,同时尽快完成配血和输血。必要时,可采用控制性手术。

组图:灾害救援概述

(3)控制性手术:既不同于常规手术,也不同于一般的急诊手术,是一种复杂外科问题应急分期手术的理念。术后恢复血容量,维持血流动力学稳定,复温,纠正酸中毒及凝血机制紊乱,待生命体征稳定后对损伤脏器行确定性手术。控制性手术包括:①暂时性控制出血包括出血点压迫止血、血管腔外气囊压迫、填塞止血(适用于严重肝后血管损伤、复杂性骨盆骨折等)、暂时性血管阻断、暂时性腔内转流等。②胃肠破裂的修补,缝合困难时拉出腹壁造瘘,紧急时,甚至仅钳夹空腔脏器的破裂处,暂行处置,防止消化道内容溢出,减少腹腔污染。③应用硅胶补片、巴德补片及其他材料,暂时关闭胸腹腔等。

## 第二节　自然灾害

### 一、概述

自然灾害(natural disaster)是指人类依赖的自然界发生的异常现象,可导致人员伤亡、财产损失、资源破坏及社会失稳等事件发生。自然灾害既有突发性灾害(如地震、山体滑坡、泥石流等),也有地面沉降、土地沙漠化、干旱、海岸线变化等在较长时间后才能逐渐显现的渐变性灾害。它对人类社会所造成的危害往往是巨大的,在我国,根据民政部、国家减灾委员会办公室会同工业和信息化部等部门对全国灾情进行的会商分析核定显示,仅2013年11月份全国各类自然灾害共造成直接经济损失达68.1亿元。

人类要客观地认识这些灾害的发生、发展以及需要采用哪些办法来尽可能减小它们所造成的危害,已是目前国际社会的一个共同问题。虽然自然灾害具有不确定性,但在灾害面前人类并非束手无策,人类运用现有的知识和科学技术,还是可以防范和减轻灾害所带来的破坏和损失。新中国成立以来,我国政府极为重视减灾事业,先后成立了七大类的减灾管理部门,建立了全国统一的减灾系统工程,制定应对自然灾害的各种措施,已由单项减灾走向综合减灾。

**防灾减灾日**

1989年,联合国经济及社会理事会将每年10月的第二个星期三确定为"国际减灾日",旨在唤起国际社会对防灾减灾工作的重视,敦促各国政府把减轻自然灾害列入经济社会发展规划。在设立"国际减灾日"的同时,世界上许多国家也都设立本国的防灾减灾主题日,有针对性地推进本国的防灾减灾宣传教育工作。在我国,由于2008年5月12日,四川汶川发生的8.0级特大地震,损失影响之大,举世震惊,为了加强社会对灾区重建防灾工作的重视,于2009年3月2日,经国务院批准,把每年的5月12日确定为我国的"防灾减灾日"。

## 二、自然灾害的特点

自然灾害有许多重要的特征，它突然发生、破坏力极大、无法控制，常常引起巨大的人员伤亡、财产损失以及社会失稳等。

1. 分布范围很广　不管是海洋还是陆地、平原还是山地、丘陵还是高原、城市还是农村、地上还是地下，自然灾害都有可能发生。同时，地理环境的区域性也决定了自然灾害的区域性。

2. 具有频繁性和不确定性　全世界每年发生的大大小小的自然灾害非常多。近几十年来，自然灾害的发生呈现出上升的趋势，发生的时间、地点和规模等又具有不确定性，因此，在很大程度上增加了人们抵御自然灾害的难度。

3. 具有一定的周期性和不重复性　自然灾害中，无论是地震还是干旱、洪水，它们的发生都呈现出一定的周期性。不重复性主要是指灾害过程、损害结果是不重复的。

4. 具有严重的危害性　无论是地震、洪涝，还是泥石流、海啸等，都会给人类造成惨重的损失。

5. 具有不可避免性和可减轻性　虽然自然灾害是不可避免的，但自然灾害所带来的损失是可以通过人们采取积极有效的防灾减灾措施来减轻的。

## 三、自然灾害分类

自然灾害分类是一个很复杂的问题，根据不同的考虑因素可以有许多不同的分类方法：根据灾害性质不同，可将自然灾害分为地质灾害、气候灾害、气象灾害、生态灾害、水文灾害和天文灾害等。根据其特点和灾害管理及减灾系统的不同，又将自然灾害分为气象灾害、海洋灾害、洪水灾害、地质灾害、地震灾害、农作物灾害和森林灾害等（表 15-1）。

**表 15-1　自然灾害的种类**

| 分类 | 自然灾害的种类 |
| --- | --- |
| 气象灾害 | 包括热带风暴、龙卷风、雷暴大风、干热风、暴雨、寒潮、冷害、霜冻、雹灾及干旱等 |
| 海洋灾害 | 包括风暴潮、海啸、潮灾、赤潮、海水入浸、海平面上升和海水回灌等 |
| 洪水灾害 | 包括洪涝、江河泛滥等 |
| 地质灾害 | 包括崩塌、滑坡、泥石流、地裂缝、火山、地面沉降、土地沙漠化、土地盐碱化、水土流失等 |
| 地震灾害 | 包括与地震引起的各种灾害以及由地震诱发的如城市大火、河流与水库决堤等次生灾害 |
| 农作物灾害 | 包括农作物病虫害、鼠害、农业气象灾害、农业环境灾害等 |
| 森林灾害 | 包括森林病虫害、鼠害、森林火灾等 |

许多自然灾害，特别是等级高、强度大的自然灾害发生以后，常常诱发出一连串的其他灾害接连发生，这种现象叫灾害链。根据自然灾害在灾害链中所起的作用及发生时间分为：①原生灾害：灾害链中最早发生，起主要作用的灾害；②次生灾害：由原生灾害所诱导出来的灾害；③衍生灾害：自然灾害发生之后，破坏了人类生存的和谐条件，由此还可以引起一系列其他灾害称为衍生灾害。如大旱之后，地表与浅部淡水极度匮乏，迫使人们饮用深层含氟量较高的地下水，从而导致了氟病，就是衍生灾害。

## 四、常见的自然灾害急救

### （一）地震灾害急救

地震（earthquake）是指地球内部在能量释放过程中发生的急剧破裂而产生的震波，在一定范围内引起地面振动的自然现象。地震发生时，常以巨大的能量，瞬息间使建筑物倒塌，公共设施瘫痪，可造成严重的人员伤亡及财产损失，还可能造成山体滑坡、崩塌、地裂缝、海啸等次生灾害。2008 年的汶川大地震是我国近年来影响最大的一次地震，直接经济损失达 8.451 亿元。

地震灾害是指由地震而造成的人员伤亡、财产损失、生存及生活环境的破坏等，从某种意义上讲，

地震灾害不是一种单纯的自然灾害，而是自然作用与人类行为共同引起的综合致灾过程。地震虽然具有突发性及强大的破坏力，但地震灾害是可以预防的，只要我们平时广泛开展宣传教育，普及地震、抗震科普知识，提高公民的抗震意识和震时的应急应变能力，组织抗震防灾演习和专业队伍的培训教育，提高技术水平和快速反应能力，在地震发生时及震后，采取有效的措施，运用正确的减灾防灾方法，就可能将地震所带来的人员伤亡、财产损失等灾害降低。

1. 地震灾害的特点

(1)突发性强、破坏性大：地震发生十分突然，一次地震持续时间往往只有几十秒，但在很短的时间内，可以造成大量建筑物倒塌和人员伤亡，这是其他自然灾害难以相比的。1976年的唐山大地震，导致一个百万人口的城市化为一片瓦砾。2008年的汶川特大地震，致使阿坝州、绵阳市、成都市、德阳市、广元市等受到严重损失，人员伤亡之多、受灾范围之广、财产损失之严重、救灾难度之大历史罕见。

(2)次生灾害严重：地震发生后，除了因建筑物破坏引发的灾害以外，还会引起一系列次生灾害，如火灾、水灾、泥石流、山体滑坡、海啸、毒气泄漏、流行病、放射性物质扩散等。公元1556年发生在陕西华县的8级地震，由于震后水灾、火灾等相继发生，瘟疫流行，加上旱灾，人民饥饿，没有自救和恢复能力，共造成了83万余人死亡。

(3)社会影响深远：大地震除了能引起人员伤亡、造成巨大的经济损失外，还会产生连锁反应，对一个地区甚至一个国家的社会生活和经济活动造成巨大冲击，同时，对人们心理上的影响也比较大，这些都可能造成较为深远的影响。

(4)周期性和地域性：地震活动在时间上具有一定的周期性，分为地震活跃期和地震平静期。地震的发生与地质结构密切相关，呈地域性分布。地震集中发生及分布的地方即地震带，皆位于板块交界处，中国处于环太平洋板块、欧亚板块、印度洋板块等相接的地方，至少有495个地震断裂带，地震主要分布在五个区域：台湾地区、东南沿海地区、西南地区、西北地区和华北地区。

(5)防御难度大：与洪水、干旱、台风等气象灾害相比，地震灾害的预测要困难得多，目前人们对地震灾害还停留在监测阶段，因此，对地震灾害的防御，比起其他一些灾害来说，更加困难。

2. 现场救护　地震致伤的特点是伤员数量多、伤势重、伤情复杂。伤员可能是多发伤，也可能是复合伤、挤压伤，可能有休克或心肺功能衰竭，也可能脊柱骨折合并截瘫。为了减少伤亡及致残，为了保证现场抢救工作能紧张有序，在帮助伤员脱离危险环境后要根据不同伤势、伤情迅速做好检伤分类：按轻、中、重、死亡分别以绿、黄、红、黑指示卡置于伤员的显要位置，急救人员可以根据不同的伤情进行有序的抢救治疗；救护工作按红、黄、绿顺序，对窒息、心脏骤停和大出血等威胁生命的伤情要紧急处理，次优先处理易致残伤如脊髓损伤、挤压伤、复合伤和严重感染。

转运患者要佩戴转运标志，注明编号、姓名、性别、单位、诊断、已处理情况，是否注射过破伤风抗毒素等。

**遇到地震应该如何保护自己**

1. 正在房间里　用枕头、沙发靠垫或安全帽等保护头部，迅速躲在桌下、床下或坚固家具旁，或厨房、卫生间、楼梯间等不易倒塌的小空间避震；闭目，用鼻子呼吸，并用毛巾或衣物捂住口鼻；迅速远离外墙、门窗和阳台；不要盲目跳楼；震后撤离时不能使用电梯。

2. 正在用火、用电　要迅速关掉电源和气源开关，然后迅速躲避。

3. 在室外　要避开高大建筑物、立交桥等，用双手护住头部，迅速跑到街心、空旷场地蹲下；尽量远离高压线及化学、煤气等有毒工厂或设施。

4. 在电影院、学校等人员集中的地方　应就近躲避，比如课桌、排椅的下面或旁边，伏而待定，等地震过后再有序撤离。

5. 自驾车时　应迅速躲开立交桥、陡崖、电线杆附近等危险地段，并立即停车。等地震过后再下车转移到安全的地方。

## （二）泥石流灾害急救

泥石流（debris flow）是指在山区沟谷中或其他沟壑险峻之地，由于暴雨、冰雪融水或其他自然灾害等导致水源激发，将土质松软的山体饱和稀释后形成含有大量泥沙、石块的特殊洪流。其特征往往是突然爆发，浑浊的流体沿着陡峻的山沟前推后拥，奔腾咆哮而下，在很短时间内将大量泥沙、石块冲出沟外，在宽阔的堆积区横冲直撞、漫流堆积，常常给人类生命财产造成重大危害。典型的泥石流由悬浮着粗大固体碎屑物并富含粉砂及黏土的黏稠泥浆组成。

泥石流是一种广泛分布于世界各国一些具有特殊地形、地貌状况地区的自然灾害。主要危害是冲毁城镇、企事业单位、工厂、矿山、乡村，造成人畜伤亡，破坏房屋及其他工程设施，破坏农作物、林木及耕地。此外，泥石流有时也会淤塞河道，不但阻断航运，还可能引起水灾。影响泥石流强度的因素较多，如泥石流容量、流速、流量等，其中泥石流流量对泥石流成灾程度的影响最为主要。此外，人为活动也在多方面加剧了上述因素的作用，促进了泥石流的形成。形成泥石流的基本条件是有陡峭便于集水集物的适当地形地貌、上游堆积有丰富的松散固体物质和短期内有突发性的大量流水来源。

1. 泥石流的分类及发生规律　泥石流有多种分类方法，常见的有：按流域形态分为标准型泥石流、河谷型泥石流和山坡型泥石流。按物质状态分为黏性泥石流和稀性泥石流。按物质成分分为泥石流、泥流和水石流。按成因分为水川型泥石流和降雨型泥石流。按泥石流流域大小分为大型泥石流、中型泥石流和小型泥石流。按泥石流发展阶段分为发展期泥石流、旺盛期泥石流和衰退期泥石流等。泥石流的发生具有季节性和周期性：我国泥石流的爆发主要是受连续降雨、暴雨，尤其是特大暴雨集中降雨的激发，泥石流发生的时间规律是与集中降雨时间相一致，具有明显的季节性。而暴雨、洪水总是周期性地出现，这就决定了泥石流的发生和发展也具有一定的周期性，且其活动周期与暴雨、洪水的活动周期大体相一致。

2. 泥石流灾害的特点　泥石流是山区特有的一种自然地质灾害现象，是各种自然因素、人为因素综合作用的结果。泥石流灾害的特点是突然发生、破坏性强、危害严重，活动频繁、有季节性，且可重复成灾。我国是一个多山的国家，受岩层断裂等地质构造的影响，许多山体陡峭，岩石结构不稳固，森林覆盖面积不足，遇到连阴雨、大暴雨天气，常发生严重的泥石流灾害。据统计，我国每年有近百座县城受到泥石流的直接威胁和危害。另外，泥石流还对公路、铁路、矿山及河流航道造成严重危害，泥石流可直接埋没公路、铁路、矿山坑道，摧毁路基、桥涵、矿山设施，堵塞河流航道等。泥石流还对修建于河道上的水电工程造成很大危害，水库因泥石流活动而严重淤积等，可造成巨大的经济损失。

3. 防灾措施

（1）房屋不要建在沟口和沟道上：受自然条件限制，很多村庄建在山麓扇形地上，山麓扇形地是大多泥石流活动的结果，从长远的观点看，绝大多数沟谷都有发生泥石流的可能。在村庄选址和规划建设过程中，房屋不能占据泄水沟道，也不宜离沟岸过近，已经占据沟道的房屋应迁移到安全地带。另外，在沟道两侧修筑防护堤和营造防护林，以避免或减轻因泥石流溢出沟槽而对两岸居民造成的伤害。

（2）不能把冲沟当作垃圾排放场：在冲沟中随意弃土、弃渣、堆放垃圾，可能在沟谷中形成堆积坝，堆积坝溃决时易引发泥石流。因此，在雨季到来之前，最好能主动清除沟道中的障碍物，保证沟道有良好的泄洪能力。

（3）保护和改善山区生态环境：泥石流的产生和活动程度与生态环境有密切关系。一般来说，生态环境好的区域，泥石流发生的频度低、影响范围小，生态环境差的区域，泥石流发生频度高、危害范围大。提高流域植被覆盖率，在村庄附近营造一定规模的防护林，可以抑制泥石流形成、降低泥石流发生频率，而且即使发生泥石流，也多了一道保护生命财产安全的屏障。

（4）雨季不要在沟谷中长时间停留：当雨天在沟谷中活动时，一旦听到上游传来异常声响，应迅速向两岸上坡方向逃离。在雨季穿越沟谷时，先要仔细观察，确认安全后再快速通过。

（5）泥石流监测预警：平时要做好泥石流的预警工作，监测流域的降雨量和降雨过程，根据经验判断降雨激发泥石流的可能性。注意监测沟岸滑坡活动情况和沟谷中松散土石堆积情况，分析滑坡堵河及引发泥石流的危险性。下游河水突然断流，可能是上游有滑坡堵河、溃决型泥石流即将发生的前兆。在泥石流形成区设置观测点，发现上游形成泥石流后，及时向下游发出预警信号。对城镇、村庄、

厂矿上游的水库和尾矿库经常进行巡查，发现坝体不稳时，要及时采取避灾措施，防止坝体溃决引发泥石流灾害。

4. 自救互救　①在山谷徒步行走时，一旦遭遇大雨，发现山谷有异常的声音或听到警报时，要立即向坚固的高地或泥石流的旁侧山坡上跑，不要在谷地停留。②发现泥石流后，要马上向与泥石流成垂直方向的山坡上面爬，爬得越高越好，跑得越快越好，绝对不能向泥石流的流动方向跑。③逃生时，要抛弃一切影响奔跑速度的物品，不要躲在有滚石和大量堆积物的陡峭山坡下面，不要停留在低洼的地方，也不要攀爬到树上躲避。④在野外露宿时要选择没有滚石和大量堆积物的山坡下平整的高地，不要在山谷中、河滩上露宿，不要在有大量堆积物的山坡下避风、休息。⑤处在滑坡的山体上要沉着冷静，不要慌乱，向滑坡方向的两侧逃离，并尽快在周围寻找安全地带，当无法继续逃离时，应迅速抱住身边的树木等固定物体，不要朝着滑坡方向跑。⑥遇到山体崩滑时，可躲避在结实的遮蔽物下，或蹲在地坎、地沟里，应注意保护好头部，可利用身边的衣物裹住头部。⑦在滑坡过后，重新入住之前，应注意检查屋内水、电、煤气等设施是否损坏，管道、电线等是否发生破裂和折断，如发现故障，应立刻修理，一定不要在没有仔细进行水、电、煤气安全检查便进入房屋内生活。⑧抢救被滑坡掩埋的人和物时应注意先将滑坡体后缘的水排干，从滑坡体的侧面进行挖掘，先救人，后救物。⑨临时避灾场地应选择在易滑坡两侧边界外围，在确保安全的情况下，离原居住处越近越好，交通、水、电越方便越好，不要将避灾场地选择在滑坡的上坡或下坡。⑩撤离时，必须经过实地勘察，要清楚前方道路是否存有塌方、沟壑等，同时注意路上随时可能出现的各种危险，如掉落的石头、树枝等，以免发生危险，做到安全撤离。

### （三）洪涝灾害急救

洪涝灾害（flood disaster）包括洪灾和涝灾。涝灾是指由于地面排水不畅造成地面长期积水引起财产损失的灾害；洪灾是指由于江、河、湖、库等水位猛涨，导致满溢或堤坝溃决，洪水泛滥而造成生命和财产损失的灾害。其直接灾害是可能导致人淹溺死亡，洪水泛滥时水面宽阔、水势急、浪头大，能够一下子把人淹没于水中，或是其他原因出现体力不支而沉入水中，在水中发生昏迷甚至淹溺死亡。现场急救首先强调互救，施救人员应迅速判断伤者的意识反应和呼吸，如果已经没有任何反应，没有呼吸，应立即进行心肺复苏，切不能等待医务人员，贻误抢救时机。

常见的次生灾害是传染病的流行。洪涝灾害后，由于人们集中居住、卫生条件差，加上救灾劳累后身体抵抗力也会下降；一旦有人得传染病，疾病就可能迅速蔓延，其特点常常是来势猛、传播快、发病率高。因此，为了减少灾后传染病所带来的再次损害，要认真做好预防工作：①要加强传染病预防的宣传，提醒群众积极清理污水，改善周围环境。②注意饮食卫生，不喝生水，消灭蚊蝇和老鼠，不吃不明原因死亡的牲畜，发现病死牲畜及时向防疫部门报告。③尽量避免赤足涉水或在水塘中游泳。④发现疾病及时治疗。⑤注意保护水源，对污染或可疑污染的水源及时做消毒处理等。同时加强对传染病的监测，发现传染病及时控制，防止疾病流行。

1502

组图：自然灾害

## 第三节　人为灾害

### 一、概述

人为灾害（man-made disaster）指主要由人为因素或社会活动所引发的灾害。其具有无形性、相对性和区域性，如交通事故、矿难、核事故和战争等。灾害的过程往往很复杂，有时一种灾害是由几种灾因引起，有时一种灾因会同时引起多种不同的灾害。人为灾害主要有交通、中毒、火灾、坠落、爆炸、腐蚀、泄漏、粉尘等引起，社会经济发展和政治因素是造成人为灾害损失增加的主要原因。

人为灾害主要包括：①交通事故：公路、铁路交通事故，民航事故，海事灾害等。②火灾：城市火灾，工矿火灾，农村火灾，森林火灾，其他火灾等。③矿山灾害：矿井崩塌，瓦斯爆炸等。④建筑物事故：房屋倒塌，桥梁断裂，隧道崩塌等。⑤工伤事故：电伤，烧伤，跌伤，撞伤等。⑥卫生灾害：医疗事故，中毒事故，职业病，地方病，传染病，其他疫病等。⑦爆炸：锅炉爆炸，火药爆炸，石油化工制品爆炸，工业粉

尘爆炸等。⑧科技事故:航天事故,核事故,生物工程事故等。⑨战争及恐怖袭击等。

## 二、交通事故急救

交通事故(traffic accident)是指机动车辆或非机动车辆造成的人员伤、死或物质受损事件。交通事故在广义上还可包括铁路机车车辆、船舶、飞机造成的事故,习惯上仅指公路运输和城市交通中车辆造成的事故。按事故造成的后果,交通事故有人身事故和物损事故两种。人身事故是交通事故中一切涉及人员死、伤的事故。全球每年因交通事故死亡人数超过120万人,我国每年因交通事故死亡的人数约10万人。随着交通道路的改善、各种交通工具的迅速发展,交通事故还在逐年上升,因交通事故造成的人员伤亡已成为人类意外伤害的重要死因之一。

交通事故的处理原则是"先抢后救"。在发生车祸后,抢救的第一步是尽快将伤员从车内救出,避免因燃烧或爆炸等因素对伤员造成进一步的威胁。第二步是现场急救,着重处理伤员的呼吸心搏骤停、窒息、出血、休克等严重问题,采用心肺复苏、止血、包扎、固定等技术,应用急救药物,在保护生命和减轻伤残的原则下尽快进入第三步即伤员转运,应用救护车,有条件的还可采用直升机运送伤员,直升机具有速度快、颠簸少、较平稳的特点,将在今后抢救重大交通事故中发挥重要的作用。

### (一) 伤情特点

交通伤的特点有:①伤因复杂,主要有碰撞、挤压、碾挫和烧烫等,这些因素可单独发生,也可几个因素同时作用于同一伤员。②难处理,易漏诊;③伤情重、范围广,常有多脏器损伤如骨折、脱位、截瘫、颅脑损伤、血气胸、肝脾破裂等;④休克多,病情变化快;⑤致残率、死亡率高。

### (二) 现场处理

1. 急救原则和现场检伤　现场急救要分清主次、轻重、缓急,急救原则是先救命、后救伤。交通事故一旦发生,伤员可能是一个或多个,也可能同一伤员有多处受伤,当有许多人受伤时,其中可能有不少伤势严重或处于濒死状态的伤员急需抢救,要减少受害者的伤残或死亡,就要求在现场对伤员进行快速分检,检伤人员必须保持镇静,排除干扰因素,根据伤员的血压、脉搏、呼吸等生命体征的变化及有无大出血、窒息、昏迷、颅脑损伤、肢体离断伤等来判断伤情的严重程度,迅速正确地做好分检工作,使危重而有救活希望的伤员优先得到及时抢救,同时使其他伤员也能得到妥善处理。

2. 现场急救　当突发呼吸、心搏骤停的时候,要及时对伤员进行心肺复苏。有呼吸不规则、呼吸困难者给以吸氧,血压下降、脉搏减弱或触不到,有休克表现者,给以积极有效的抗休克治疗。有重要脏器损伤者,采取有效的对症处理措施,如在交通事故中,对于难以处理的开放性深部组织大的出血及渗血,可采用敷料填塞加压包扎给以暂时止血等。

### (三) 伤员的转运

在对重伤员就地检查伤势和初步处理后需快速转运到救治医院。转运方法根据伤员的伤势情况、伤员的体质和搬运的远近及道路情况而定。转运途中要注意:对于昏迷伤员采取侧卧位,脊柱伤者可采用俯卧位于硬板担架上,胸部伤者应取半卧位,伴有呼吸困难者取仰卧位,头偏向一侧。

### (四) 院内急救

入院后,医生从护送者和患者本人获得受伤史及伤后处理情况,注意询问事故车辆的类型、撞击的方向、速度、车辆有无翻滚、患者是否抛出、车内患者的位置、身体与撞击处的位置、撞击方向等,帮助判断患者受伤类型和程度。要认真仔细地对患者进行全面体格检查,注意多发伤的可能,以免误诊和漏诊,切不可满足于发现一处损伤而忽略对其他部位的检查。急诊检查务求简单扼要,突出重点,切忌进行过多需要搬动和费时等烦琐复杂的非必要检查。在诊疗过程中必须始终坚持抢救生命第一的观点。

## 三、火灾急救

火灾(fire)是指在时间和空间上失去控制的燃烧所造成的灾害。火灾在日常生活中比较常见,全球每年发生火灾600万起,我国每年发生火灾超过1万起。火灾可造成较大的人员伤亡和严重的财产损失,甚至影响社会稳定。火灾对人体的危害主要表现为烧灼伤、中毒、窒息、甚至死亡等。火灾的急救原则是使受伤人员尽早脱离现场、尽快去除致伤原因并给以妥善处理。现场采取的急救措施主

要有：

1. 将人员迅速脱离火区，扑灭伤员着火的外衣，移至安全区域。

2. 首先检查可危及伤员生命的情况如呼吸心搏骤停、窒息、严重中毒等，应迅速进行抢救，对于呼吸、心搏停止者立即行心肺复苏。

3. 保持呼吸道通畅 对于吸入性损伤、面颈部烧伤引起呼吸困难者或昏迷的烧伤者注意保持呼吸道通畅，给予吸氧，必要时行气管内插管或气管切开。

4. 判断伤情 初步估计烧伤面积和烧伤程度，注意有无吸入性损伤、烟雾中毒等。

5. 烧伤创面的处理 烧伤创面可用无菌敷料、绷带、三角巾进行包扎，也可以使用现有材料如清洁的毛巾、床单、衣服等进行包扎，既减少了污染，也能够在搬运过程中保护创面，防止再损伤。

6. 镇静止痛 烧伤患者都有不同程度的疼痛和烦躁，应给予适当的镇静止痛。主要方法有：①安慰受伤者，使其情绪稳定，勿惊恐、烦躁。②酌情使用地西泮、哌替啶；对于大面积烧伤患者，可将哌替啶稀释后缓慢滴注，但对年老体弱、合并有吸入性损伤或颅脑损伤者，应慎用，以免呼吸抑制；可改用异丙嗪或巴比妥类药物。③手足烧伤所致的剧痛，可用冷浸法减轻疼痛。

7. 补液 轻度烧伤者可口服补液。口服量以病情酌定，宜少量多次服用。严重者根据病情进行静脉补液。

8. 转运 对于需要转运的伤员，要掌握转运时机，做好转运前的各项准备工作（包括交通工具、急救药品、护送人员、患者等方面），时机成熟，做到快速安全转运。

**火场逃生自救十条**

一、熟悉环境，记清方位，明确路线，迅速撤离；
二、通道不堵，出口不封，门不上锁，确保畅通；
三、听从指挥，不拥不挤，相互照应，有序撤离；
四、发生意外，呼唤他人，不拖时间，不贪财物；
五、自我防护，低姿匍匐，湿巾捂鼻，防止毒气；
六、直奔通道，顺序疏散，不入电梯，以防被关；
七、保持镇静，就地取材，自制绳索，安全逃生；
八、烟火封道，关紧门窗，湿布塞缝，防烟侵入；
九、火已烧身，切勿惊跑，就地打滚，压灭火苗；
十、无法自逃，向外招呼，让人救援，脱离困境。

## 四、矿难急救

矿难（mine disaster）是指矿山发生的灾难，矿难对矿山有着毁灭性的破坏，也严重威胁着矿工的生命安全。常见的矿难有瓦斯爆炸、矿井火灾、矿井透水和矿井塌方等，其中瓦斯爆炸和矿井火灾的急救处理较为复杂。

### （一）瓦斯爆炸

瓦斯即井下有害气体的总称，又名沼气，主要成分为甲烷。它是一种无色、无臭、无味、易燃、易爆的气体，如果空气中瓦斯的浓度在5.5%~16%时，有明火的情况下就能发生爆炸，如有煤尘与其共存时，爆炸的可能性显著提高。瓦斯爆炸会产生高温、高压、冲击波，并放出有毒气体。爆炸后氧浓度降低，生成大量$CO_2$和CO，有窒息和中毒危险。

处理措施主要有：①当听到或看到瓦斯爆炸时，应背向爆炸地点迅速卧倒，如眼前有水，应俯卧或侧卧于水中，并用湿毛巾捂住口鼻。②所有生存人员在事故发生后，应统一、迅速地撤离危险区。③距离爆炸中心较近的作业人员，在采取必要的自救措施后，迅速撤离现场，防止二次爆炸的发生。④立即切断通往事故地点的一切电源，马上恢复通风，设法扑灭各种明火和残留火，以防再次引起爆

炸。⑤遇有一氧化碳中毒者，应及时将其转移到通风良好的安全地区，有心跳、呼吸停止的，立即在安全处进行人工心肺复苏，不要延误抢救时机。

预防措施主要有：①采用矿井通风和控制瓦斯涌出等方法，防止浓度超过规定。②定期或自动连续检查工作地点的瓦斯浓度和通风状况。③控制火源，杜绝非生产需要的火源，如吸烟、火柴、明火照明等。④对生产中不可避免的高温热源，采用专门措施严加控制，如只准使用特制的矿用安全炸药和电气设备，加强井下火区的管理，禁止井下拆开矿灯等。

**(二) 矿井火灾**

矿井火灾是指发生在煤矿井下或井口附近威胁到井下安全生产的火灾。一旦发生矿井火灾常招致人员伤亡，设备损失，矿井停产，资源破坏，甚至引起瓦斯、煤尘或硫化矿尘爆炸。矿井火灾按发生地点不同分地面火灾和井下火灾。按引起的热源不同分内因火灾和外因火灾两类，内因火灾有煤自燃、硫化矿石自燃等。外因火灾指一切产生高温或明火的器材设备，如果使用管理不当，可点燃易燃物，造成火灾。

伤员的现场处理措施有：①救护人员应迅速将患者救出现场，对于烧伤患者注意在抢救过程中保护创面，不要忙于将伤员的衣服脱去或剪开去除，以免损伤和污染创面。②对于受爆炸冲击烧伤的患者，须检查颅脑、胸腹腔脏器以及呼吸道是否烧伤。③对于化学性烧伤的患者，应首先用大量的清水持续冲洗，但对其他烧伤则一般不作处理，也不得弄破水疱，同时还须重视伤员全身中毒的救治。④对于因疼痛和恐惧的患者，要给予有效的镇静止痛。⑤对于有急性喉头梗阻窒息的患者，现场可用粗针头从环甲膜处刺入气管内，以保证通气，暂时缓解窒息的威胁。⑥对于呼吸、心搏停止者，立即进行心肺复苏。⑦伤员经现场急救处理后，在送往医院抢救前，救护人员应对伤者进行一次全身检查，查看是否有合并损伤，特别是一些潜在的致命伤，确保安全转运。

组图：人为灾害

## 第四节　突发公共卫生事件

突发公共卫生事件(public health emergency)是指突然发生，造成或可能造成社会公众健康严重损害的重大传染病疫情、群体性不明原因疾病、重大食物和职业中毒以及其他严重影响公众健康的事件。一旦发生公共卫生事件，应急处理指挥部根据应急处理的需要，有权紧急调集人员、储备的物资、交通工具以及相关设施、设备，必要时，对人员进行疏散或者隔离，可以依法对传染病疫区实行封锁。参加突发公共卫生事件应急处理的工作人员，应当按照预案的规定，采取必要的防护措施，并在专业人员的指导下进行工作。

### 一、突发公共卫生事件的特点

突发公共卫生事件的发生和应急处理往往会涉及社会上诸多方面。因此，在采取应急措施方面不仅应由卫生部门负责，而且需要在政府领导下，各有关部门(如公安、消防、通信等)协作处理。重大的卫生事件不但是对人的健康有影响，而且对环境、经济乃至政治都有很大的影响，其特点为：

1. 突发性　突发公共卫生事件多为突然发生，事先没有预兆，不易预测，甚至难以预测，但其发生与转归又具有一定的规律性。

2. 公共属性　突发事件在公共卫生领域发生，所危及的对象不是特定的人，而是不确定的社会群体，只要是在事件影响范围内的人都有可能受到伤害，具有公共卫生属性。

3. 危害的严重性　公共卫生事件不但影响公众健康和生命安全，可导致公众情绪焦虑、引发公众恐慌等，还影响社会稳定，影响经济的发展，还对生态环境等造成不同程度的危害。

### 二、突发公共卫生事件的分级

根据突发公共卫生事件的性质、危害程度、涉及范围，划分为特别重大事件(Ⅰ级)、重大事件(Ⅱ级)、较大事件(Ⅲ级)和一般事件(Ⅳ级)四级。

## 三、突发公共卫生事件的分类

根据事件的成因和性质分为：

1. 重大传染病疫情 某种传染病在短时间内发生、波及范围广泛，出现大量的患者或死亡病例，其发病率远远超过常年的发病率水平。

2. 群体性不明原因疾病 短时间内，在某个相对集中的区域内，同时或者相继出现具有共同临床表现的患者，且病例不断增加，范围不断扩大，又暂时不能明确诊断的疾病。

3. 重大食物中毒和职业中毒事件 由于食品污染和职业危害的原因，而造成的人数众多或者伤亡较重的中毒事件。

4. 新发传染性疾病 在全球首次发现的传染病，更多的是指在一个国家或地区新发生的、新变异的或新传入的传染病。

5. 群体性预防接种反应和群体性药物反应 在实施疾病预防措施时，出现免疫接种人群或预防性服药人群的异常反应。

6. 核事故和放射事故 由放射性物质或其他放射源造成或可能造成公众健康严重影响或严重损害的突发事件。

7. 恐怖事件 指恐怖组织或恐怖分子为了达到其目的，通过威胁或使用各种手段，导致人员伤亡，或造成公众心理恐慌，从而破坏国家和谐安定，妨碍社会经济发展的事件。

8. 重大环境污染事故 在化学品的生产、运输、储存、使用和废弃处置过程中，由于各种原因引起化学品的泄漏，造成空气、水源和土壤等周围环境的污染，从而危害或影响公众健康的事件。

9. 自然灾害事件 如水灾、旱灾、地震、海啸、火灾等。

## 四、突发公共卫生事件的预警

预警(warning)可分为狭义和广义两类。狭义的“预警”，是指预先发出警报，即在事情发生或进行之前发出警报。广义的“预警”是指预测和报警，即在事情发生或进行之前先行推测或测定，并根据推测或测定的结果进行预先报警。突发公共卫生事件预警是指收集、整理、分析突发公共卫生事件相关信息资料，评估事件发展趋势与危害程度，在事件发生之前或早期发出警报，以便相关责任部门及事件影响目标人群及时做出反应，预防或减少事件的危害。通过了解、掌握突发公共卫生事件的特征及其影响因素，建立及完善预测、预警技术与方法，及时了解突发公共卫生事件发生、发展的异常动态，有助于卫生部门及时采取科学应对措施，预防和减少危害，提高卫生部门处置突发公共卫生事件的综合能力。

突发公共事件预警是以现实为前提，阻止、控制和消除为目的。按照突发事件的严重性、紧急程度和可能波及的范围分级预警，预警级别由低到高，预警级别分级方法及预警颜色如下：

1. 一般事故(Ⅳ级)，可能死亡1~2人的一般事故，预警颜色为蓝色。
2. 较大事故(Ⅲ级)，可能死亡3~9人的较大事故，预警颜色为黄色。
3. 重大事故(Ⅱ级)，可能死亡10~29人的重大事故，预警颜色为橙色。
4. 特别重大事故(Ⅰ级)，可能死亡30人以上的特别重大事故，预警颜色为红色。

根据事态发展情况和采取措施的效果，预警可以升级、降级或消除。

## 五、现场处理

突发公共卫生事件情况紧急，必须及时向上级领导汇报，按照《国家突发公共卫生事件应急预案》的要求，发生突发公共卫生事件时，事发地的各级人民政府及其有关部门应按照分级响应的原则，作出相应级别的应急反应。同时，要遵循突发公共卫生事件发生发展的客观规律，结合实际情况和预防控制工作的需要，及时调整预警和反应级别，以有效控制事件，减少危害和影响。突发公共卫生事件应急处理要采取边调查、边处理、边抢救、边核实的方式，以有效措施控制事态发展。

现场救治以抢救生命为主，其次是防止“二次损伤”或尽量减轻伤残及并发症。处置方法应简单、易行、快捷、有效，尽量采用无创措施，经初步处理后，快速送往有条件的救治医院，需要隔离的采取必

要的隔离措施，最大限度地减少危险因素的扩散，对疑似受害者以及其他有关高危人群，启动相应的医学观察程序，尽快查明事故原因。

### （一）急性中毒的现场处理

急性中毒发病急骤，病情变化迅速、进展快，能够及时、正确的诊断，恰当有序的救治，是有效控制中毒症状、降低死亡率、致残率的根本保证。在突发公共卫生事件中，多为群体中毒，现场应根据中毒患者的病情进行分类，及时采取有效的救治措施（如开放气道、给氧、建立静脉通道、监测生命体征等），同时注意保留毒物标本（如污染食物、呕吐及排泄物等），完整记录事件发生的地点、时间、相关人员及起因等。现场处理措施主要有：

1. 对突然出现发绀、呕吐、昏迷、惊厥、呼吸困难、休克而原因不明者，首先要考虑急性中毒的可能，但须排除可导致昏迷的慢性疾病。

2. 结合事发现场进行分析，采集详尽的中毒史，尽快明确患者毒物接触情况，包括毒物种类、理化性状、接触时间、吸收量及吸收方式等。

3. 全面及有重点地查体，如生命体征，皮肤黏膜，心、肺、脑功能状态，神经系统，腹部，尿液等，严密观察病情变化，要注重判断病情危险程度及预后。

4. 切断毒源，清除毒物。使中毒患者迅速脱离染毒环境，迅速阻断对毒物的继续吸收，尽早洗胃、导泻、清洗皮肤，清除尚未吸收的毒物。

5. 对心跳和呼吸停止者立即行心肺复苏，对休克、严重心律失常、肺水肿、呼吸衰竭、中毒性脑病等要积极采取相应的急救措施。

6. 对明确毒物者尽可能使用特效解毒剂，并根据毒物进入途径，采取相应的排毒方法，中毒物不明者先对症处理，支持治疗。

7. 留取患者洗胃液、呕吐物、排泄物及可疑染毒物，及时送检，根据检测结果，选择进一步的治疗措施。

### （二）传染病的现场处置

确定或疑似传染病发生时，要按照现场情况和应急救援预案，确定现场的抢救方式和程序，分别组织相关人员和设备进入现场实施抢救。根据现场的病情，确定警戒区域范围、人员疏散的方式和通道，维持好现场秩序，确立专人负责人员的疏散、转移，控制人员车辆的出入通道。

对于现场感染人员，经抢救后立即转送定点医疗机构救治，同时，控制传染源，尤其是可能导致疫情进一步扩大的部位和因素必须采取相应的措施处置，一时难以控制、情况特别复杂、危险因素较多的，在未确定可靠安全的措施前，不易盲目进行处置。涉及人员抢救时，应采取临时措施保障抢救人员的安全。疫情影响面或区域大、涉及人员较多时，应及时通过电话、短信、或指派专人落实应急处理措施，需上级或外部提供援助时，应及时报告联系，取得支援。注意一旦发生大的传染疫情时，应先清点人员，了解是否有人员受感染，是否需要相关部门协作，是否需要物质、设备等，要快速逐级明确上报。组织人员转移时，防止群体疫情的发生。要密切注视疫情的发展或蔓延，必要时可以立即采取强制措施。

1504

组图：突发公共卫生事件

发生传染病流行事件时，要遵循其发生发展的客观规律，结合实际情况和预防控制工作的需要，及时调整预警和反应级别，有效控制事件发展，减少危害和其带来的社会影响。

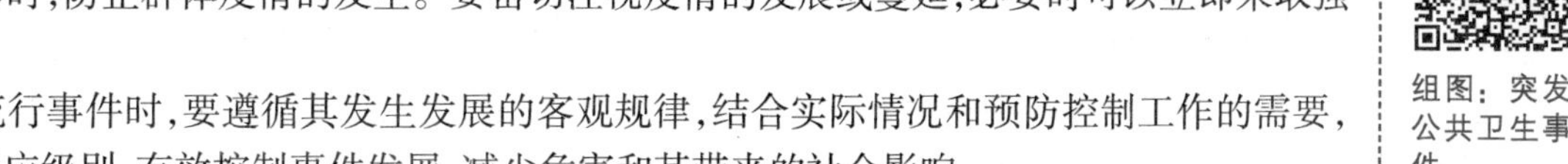


1. 本章主要内容是自然灾害、人为灾害和突发公共卫生事件的发生特点、现场急救和院内急救的原则与措施，作为医学生既要知道上述灾害的预防方法，更要掌握它们的现场急救原则与措施。

2. 在教学方法上，可以结合一些近年来发生的比较重大的灾害性事故来授课，利用模拟灾害现场环境、模拟伤员、虚拟教学设备等可提高教学的效果。

（申文龙）

扫一扫，测一测

## 思考题

1. 地震灾害的特点是什么？
2. 交通事故的伤情特点是什么？
3. 什么是突发公共卫生事件？可分为哪几级？

笔记

# 中英文名词对照索引

Y



Z

# 参 考 文 献

[1] 申文龙，张年萍 . 急诊医学 .3 版 . 北京：人民卫生出版社，2014.
[2] 沈宏，刘忠民 . 急诊与灾难医学 .2 版 . 北京：人民卫生出版社，2012.
[3] 谢灿茂 . 内科急症治疗学 .5 版 . 上海：上海科学技术出版社，2009.
[4] 葛均波，徐永健 . 内科学 .8 版 . 北京：人民卫生出版社，2014.
[5] 于学忠，黄子通 . 急诊医学 .2 版 . 北京：人民卫生出版社，2015.
[6] 陈灏珠 . 实用心脏病学 . 上海：上海科学技术出版社，2016.
[7] 万学红，卢雪峰 . 诊断学 .8 版 . 北京：人民卫生出版社，2013.
[8] 郭继鸿 . 成人室上速处理 2015 指南的解读 . 临床心电学杂志，2016，25（1）：65-69.
[9] John E.Campbell.International Trauma Life Support for Emergency Care Provider，Seventh Edition.Pearson Education Limited，2014.
[10] Norman E.McSwain.Prehospital Trauma Life Support，Seveth Edition.Jones & Bartlett Learning，LLC.
[11] 袁越 . 呼吸机的发明 . 全国新书目，2008，21：50-51.
[12] 赵达明，祁震 . 电除颤技术及在心肺复苏中的应用 . 医疗卫生装备，2009，2：107-109.
[13] 边波，万征 .AHA 心肺复苏指南更新：由 ABC 到 CAB 的意义与启示 . 中国循证心血管医学杂志，2011，2：81-83.
[14] 中国研究性医院协会心肺复苏专业委员会 .2016 中国心肺复苏专家共识 . 中华灾害救援医学，2017，1：1-23.
[15] 杨国斌 . 网上医院系统整体框架的构想 . 中国医疗设备，2012，6：127-129.
[16] 王一镗 . 心肺复苏的三阶段 ABCD 四步法 . 中国急救医学，1998，3：51.
[17] 中国呼吸科专家组，呼吸困难诊断、评估与处理的专家共识组 . 呼吸困难诊断、评估与处理的专家共识（2014 版）. 中华内科杂志，2014，53（4）：337-341.
[18] 中华医学会呼吸病学分会哮喘学组 . 支气管哮喘防治指南（2016 版）. 中华结核和呼吸杂志，2016，39（9）：675-679.
[19] 中华医学会心血管病学分会，中华心血管杂志编辑委员会 . 中国心力衰竭诊断和治疗指南（2016 版）. 中华心血管杂志，2014，42（2）：98-122.
[20] 中国医师协会急诊医师分会，中华医学会心血管病学分会，中华医学会检验医学分会 . 急性冠脉综合征急诊快速诊疗指南 . 中华急诊医学杂志，2016，25（4）：397-404.
[21] 姜钰，吴新宝 . 我国创伤流行病学的现状与未来 . 中国创伤骨科杂志，2014，16，2：2，165-167.
[22] World Health Organization.World health statistics 2012.Geneva，Switzerland；World Health Organization，2012.
[23] 中华人民共和国国家统计局 . 中国统计年鉴（1996—2012）. 北京：中国统计出版社，2012.
[24] 白俊清，程光，程爱国 . 煤矿透水矿难医疗救治程序与方法的特殊性 . 第八届全国中西医结合灾害急救危重病医学学术会议，2012.

10